编委会

第二卷

陈其人文集

陈其人 著

复旦大学出版社

　　陈其人，广东新会人，著名的马克思主义政治经济学家、上海首批社科大师、上海市哲学社会科学"学术贡献奖"获得者、复旦大学国际关系与公共事务学院教授，一生致力于对《资本论》的深入研究和阐释以及对马克思主义政治经济学的传承和发展。

　　陈其人雕像于2023年11月13日在复旦大学文科楼和五教间的"国箴园"揭幕。

EXERCISE BOOK

Written by

CHUNG HWA BOOK Co., LTD.
SINGAPORE
中华书局有限公司製

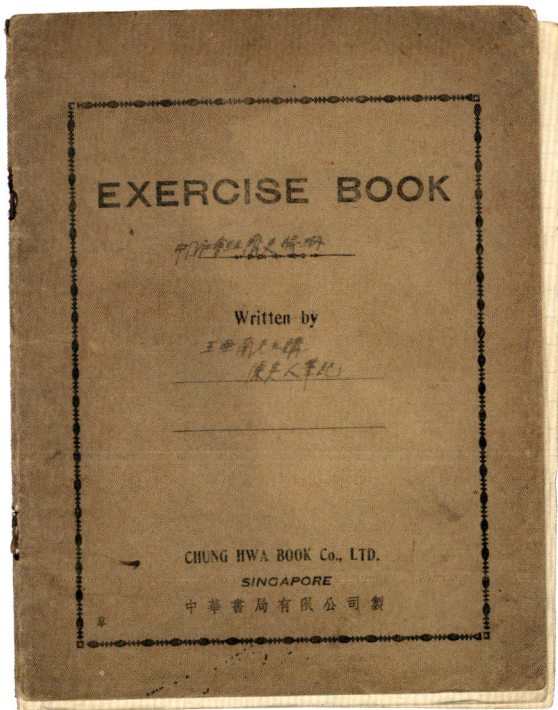

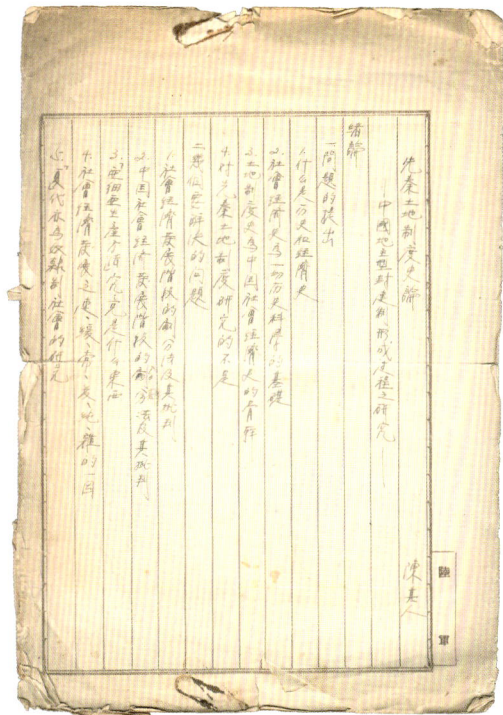

陈其人著《先秦土地制度史论——中国地主型封建制形成过程之研究》手稿

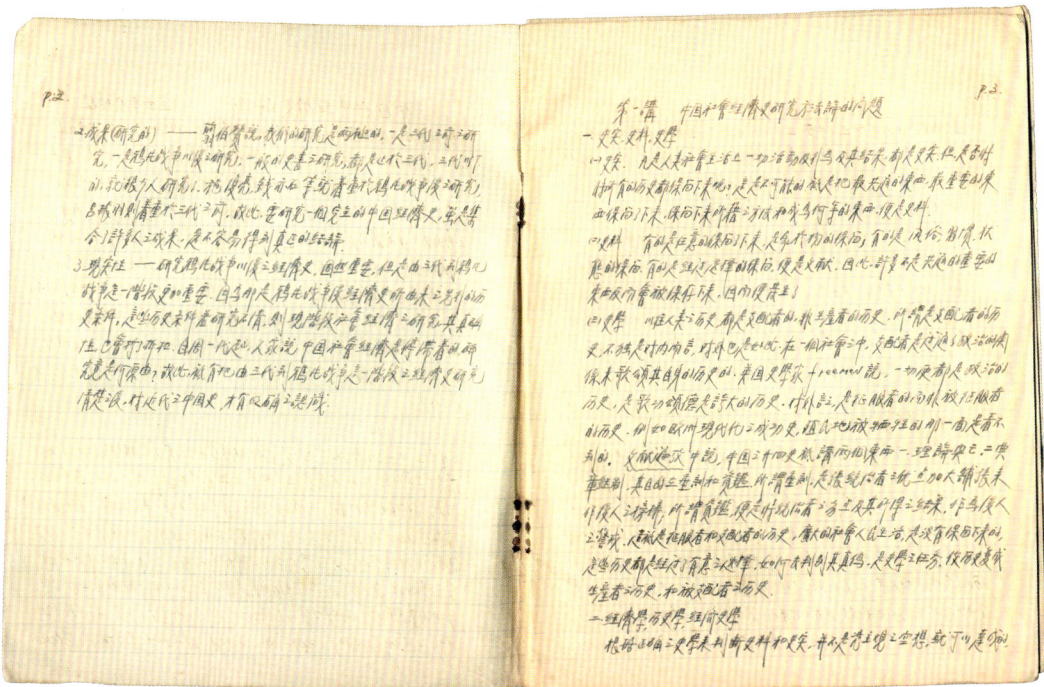

王亚南先生讲"中国社会经济史论纲",陈其人笔记手稿

第一单元　平等思想是商品生产关系的反映

陈其人著《〈资本论〉中的政治学原理》手稿

资本主义政治经济制度

前　言

　　陈其人教授出生于 1924 年 10 月 16 日,广东新会人,1943 年考取中山大学经济系,1947 年毕业,获法学士学位。1949 年 2 月到上海市洋泾中学工作,同年考入复旦大学经济研究所,1952 年 2 月进入复旦大学经济系任助教,1954 年晋升为讲师,1957 年至 1959 年在上海宝山县葑溪乡参加劳动,1959 年回到复旦,任教于复旦附中。1962 年调入复旦大学政治系,1964 年复旦大学政治系改为复旦大学国际政治系,担任国际政治系讲师,1980 年晋升为副教授,1985 年任教授,1986 年起担任国际关系专业博士生导师,1994 年 12 月离休,2017 年 10 月 1 日在上海岳阳医院逝世,享年 94 岁。他先后担任复旦大学校务委员会委员和学位评定委员会委员、复旦大学国际政治系学术委员会主任、综合性大学《资本论》研究会理事、美国经济学会理事等。

　　陈其人教授学养深厚、著述等身,长期从事马克思主义政治经济学理论教学和研究,在经济学说史、古典经济学说、《资本论》、殖民地理论等学术领域多有建树,为我国马克思主义经济学理论的研究和发展作出了独创性的贡献。他胸怀天下,坚持“为穷人摆脱贫困而研究马克思主义经济学”,几十年如一日,年逾 90 仍笔耕不辍。七十多年来,陈其人教授出版专著 24 部,发表论文 150 余篇。1984 年获得上海高等学校哲学社会科学研究优秀成果论文奖,1986 年获得上海市论文奖,专著《李嘉图经济理论研究》获得上海市第十届哲学社会科学优秀成果著作类三等奖,《卢森堡资本积累理论研究》获得上海市第八届邓小平理论研究和宣传优秀成果著作类三等奖。鉴于陈其人教授在马克思主义政治经济学理论研究方面的突出贡献,他于 2012 年荣获作为上海市哲学社会科学领域最高奖项的“学术贡献奖”,2018 年荣获首批“上海社科大师”称号。

　　陈其人教授是著名的马克思主义政治经济学家、政治学家、《资本论》研究专家,长期从事帝国主义政治与经济、殖民地经济、南北经济关系的研究,其学术活动几乎涉及政治经济学的所有领域,尤其精通古典政治经济学和帝国主义理论。他的研究贡献主要有:批判斯密教条并指出它对西方经济理论的影响;对商品生产、货币价值和物价上涨问题提出独特的见解;对危机理论和战后危机周期性作出系统的分析;提出帝国主义是垄断资本主义的世界体系的理论;全面总结斯密-马克思-列宁的殖民地理论;明确界定世界经济学的研究对象和基本范畴——外部市场;研究再生产理论及其历史;研究马克思的亚细亚生产方式理论,并以此为指导研究东西方发展同中有异的原因——亚细亚生产方式的存在。

　　陈其人教授在大学时代,师从梅龚彬教授,并深受王亚南教授的影响。早在 1946 年,他就着手研究了亚细亚生产方式理论、中国先秦时期的土地制度、中国封建社会发展等理论问题。他继承和发展了王亚南的"地主型封建制理论",对中国封建社会长期发展迟缓原因的解释得到学界认可,不仅在当时引起学术界的重视,即使今天也仍有学术价值。1954 年,他开始研究经济思想史,尤其是马克思政治经济学的主要理论渊源——英国古典经济学,在商品价值量、工资与物价的关系,货币理论等领域都取得令人瞩目的成果。1985 年,陈其人教授的研究专著《大卫·李嘉图》出版,得到学界很高评价。1962 年,转入国际政治系后,他曾集中研究过空想社会主义理论和政治思想史。1978 年,根据工作需要,陈其人教授着手研究帝国主义理论、殖民地理论和一般的世界经济理论问题。为深入研究帝国主义理论,他又把研究重点转入中国半封建半殖民地经济形态,力求在方法论方面有所建树。他独立建立的殖民地经济关系理论(尤其是国内殖民地理论),可以与七八十年代国际盛行的依附理论学派相关论述媲美。他先后出版了《帝国主义理论研究》《帝国主义经济政治概论》《殖民地的经济分析史和当代殖民主义》等多部专著。九十年代以来,在改革开放的新形势下,陈其人教授还关注并研究经济改革中出现的理论问题,如工资物价理论、货币理论、中国社会主义计划经济与商品经济的关系等。

　　陈其人教授从教四十余年,潜心教书育人,桃李满天下,先后荣获 1979 年复旦大学先进工作者、1980 年复旦大学优秀教学一等奖、1985 年复旦大学优秀工作者等奖项。他每年主动承担繁重的教学任务,为本科生开设"帝国主义政治和经济概论"等一系列课程。在教学中,他既坚持马列主义基本观点,又关注理论研究的新动向;既严密和细致地说明问题,又努力提供新的研究视角,授课效果好,深受学生欢迎,他的学生至今仍对此记忆犹新。在研究生教育方面,他特别注重培养学生的抽象思维和创新能力,尤其要求掌握马克思主义方法论,为国家为社会培养了一大批有创新能力、理论联系实际的优秀研究生。他十分重视扩展学生的基础知识、基础理论和研究能力,支持学生在学术上深入研究;他提倡学生多读书,要求学生研究问题要有理有据;他爱护学生、爱惜人才,注意发挥学生的特长,培养了很多硕士、博士研究生。这些研究生毕业后,无论在教书育人、学术研究、国家建设方面都作出贡献,取得很大成绩。

陈其人教授非常关心青年教师的成长。工作期间经常和年轻教师谈心,介绍自己的治学经验,在业务上支持鼓励,在生活上关心照顾,使他们能全身心投入工作。在青年教师准备新课时,给予他们诸多指点和帮助,使青年教师能尽快进入角色,更好地完成新承担的任务。

陈其人教授一生以教书育人、学术研究为己任。他淡泊名利、甘于奉献,为复旦大学马克思主义政治经济学、国际政治学教学、研究的发展作出巨大贡献;他热爱国家、追求真理,持之以恒地耕耘在马克思主义政治经济学研究领域;他关心学生、提携后进,为国家为社会培养了众多优秀人才。先生曾在古稀之年作一对联,堪为其人生写照:"执教著文中有我,吃饭穿衣外无他。"思考和学术,就是他的生命的全部。

陈其人教授是国务学院教师的楷模! 他是大先生也!

2024 年是陈其人先生诞辰一百周年。复旦大学国际关系与公共事务学院于 2019 年立项《陈其人文集》编辑出版工作,成立了编委会。陈其人教授学术思想宏富,体系严密,作品时间跨度大,我们按照先生作品内容,按照主题分为八卷,较为完整地体现先生的政治经济学思想体系。复旦大学国际关系与公共事务学院多位教授全身心投入文集的编选、编校工作中,他们是:第一卷(《古典政治经济学与庸俗政治经济学批判》): 周志成 ;第二卷

(《资本主义政治经济制度》):陈晓原、陈周旺;第三卷(《马克思主义政治经济学》):陈周旺、熊易寒;第四卷(《货币理论与价值理论》): 周志成 、郑宇;第五卷(《殖民地与帝国主义理论》上、下):殷之光;第六卷(《世界经济体系理论》):张建新;第七卷(《世界经济发展与南北关系》):苏长和、李瑞昌;第八卷(《社会主义经济制度》):苏长和、陈玉刚、张骥。复旦大学副校长陈志敏一直关心文集的出版工作;陈其人先生子女在著作权授权上给予了很大方便;复旦大学出版社董事长严峰、副总经理王联合以及编辑邬红伟、朱枫、张鑫等,为文集出版作出了不可替代的贡献。我们对以上各位表示衷心的感谢。

复旦大学国际关系与公共事务学院

《陈其人文集》编委会

于 2024 年 9 月 10 日第四十个教师节

编 校 说 明

一、《陈其人文集》(全8卷)收录了陈其人教授各类已出版作品,并在此基础上对原作品进行了校订。具体编校工作之依据参见各部分辑封页说明。

二、全卷注释采用脚注形式,编者对原著文献引用统一进行校订处理(补齐、增加、规范化处理),部分文献因年代久远,现已无法查证,遂保留了原出版物中的注解。

三、若未特别注明,全卷所引马克思主义著作,译者均为中共中央马克思恩格斯列宁斯大林著作编译局。

四、为保证上下文内容的完整连贯,部分重复内容予以保留。

目　　录

目　录

第三部分　美国两党制剖析

第四部分　政治学研究

第一部分

论资本主义基本经济规律及其在资本主义发展各个阶段上的具体形式

（本部分内容根据陈其人先生著、上海人民出版社1957年3月出版的《论资本主义基本经济规律及其在资本主义发展各个阶段上的具体形式》一书校订刊印）

前　记

　　这篇论文是我学习和讲授政治经济学的产物。1955 年暑假,我在高等教育部举办的全国高等学校政治经济学、哲学教师讲习班学习。苏联专家依·斯·佐托夫同志在演讲中谈到剩余价值规律在资本主义各个阶段的具体形式的问题,引起我很大的兴趣。后来,为了教学的需要,我便着手研究这问题。1955 年秋,我将研究的初步结果对复旦大学经济系学生作过一次专题讲授。学生在课堂讨论中的发言对我有很大的启发,也促使我进一步探讨更多的问题。1956 年初夏,我将写成的论文初稿起初在教研组内,后来又在复旦大学第三届科学讨论会上提出讨论,并在《复旦学报》(社会科学版)1956 年第 1 期上发表。多次讨论均承同志们提出许多宝贵的意见。这些宝贵的意见是我进一步修改论文的主要依据。

　　这篇论文的初稿是 1956 年春写成的。"百家争鸣"方针提出后,我在论文的修改稿中提出了几个在初稿中没有谈到和谈得不明确的问题:基本经济规律的理论问题、资本主义生产的目的为什么是剩余价值的问题、剩余价值规律的定义问题、垄断资本主义基本经济规律的定义问题和自由竞争阶段资本主义基本经济规律的问题。

　　这篇论文所涉及的问题,都是在政治经济学教学过程中经常遇到的,因而也是亟需解决的问题。我在论文中提出的看法是极其不成熟的,可能有严重的错误,目的仅在于引起同志们的注意和讨论。

　　这篇论文是在老师的启发、同志们的帮助和学生们的鞭策下完成的,我谨在此向他们衷心地致谢!

　　我热诚地期待着同志们的批评和指正。

陈其人
1957 年 2 月 18 日

一、关于基本经济规律的理论

关于基本经济规律和资本主义基本经济规律的理论，是由斯大林首先在《苏联社会主义经济问题》中提出来的。但他写此书的任务，不是全面地论述这些理论，因此，这些理论还需要我们加以探讨和研究。现在我将个人的看法提出来，希望得到指正。

大家知道，历史上有五种基本生产方式类型，它们有相同的生产物质资料的基础，并以此相互联系；它们也有不同的生产力水平及由此决定的生产关系，并以此相区别。

在五种生产方式中，人们生产物质资料的过程的共同点，就是五种生产方式共有的经济规律。这种共有的经济规律是很多的，并且构成一个体系，因为人们生产物质资料的总过程是多方面的。这些共有的经济规律既然构成一个体系，那么，它们之间就必然有一个共同点（否则就不能构成一个体系），它们不过是这共同点在各方面的表现。这共同点就是物质资料生产本身。譬如，物质资料生产表现为人与自然的关系和人与人的关系的统一，就是社会生产中生产力和生产关系统一的共有经济规律；物质资料生产表现为生产资料生产和消费资料生产，就是社会生产分为两大部类的共有经济规律；等等。

在不同的生产方式中，人们生产物质资料的过程的社会特点是不同的，这些特点就是各该生产方式特有的经济规律。同样道理，在构成一个体系的这些特有经济规律中，必然有一个共同点，这些特有经济规律不过是这个共同点在各方面的表现。这个共同点就是不同历史条件下物质资料生产的最根本的社会特点。譬如，在社会主义制度下，物质资料生产最根本的社会特点，亦即社会主义生产方式与其他生产方式的根本不同点，就是使用公有的生产资料的劳动者,在高度的技术基础上,为社会和自己的需要进行生产。这社会特点表现在生产上,就是生产不断增长、劳动生产率不断提高的社会主义特有经济规律;这社会特点表现在分配上,就是按劳分配的社会主义特有经济规律;等等。

我认为,反映不同历史条件下物质资料生产的最根本的社会特点,亦即反映一个生产方式同其他生产方式的根本不同点的,就是某特定生产方式的基本经济规律。

从这个意义上说,基本经济规律反映生产方式的本质。某特定生产方式同其他生产方式的根本不同点,就构成它的基本经济规律的内容。既然基本经济规律反映生产方式的本质,因此,它就决定这生产方式发展的一切社会特点,因为一个生产方式的发展之所以与其他的生产方式有不同的社会特点,归根到底是由于这个生产方式的本质与其他的生产方式不同。譬如,社会主义的基本经济规律既然反映了社会主义生产方式的本质,它就决定社会主义生产方式发展的一切社会特点——生产力的迅速发展、生产力和生产关系不会发生冲突、生产无危机的发展,等等。

从另一意义上说,基本经济规律又反映生产关系的本质。某特定生产关系的诸方面,即某特定物质资料生产总过程中人与人的关系的诸方面,必然有一个共同点(否则就不能构成一个生产关系的诸方面),这个共同点就是该生产关系的本质。譬如,社会主义生产关系诸方面的共同点就是:劳动者使用公有的生产资料为社会和自己的需要进行生产。这就是社会主义生产关系的本质。由基本经济规律反映的一个生产方式区别于其他生产方式的根本特点,必然同时是构成这个生产方式的生产关系诸方面的共同点,也就是这个生产关系的本质。因为从某一点上看,区别生产方式的因素,也就是区别生产关系的因素,而生产关系是有几个方面的,在这几个方面之间必然有一个共同点,这个共同点同时也就是区别生产关系的因素。基本经济规律既然反映生产关系的本质,因此,它就决定这生产关系发展的一切社会特点,因为一个生产关系的发展之所以与其他的生产关系有不同的社会特点,归根到底是由于这生产关系的本质与其他的生产关系不同。

还要谈一谈基本经济规律定义的公式的问题。首先要解决的是定义的公式有没有必要。回答是肯定的。这是因为,基本经济规律既然反映不同历史条件下物质资料生产的根本社会特点,那么,各生产方式的基本经济规律之间必然有一个共同基础。这个共同基础就构成基本经济规律定义的公式的基本要素。各生产方式的基本经济规律的定义,不过是这基本要素在不同历史条件下的不同表现。

这基本要素就是物质资料生产本身。人们生产物质资料为的是消费,没有消费的生产是没有意义的。这是物质资料生产本身的目的。人们为了消费,就要使用一定的生产资料并构成一定的社会关系来进行生产。这是达到目的的手段。在不同的历史条件下,这生产的目的和达到目的的手段,有不同的社会特点,并且由此把各生产方式区别开来。所以,我认为,斯大林提出来的、由生产的目的和达到目的的手段两个要素构成的基本经济规律定义的公式,是正确的。

二、剩余价值规律是资本主义的
基本经济规律

    资本主义的基本经济规律反映了资本主义生产方式的本质,即反映了资本主义生产的决定性的特征。

    资本主义生产的特征是什么呢?

    资本主义生产是社会生产的一个历史形态,它首先一个惹人注目的特征是商品生产。但是,商品生产和商品流通不仅存在于资本主义生产方式内,而且也存在于其他生产方式内,虽然在不同的生产方式内它们的广度和社会本性是有所不同的。所以,单从商品生产这一点,就不能看出资本主义生产的特征,就不能把资本主义生产和其他的生产形态相区别。可是,商品生产的普遍化,即绝大多数劳动生产物成为供出卖的商品这一点,却使资本主义生产和其他的生产形态区别开来。

    所以,商品生产一般的规律(如价值规律)、生产资料私有制下商品生产的规律(如竞争和生产无政府状态的规律)以及经济发展不平衡的规律,都不可能是资本主义的基本经济规律,因为它们并不反映资本主义生产的决定性的特征。

    在资本主义生产方式下,商品生产之所以成为普遍的现象,那是和资本主义生产的另一特征——剩余价值生产相联系的。剩余价值生产的前提是:生产资料归资本家所有,劳动者一无所有,从而劳动力成为商品。既然劳动者是一无所有的,他就不能直接为自己生产消费资料,因而消费资料成为商品。生产资料也成为商品,因为这是归不同的资本家生产和所有而又为资本家组织生产所必需的。所以,如果没有劳动力成为商品这个历史条件,商品生产就不会普遍化。一旦劳动力成为商品,生产的就不是一般的商品,而是包含了剩余价值的商品,即生产剩余价值。所以,生产剩余价值,是资本主义生产区别于其他生产形态的决定性的特征。可见,资本主义生产的本质不是商品生产,而是剩余价值生产。

资本主义为什么一定生产剩余价值呢? 剩余价值为什么是资本主义生产的目的呢?

关于这个问题,在政治经济学的教学中没有得到应有的阐述。有的教师认为这是一个有目共睹的事实,用不着解释,这当然是不正确的。有的教师用资本家经营活动的主观目的来解释,这显然是错误的。有的教师在分析资本总公式($G-W-G'$)的矛盾时,顺便指出这公式就表明资本主义生产的目的是剩余价值,这是十分不够的。因为资本总公式只表明资本主义生产的目的是剩余价值,而不能说明资本主义生产的目的为什么是剩余价值。在资本主义生产方式下,剩余价值的具体形式是这样明显地存在着,就连某些资产阶级经济学者也是承认的。但是,他们既然是资产阶级的学者,就必然把资本主义生产看作生产的自然形态,从而也就把剩余价值看作生产本身所固有的,因此,根据他们的逻辑就根本不存在资本主义生产的目的为什么是剩余价值的问题。这正如马克思一针见血地批评的:"这些资产阶级经济学者,实际上有这种健全的本能,知道深入论究剩余价值起源这个爆炸性的问题,是极其危险的。"①可见,不说明资本主义生产的目的为什么是剩余价值的问题,是极其错误的。

资本主义生产的目的为什么是剩余价值的问题,可以区分为资本主义为什么生产剩余价值和为什么不断扩大剩余价值生产这两个问题。关于第一个问题,其实就是剩余劳动在资本主义条件下为什么表现为剩余价值的问题。在一切存在阶级剥削的生产方式中,被剥削者的劳动必然有一部分是由剥削者占去的剩余劳动,因为只有这样剥削者才能生存。但在不同历史条件下,剩余劳动的表现形式是不同的。在资本主义条件下,它之所以表现为剩余价值,是因为资本主义的生产要素是由资本家垫支了一个价值(货币)额买来的,并且它的生产物又全部是商品,因而劳动者的劳动全部凝结为价值,这样,剩余劳动也就凝结为剩余价值——生产物价值大于垫支价值

---

① 马克思:《资本论》(第一卷),郭大力、王亚南译,人民出版社 1953 年版,第 634 页。

的部分。就这一点而论,生产剩余价值是资本家的个人消费所必需的,正如生产剩余生产物是奴隶主和封建主的个人消费所必需的一样。

关于第二个问题,是因为资本主义生产的是商品,同时,竞争也在这里发生作用。由于资本主义生产的是商品,资本家消费的常常不是他的企业生产的商品,而是交换来的商品,这样,随着商品生产和交换的发展,资本家的消费要求就越大,剥削剩余价值的要求也就越大,这正如随着商品交换的发展,封建主对农奴的剥削就不再受肠胃的限制而越来越大一样。但就这一点而论,扩大剩余价值生产还是为了资本家的个人消费。然而,在资本主义商品生产的竞争压力下,资本家就必须不断地进行扩大再生产,把部分的剩余价值用于积累,这就要扩大剩余价值的生产。我认为,只有就这一点而论,资本主义不断扩大剩余价值生产才是与消费无关的,而是为了积累,也就是为了扩大再生产而扩大剩余价值生产。

当然,资本主义生产剩余价值和不断扩大剩余价值生产两者是结合在一起的。但从分析中可以看出,资本主义生产剩余价值并不是和资本家的个人消费毫无关系,只不过随着资本主义生产的发展,竞争越来越尖锐,不断扩大剩余价值生产主要是为了积累罢了。基于这个理由,我认为,那种认为资本主义生产的目的完全不是消费的主张是片面的[1],因为这种主张只看到资本主义生产的特殊性,而没有看到资本主义生产和其他的存在剥削关系的生产方式之间的共同性,从而把资本主义生产过分地加以绝对化。

剩余价值的泉源是什么呢? 达到生产剩余价值这个目的的手段是什么呢?

在实际生活中,资本家获取利润的办法和利润的泉源是多种多样的。最初的资产阶级经济学者——重商主义者,看到实际生活中是有贱买贵卖的,在商业经营中是有欺诈的,并且这在资本原始积累的当时(现在也一样)是非常明显的事实,他们就用贱买贵卖来说明资本主义利润的泉源,认为利润是在流通中产生的。这当然是错误的。正如马克思所说的,偶然的和欺诈的利润当然和我们所考察的问题没有关系,因为我们只考察正常的

----

[1] 不久以前,我曾在《两种社会制度下生产与消费的关系》(上海人民出版社 1955 年版)这本小册子中,宣传过这种主张。

剩余价值的形成。如果价格在现实上与价值不一致,就必须把这种不一致看成是偶然的,把它抽去,把价格还原为价值。只有这样,才能在纯粹的形态上把握对象,才不致在考察时把与问题无关的扰乱因素插进来;同时,这种还原决不单纯是一种科学手段,因为现实中价格的不断涨落会还原为与价值相符的平均价格。在实际生活中,资本家当然是剥削小生产者和消费者,并且往往是在价值以下购买劳动力的,这当然能给资本家带来巨大的利润。但是,既然在流通中不会增加价值的一个原子,而只会改变既有的价值在不同所有者之间的分配,因此,在流通过程中,买卖双方一方如多取得价值,他方便少取得价值。这情形和劫夺事实上是相同的。资本主义以前的商业利润就是这样来的。但这不是资本主义剩余价值的泉源。资本主义这个生产机构当然是有许多污点的,但我们不能以此为借口来消除理论上的困难。

在实际生活中,剩余价值总是具体化为利润、利息和地租等特殊形式的。某些只注意经济现象的资产阶级经济学者,就把剩余价值的某一特殊形式看成是剩余价值本身,并错误地企图由此特殊形式出发来说明剩余价值的产生。资产阶级经济学的古典学派就犯了这个错误。虽然古典学派大体上已经建立了劳动价值学说和工资决定的规律,因而就比重商主义前进了一步,能够从生产过程去寻求剩余价值的泉源,并且实际上已经看到了这个泉源,尽管他们并不真正了解剩余价值。但是,第一,由于阶级的限制,他们不认识劳动力是商品,而认为劳动是商品,劳动有价值,这就不仅陷入劳动的价值由劳动决定的循环论证中,而且按照劳动决定价值和等价交换的规律,全部价值就应属于出卖劳动的劳动者,这就不可能有剩余价值;第二,由于缺乏抽象力,他们把利润和剩余价值相混同,因而就无法说明这问题:等量资本推动的活劳动不等、生产的剩余价值不等,但在自由竞争下等量资本获得的利润却是相等的。古典学派最后就是被这两块拦路石绊倒的。关于前一点,马克思指出,只要把工资劳动当作商品看待,问题就是不能解决的;关于后一点,马克思指出:"所有经济学家都犯了这样一种错误;他们不把剩余价值纯粹地当作剩余价值来考察,却到利润和地租那些特殊形态中去考察。"①

---

① 马克思:《剩余价值学说史》(第一卷上册),考茨基编,郭大力译,生活·读书·新知三联书店1951年版,第32页。

马克思科学地说明了剩余价值的泉源和实体。科学的劳动价值学说和劳动力成为商品的学说，是马克思的剩余价值学说的重要构成部分。把剩余价值的各种特殊形式还原为它们的共同实体即剩余价值本身，先说明剩余价值的产生，然后再说明它如何转化为各种特殊形式——这是马克思的剩余价值学说的方法论。

马克思特别看重他的方法论。他说："我此书的最优点是……讨论剩余价值时，我把它的各种特殊形态，如利润利息地租等等丢开了。"[①]只有这样，才能从具体到抽象地说明剩余价值的产生，又从抽象到具体地说明剩余价值如何转化为利润、利息和地租等特殊形式。如果不是这样，一开始就从剩余价值的某种特殊形式来分析它的产生，就无法说明问题。譬如，平均利润的形成和剩余价值的产生就好像是矛盾的；不是魔术师就不能说明借贷资本本身怎样能生产利息；等等。

在科学的劳动价值学说、劳动力成为商品的学说和科学的方法论的基础上，马克思论证了剩余价值的实体和泉源是工人的劳动所创造的价值，超过他的劳动力的价值的余额。

资本主义生产的客观规律要求不断地扩大剩余价值生产。扩大剩余价值生产的方法，在劳动力价值不变时，是延长劳动力的使用时间和加强劳动力的使用强度，以生产绝对剩余价值[②]；在劳动力的使用时间和使用强度不变时，是提高劳动生产率来减缩劳动力的价值，以生产相对剩余价值（包括超额剩余价值）。当客观条件具备时，资本就有一种直接劫夺劳动力价值（在价值以下购买劳动力，将劳动力的部分价值变成剩余价值）的倾向；这种剩余价值是变则的剩余价值。[③]

剩余价值的泉源和实体以及它的产生的规律性，就是如此。

《政治经济学教科书》确认剩余价值规律是资本主义的基本经济规律[④]，并对它下了这样的定义："在生产资料的资产阶级所有制的基础上，用不断

---

① 马克思：《资本论》（第一卷），郭大力、王亚南译，人民出版社 1953 年版，第 987—988 页。

② 普遍地提高了劳动强度所生产的剩余价值是相对剩余价值。

③ 所谓变则的剩余价值，就是破坏了劳动力等价交换的法则而产生的剩余价值；正因为这样，我就没有把它包括在剩余价值规律的定义中。

④ 下定义时，教科书只说剩余价值生产是资本主义的基本经济规律；但在其他地方，则说剩余价值规律是资本主义的基本经济规律。

加强剥削雇佣劳动和扩大生产的办法,日益增多地生产剩余价值,并由资本家占有。"①这个定义值得商榷。

首先,它事实上没有说明剩余价值是怎样产生的,因为它没有包括劳动力成为商品和劳动者创造的价值大于劳动力的价值这两点。定义中的"剥削雇佣劳动"云云,是常识性的说法;"扩大生产"云云,是多余的说法,并且也不应和"剥削雇佣劳动"平列起来。因为如果不是在加强剥削中扩大生产,即不是用延长劳动时间和提高劳动生产率的办法,而只用增加劳动者人数的办法来扩大生产,那么,从每个劳动者来说,就不会"日益增多地生产剩余价值"的,因此,在竞争的压力下,是很少用这种办法来增加剩余价值生产的。所以,不是扩大生产,而是扩大生产中的延长劳动时间和提高劳动生产率,使劳动者日益增多地生产剩余价值。

其次,"剥削雇佣劳动"云云,既然不能说明剩余价值是怎样产生的,当然也就不能说明资本主义剥削同其他剥削形式的区别,即不能说明资本主义剥削的本质。表面上看来,"掠夺式地剥削奴隶""剥削依附农民"和"剥削雇佣劳动"三者是有区别的,但这种区别是字面上的。问题在于:怎样才是"剥削奴隶""剥削依附农民"和"剥削雇佣劳动"? 因为奴隶、依附农民和雇佣劳动者三者的区别,如果不从法权的角度而从经济的角度来看,就只能从剥削形式不同来说明。

依我看来,剩余价值规律的定义应包括如下的基本要素:在生产资料的资产阶级所有制的基础上,用延长劳动力的使用时间、加强劳动力的使用强度和提高劳动生产率的办法,来不断扩大劳动者创造的价值超过劳动力的价值的差额,保证资产阶级占有日益增多的剩余价值。

剩余价值规律不仅反映了资本主义生产方式的本质,而且也反映了资本主义生产关系的本质,因为资本主义生产关系的诸方面,就是剩余价值生产总过程的诸方面,资本主义生产关系诸方面的共同点就是剩余价值生产的总过程。

资本主义生产关系是社会生产力发展的一个历史形式。一般来说,只要生产工具发展到不是劳动者个人所能使用的这样的水平,生产资料就和

---

① 苏联科学院经济研究所编:《政治经济学教科书》,人民出版社 1956 年增订第 2 版,第 117 页。

劳动者相脱离并集中在少数人手中,为了进行生产,这样的历史过程就是必然的:分别属于不同所有者的生产资料和劳动力,要按一种特别的原则结合起来并由此结成一定的社会关系。这时,生产资料的资本主义所有制和雇佣劳动就相互依存地在历史上出现了。

但是,资本主义所有制和雇佣劳动,同其他形式的所有制和劳动的区别是什么呢? 是生产资料集中在少数人手中、劳动者丧失生产资料因而要出卖"劳动"吗? 不是。因为在古代和中世纪,都有过生产资料集中在少数人手中、劳动者没有和不完全有生产资料的事实,也有过用货币来支付劳务的现象(虽然是小量的现象),但是却没有资本主义。

区别于:资本主义制度下的生产资料成为榨取和吸收剩余价值的物质手段,劳动则成为剩余价值的泉源,它们结合起来的产物——资本主义的商品,便是剩余价值依以对象化的物质材料。所以,生产资料的资本主义所有制和劳动的资本主义性质,是相互依存地一起取得的,赋予它们这种社会性质的,便是它们结合起来由劳动生产的剩余价值。

资本主义流通同其他形式的流通最明显的不同点,是劳动力的买卖。但劳动力怎样才是当作商品来买卖的呢? 一个劳动者,今天在资本家的公司里做卖给顾客的点心,明天在住宅里做给资本家享用的点心,拿同样多的工钱,在哪个场合下的劳动力是作为商品买卖的呢?

分界线是这种劳动是否生产、实现和带来剩余价值。在第一种场合,劳动的结果是包含了剩余价值的商品,和劳动力相交换的货币就转化为资本。在这里,劳动力是作为商品买卖的。在第二种场合,劳动的结果(或劳动过程本身)是直接满足别人的需要,不生产、实现和带来剩余价值,而只提供了一种服务,和这种劳动相交换的货币就当作收入而支出了。在这里,劳动力不是作为商品买卖的。所以,劳动力是否成为商品,是不能从劳动力的使用形式,甚至也不能从劳动者是否拿到工资来区别的,而只能从劳动者是否生产、实现和带来剩余价值这一点来区别。

劳动力成为商品是剩余价值生产的前提,剩余价值生产则决定了资本主义流通的另一特点——剩余价值流通。

资本主义分配的表面特点是各种收入都表现在货币形式上,如货币的工资、利润、利息和地租等。但这并不是资本主义所特有的,在有商品生产和货币经济的地方,或多或少都有这种货币形式的收入。所以,单从这一点是不能说明资本主义分配的特点的。资本主义分配的真正特点,是由剩余价值生产决定的。因为生产的特点是剩余价值生产,所以价值生产物就要在质上分割为可变资本的价值和剩余价值,剩余价值再分解为利润、利息和地租。而可变资本则转变为工资,它的量的大小是由劳动力的价值决定的。

由此可见,资本主义生产关系的诸方面,就是剩余价值依以产生、生产、流通和分配的总过程的诸方面。

关于剩余价值生产如何决定生产力和生产发展的社会特点,那是不难了解的,这里就不谈了。

所以,剩余价值规律是资本主义的基本经济规律,因为它反映了资本主义生产方式和生产关系的本质,决定了资本主义生产发展的特点。

剩余价值生产是资本主义生产方式的绝对规律,它和资本主义共存亡。但是,剩余价值规律却是过于一般的规律,因为剩余价值本身是抽象的。在资本主义生产关系下,工人出卖的好像不是劳动力而是劳动,因而劳动力的价格就被歪曲为劳动的价格或劳动的报酬,就转化为工资。既然在工资形式下全部劳动都表现为好像是有报酬的,由剩余劳动生产的剩余价值就必然好像不是由劳动产生的,而好像是由资本产生的,并且好像是全部垫支资本产生的。这样,剩余价值就直接转化为利润。这就是说,只要劳动力的价格转化为工资,剩余价值就必然转化为利润。从这意义上说,剩余价值规律就直接具体化为利润的产生和增殖的规律。但是,利润一般还是抽象的,它还要转化为企业利润、利息和地租。所以,剩余价值规律只表明企业利润、利息和地租的共同泉源和实体,而剩余价值本身却要具体化在各种特殊形式之中。各种特殊形式的剩余价值虽然都是由资本所推动的劳动生产的,但资本所能实现的只是利润(包括企业利润和利息),因为地租不是资本、而是土地所有权所要求的。一般来说,地租不能侵蚀利润,它是超额利润的转化形式。所以,在剩余价值转化为它的各种特殊形式的过程中,利润居于支配的地位。在整个资本主义时期,由于剩余价值转化为利润的条件不同,利润的具体形式不同,剩余价值规律的具体形式也就不同。

资本主义生产的本质是剩余价值生产,但是资本主义生产的发展经历了几个阶段,因此,剩余价值规律本身虽然能把资本主义生产从其他的生产形式中区别开来,但是不能把资本主义生产发展的各个阶段区别开来。要反映资本主义生产发展的阶段性,就要在剩余价值生产的一般基础上,找出剩余价值在各个阶段上的特殊形式,也就是找寻剩余价值规律在各个阶段上的具体形式。只有这样,才不仅能够把资本主义生产从其他的生产形式中区别开来,而且能够把资本主义生产发展的各个阶段区别开来,从而就能具体地了解资本主义生产的本质。

三、剩余价值规律在简单协作和工场手工业时期发生作用的形式和特点

　　资本主义是在封建社会内部产生出来的。资本主义产生以前,商业资本和高利贷资本就已经存在了。商人活动的动机和目的是获取利润。组织在行会中的商人,按照平均权利和平等义务的马尔克原则,用同一的价格购买和出售商品以及支付运输费用,从而保证商业利润成为均等的。当然,这种均等只限于行会的范围之内。在一个国家,甚至在一个地方的市场内,当初都有多少不一的不同的利润率,这种不同的利润率后来由于竞争而归于均等。中世纪的利息是离开商业利润而存在的,并且由不同的规律决定。高利贷没有统一的利息率。

　　封建主义向资本主义的过渡是通过两种方式实现的:生产者成为资本家和商人成为产业资本家。

　　封建主义末期的商品生产分化出资本主义。在商品生产不发达的时候,行会能够限制手工业者的竞争和分化。手工业者行会的种种限制,如工作日长度、工艺规程、帮工和学徒人数的限制等,使它的生产目的不可能是发财致富,使它的师傅不能变为资本家;手工业者行会的师傅不仅要参加生产,而且还要以其高明的手艺来教授学徒;学徒、帮工和师傅各等级之间,起初并没有不可逾越的界限。这一切就使利润的范畴对行会手工业的生产来说是不存在的。随着商品生产的发展,竞争愈趋激烈,行会的种种限制和规定也就变成有名无实了,其后也就废除了。于是,工作日延长了,帮工和学徒的人数增加了,帮工和学徒再也不能成为师傅了,逐渐地,最富裕的师傅成为资本家,贫苦的师傅、帮工和学徒成为工人。资本主义就这样产生了。

商业资本在促进资本主义的产生上有过重大的作用。在商品货币关系发展的基础上,商业资本到处加速自然经济的瓦解,使生产品日益变成商品。资本主义以前的商业利润是靠不等价的交换产生的,是让渡利润。商人原来是从小生产者中产生出来的,随着商品生产的发展,商人就从定期购买小生产者产品的包买商,变成发原料和酬金给小生产者而把产品拿去的发货人,再从发货人变成连生产工具也供给劳动者的产业资本家,而小生产者也就变成完全的雇佣工人。资本主义就这样产生了。

商人参与这个过程的目的是获取较高的利润。这是有可能的。作为发货人的商人的特征,是购买暂时还有生产工具但已经不再有原料的劳动力。如果说,从前的商业利润只是小生产者的部分的剩余劳动,那么,现在的商业利润则是全部的剩余价值,甚至是部分的工资的克扣了。这是封建主义向资本主义过渡中的利润,是剩余价值生产的最初的开端。当然,为了加速资本周转和扩大销路,商人会比他的竞争者更便宜地售卖商品,以便获取超额利润。但是,这些竞争者也会变成发货人,于是他们全体都有超额利润,这样的超额利润就成为一般利润。利润率的均衡又恢复了。

这样,我们就可以看到,封建主义社会和封建主义向资本主义过渡中的商业利润率是均等的,这种均等的利润率是在流通领域内形成的。均等的利润是资本主义的历史出发点之一。

资本最初是按照它在历史上遇到的技术条件来支配劳动的。这就决定了资本主义在工业中发展的最初阶段是简单协作。资本主义的最初的工业企业,无论是从手工业者分化而产生的,或者是由商人把破产的小生产者俘虏过来而产生的,一般都是简单协作的企业。

资本主义的简单协作,第一,是以手工技术为基础的,因而它们之间的技术水平就不可能有很大的差别;第二,同时雇佣较多的工人,因而同一生产部门的同量资本所推动的劳动是近于平均的,生产的价值和剩余价值是近于均等的[①];第三,企业规模相差不远,因而无所谓大生产的显著的优越性:所有这一切就使同一生产部门各个企业的利润率是近于均等的。但是,不同的生产部门,由于有不同的资本有机构成和周转时间(尽管其差别还是

---

① 马克思:《资本论》(第一卷),人民出版社1953年版,第387页。

很小的),同量资本在同一时间内推动的活劳动量不等,生产的价值和剩余价值不等,因而利润率也就不等。

资本主义的简单协作不能构成一个历史时期,因此,当我们把它当作资本主义劳动协作的唯一形态来研究时,就意味着这时的资本主义还刚刚萌芽,封建统治还很牢固。简单协作的手工技术不能有效地摧毁自然经济,因此市场是狭小的,统一的国内市场尚未形成。这样,资本的自由转移就受到很大的限制,生产部门之间也缺乏联系,不均等的利润率的平均化就受到很大的限制。

这时资本主义既然还刚萌芽,商业资本就还是前资本主义的,它尚未屈服于产业资本,商业利润依然是前资本主义的,还不是产业利润的一部分。同样道理,这时的生息资本是高利贷资本、农业生产是封建主义的小农生产,所以,利息依然是前资本主义的、地租依然是封建主义的,还不是产业利润的一部分。

工场手工业时期是资本主义在工业中发展的第二个阶段。依照马克思的说明,这时期大体上是 16 世纪中叶到 18 世纪末叶。资本主义的工场手工业和简单协作的差别,是企业内部有了分工,和由此产生的专门化的工具,从而就有较高的劳动生产率。但是,工场手工业仍然是以手工技术为基础的,因而对手工业生产还没有决定的优越性。它一方面以其较高的劳动生产率,缓慢地摧毁城市手工业和农村家庭工业,另一方面又需要它们为其加工制造原料,从而又使手工业恢复起来。所以,工场手工业不能全部占领社会生产,从而资本主义的国内市场的开拓是非常缓慢的。工场手工业的迅速发展,在历史上是靠国外市场的开拓来促进的。殖民制度为它保证了国外市场。

分工的优越性和劳动者的人数有很大的关系。在同一生产部门内,大的工场手工业企业比小的工场手工业企业,有较高的劳动生产率和其他的经济优越性,因而部门内大小不同的企业的利润率,就开始有某种程度的差别。

和简单协作的资本主义企业相同,不同生产部门的工场手工业企业的利润率也是不等的,而且不等的程度会大些。因为市场扩大了,不同生产部门资本的流通时间会有较大的差别,同时,生产工具的专门化又使不同生产部门的资本有机构成有较大的差别。这时,资本主义有了相当的发展,行会制度和其他的封建限制就逐渐废除了。但是,由于自然经济尚未完全破灭,统一的国内市场尚未形成,很大部分的劳动力还相当牢固地束缚在土地上(这时的工人往往还有部分的个人经济),因而生产资料和劳动力在生产部门之间的自由转移,虽然较前增进了,但是尚未在整个社会范围内全部展开。这样,同一竞争地区内不同生产部门的工场手工业的利润率,便有了较为显著的平均化的趋势,但是,全社会的一个统一的平均利润率还没有形成。

工场手工业的迅速发展以国外市场的迅速发展为前提。这时的国外贸易是以国家为后盾的,具有垄断的和显著的劫夺的性质,利润率无疑是非常高的,但在这个范围内仍然是趋向于平均的。国内市场的利润率,由于历史的影响,还是趋向于平均的。这种平均化的国内商业的利润率,对于产业资本的利润率的平均化发生重大的影响。

工场手工业比与它同时大量存在的手工业有较高的劳动生产率,因而它的商品的个别价值是低于商品的社会价值的,它的利润率是高的。但是,为了有更大的销路和打倒他的对手,工场手工业的企业主会比他的竞争者——手工业者更便宜地售卖商品。这时候,如果有高于已有的国内商业利润率的剩余价值,那就可以毫无姑息地赠送给购买者①。这样,它的利润率就和国内商业利润率近于相等。这情形只有在工场手工业时期才是显著的,因为在简单协作时,资本主义商品的个别价值和手工业商品的个别价值之间没有很大的差别;而资本主义机器工业产生后,手工业又很快地濒于破灭了。

表面看来,某些工场手工业企业的利润是很高的。这是因为,"商业资本与工业资本间的最密切与不可分离的联系,是工场手工业的最突出的特点之一"②。大的工场手工业企业大规模地购买原料和售卖产品,把原料高价转卖给手工业者,并低价收购他们的产品转手出卖,它的利润实际上就包含有前资本主义的商业资本的利润和高利贷资本的利息。

---

① 马克思:《资本论》(第三卷),郭大力、王亚南译,人民出版社 1953 年版,第 1185—1186 页。
② 列宁:《俄国资本主义的发展》,人民出版社 1953 年版,第 3977 页。

资本主义工业发展到这一阶段,生产社会化的程度有所增进,近代信用制度开始形成,它和高利贷之间展开了激烈的斗争。新兴的资产阶级,在18世纪全世纪所发出的要求生息资本服从于商业资本和产业资本的呼声,就是这种斗争的反映。但是,有封建主义的存在,高利贷就不会消灭。把利息一般地限制为产业利润的一部分,是资本主义机器生产确立了统治地位、近代银行制度形成后的事情。

国外市场、商业和工场手工业发展到相当高度后,资本家租赁土地的现象就出现了,以资本主义方式经营的农业就产生了,封建主义的地租就逐步变为资本主义的地租。资本主义的地租不可能是全部的剩余劳动,而只能是利润(剩余价值)的一部分。但是,这时农业资本家缴纳的地租,还不是农产品的价值超过生产价格的余额和个别生产价格与社会生产价格之间的差额。这是因为,第一,资本主义最初经营的农业部门是畜牧业,资本主义初期,羊毛工场手工业兴起,羊毛需要大增,它的市场价格高涨至价值以上(如16世纪的英国),因而提供了一个可以转化为地租的利润余额。但这个利润余额是市场价格高于价值的结果,而不是价值高于生产价格的结果。第二,资本最初经营的是有利的土地(这不等于说资本经营的土地必然是从优良地到劣等地),资本主义的农业亦较与它同时大量存在的小农有较高的劳动生产率,因而有较高的利润,这也提供了一个可以转化为地租的利润余额。但这个利润余额,不是生产条件较优的农业资本对生产条件较劣的农业资本的超额利润;而是资本主义经营的农产品个别价值低于由小农生产条件决定的农产品社会价值的部分。一旦资本主义在农业中已广泛发展,资本主义的地租已经生根,它就只能限制为农产品价值高于生产价格的超额利润和农产品个别生产价格低于社会生产价格的超额利润。这要到资本主义机器生产确立了统治地位之后,才成为普遍的。

总之,简单协作和工场手工业时期都是以手工技术为基础的,还不能从经济上彻底战胜封建主义,资本主义生产方式还没有居于统治地位,社会的性质还是封建主义的;封建主义的束缚,使资本的自由转移受到限制,使全部资本生产的剩余价值还不能完全平等地在资本之间进行分配,因而利润率的不均等还是存在的;同时,近代的银行制度和资本主义大农生产尚未完全确立,因而利息还没有限制为利润的一部分,地租还不是农产品价值高于生产价格和农产品个别生产价格低于社会生产价格的超额利润。

　　资本主义生产方式尚未居统治地位时,剩余价值规律作用的形式和特点,粗略说来就是如此。

四、平均利润率规律是剩余价值规律在自由竞争时期的具体形式

资本主义在工业中发展的第三个阶段是机器时期。资本主义使用机器来生产,是由资本家追逐相对剩余价值所引起的;而在资本主义工业生产中广泛使用机器,则是资产阶级革命之后的事情。机器的高度的劳动生产率,是资本主义经济彻底战胜封建经济,并在社会生产中确立绝对统治地位的物质基础。这样,自然经济彻底被扫除了,手工业者多数破产了,自由竞争充分展开了,统一的国内市场形成了,社会的性质就由封建主义的变成资本主义的。这些经济条件对剩余价值规律的具体形式产生重大的影响。

在使用机器的条件下,不同生产部门的资本有机构成是极不相同的,即使剩余价值率是相同的[①],等量资本由于推动极不等的活劳动,仍然有极不等的利润率。即使资本有机构成和剩余价值率是相同的,不同生产部门的资本周转时间,由于市场的扩大和生产过程的深刻的技术变革,是极不相同的,等量资本在一年中生产的剩余价值是不等的,从而年利润率也是不等的。这样,资本的有机构成极高、周转时间极长的重工业就不能发展,从而资本主义生产也不能发展。但是,资本主义大工业生产本身会使问题解决。因为它使资本主义彻底战胜封建主义,使自由竞争充分展开,生产部门内部的竞争使商品的不同的个别价值转化为社会价值,生产部门之间的竞争使商品的社会价值转化为生产价格,商品按照生产价格出卖,利润率就是均等的。正如恩格斯所说的,资本主义大工业生产,"它还使不同的商业部门和

---

① 这假设好像是不合理的,因为不同生产部门工人工资的高度是不同的。其实,这一点是不会影响不同生产部门的资本的剩余价值率的。参见马克思:《资本论》(第三卷),郭大力、王亚南译,人民出版社 1953 年版,第 157—158 页。

工业部门的利润率,均衡为一个一般的利润率,最后并为工业在这个均衡过程内保证一个和它相适合的统治地位,因为它把最大部分一向来阻碍资本由一个部门移到别一个部门的障碍扫除了。就全部交易而言,由价值到生产价格的转化,也就大体上由此完成了"①。

资本主义生产的绝对统治,使商业资本完全服从于产业资本,商业资本当作社会资本的一个部分,参加剩余价值总额的分配,于是就有了一个更低的平均利润率。

这样,我们就可以看到,正如马克思所指出的,在科学的分析中,平均利润率的形成,是由产业资本及其竞争出发,然后再由商业资本的介入而被补充和修正。但是,历史的过程却与此相反,商业资本的一般利润率是早就形成了的。

现在我们来看看,价值转化为生产价格之后,剩余价值规律和价值规律的具体形式发生了怎样的变化。

按照价值规律的要求,商品交换是按照相等的价值量来进行的,剩余价值生产既然不能废弃这个规律,因而每一生产部门获得的剩余价值就应该和它生产的剩余价值相等。而剩余价值规律的要求是尽可能地使资本自行增殖,当自由竞争充分展开时,这个要求就成为:在机能中的资本,不论投在哪一部门,也不论它生产的剩余价值量的大小如何,同样大的机能资本就要获得和实现同样大的剩余价值或利润。这样剩余价值就转化为平均利润。全部剩余价值和全部垫支资本的比例的百分数,就是平均利润率;平均利润率的高度,取决于各个生产部门的特殊的利润率和各个生产部门的资本在社会总资本中的比重,即取决于全部资本对全部劳动的剥削程度。商品的生产费用,加全部垫支资本按照平均利润率计算的平均利润,就是生产价格。在自由竞争下价值转变为生产价格,剩余价值就从利润的形式再转化为平均利润的形式,因而平均利润率规律就是剩余价值规律在资本主义自由竞争时期的具体形式。价值规律由于服从了剩余价值规律的这种要求,就具体化为生产价格规律。依据生产价格的学说,马克思解决了古典学派不能解决的难题:价值规律和平均利润似乎是相矛盾的。

---

① 马克思:《资本论》(第三卷),郭大力、王亚南译,人民出版社 1953 年版,第 1186 页。

在自由竞争的条件下,取得平均利润,这是保存资本的起码条件;平均利润是最低下的赢利。不能取得平均利润的企业,就无法进行正常的扩大再生产,在竞争中就被淘汰。在同一生产部门内,大小不等的企业的利润率是不同的,大企业可能得到超额利润,迅速扩大生产,从而把得不到平均利润、无法进行正常扩大再生产的小企业挤倒。各生产部门内部的竞争,使社会资本的有机构成提高,从而平均利润率就有下降的趋势。

平均利润,这是每一个按照社会平均条件发生机能的资本都能获取的。但是,如果资本的所有权和使用权相分离了,同一资本当作资本使用了两次(在借贷资本家手中当作借贷资本、在机能资本家手中当作产业资本和商业资本),但当作真正的资本来发生机能只有一次,它只带来一次利润,而两种资本的权利都要求利润。这样,利润就要在两种资本家之间进行量的分割,其比重由竞争决定。由于有了这种量的分割,利润才在质上分割为利息和企业利润这两部分。在生产社会化程度相当高、近代银行制度已经确立的条件下,利息率一般是低于平均利润率的,利息是平均利润的一部分。

在自由竞争的条件下,如果某些生产部门和企业在经营上和所有权上存在垄断,妨碍了资本的自由流入,以致这些生产部门和企业的剩余价值不参加平均利润的形成,那么,超过平均利润的剩余价值余额,不论形式如何,实质上都要转化为地租。资本主义农业中的土地作为经营对象的垄断,使某些生产条件较好的农场的资本的超额利润转化为级差地租;资本主义农业中土地私有权的垄断,使农业资本所得到的超过工业资本的平均利润的利润余额(因为农业资本的有机构成较低)转化为绝对地租。这样,农业资本大体上都获得了平均利润。

由此可见,在自由竞争条件下,尽管资本总是要求尽可能获得和实现尽量多的剩余价值,但它所实现的利润却是平均利润。因此,平均利润率规律就是资本主义的基本经济规律——剩余价值规律——在自由竞争时期的具体形式。

《政治经济学教科书》确认平均利润率规律是剩余价值规律的具体化[①],

---

① 它没有明白地这样说,而说:"剩余价值规律具体化了,表现为平均利润率的形式。"参见苏联科学院经济研究所编:《政治经济学教科书》,人民出版社 1956 年增订第 2 版,第 172 页。但它也使用平均利润率规律的术语。

并对它下了这样的定义："不同生产部门因资本有机构成不同而形成的不同的利润率，由于竞争而平均化，成为一般（平均）利润率。"①这个定义是极不完全的。

第一，它没有体现出是剩余价值规律的具体化。剩余价值规律的具体化应该是指：剩余价值规律有了具体的形式，但不论形式如何，它的基础和它反映的本质总是剩余价值规律。但这定义丝毫没有这意思。这就不能自圆其说。

第二，它只从竞争来说明平均利润率的形成，而没有提到平均利润和生产价格的关系，这归根到底就是离开了价值规律和剩余价值规律来说明平均利润率规律。这是不科学的。因为单从竞争来说明平均利润率的形成，是那些否认劳动价值学说的资产阶级经济学家也能办到的。正是这样，恩格斯在维护马克思的经济学说、反驳资产阶级经济学家时，曾两次强调："相等的平均利润率，怎样能够并且必须不但不与价值规律相违背，反而是以价值规律为基础来形成的。"②马克思是经过了生产价格的中项，才把平均利润率的形成和价值规律联系起来的，但教科书里的定义没有提到生产价格的问题。

第三，它只说明不等的利润率由于竞争而成为平均利润率，但没有说明不等的利润率是怎样形成的，这归根到底就是离开了剩余价值的产生来说明平均利润率的形成。这是不对的。马克思说过："这些特殊的利润率，……要由商品的价值来说明。没有这种说明，一般利润率……便依然是一个无意义无内容的观念。"③因为只有依据价值由劳动决定、总价值规定总剩余价值、总剩余价值和垫支总资本规定平均利润的原理，才能说明平均利润率的形成及高度。马克思说得好："没有这个，平均利润便是一个没有什么的平均，只是妄想。那可以是百分之十，同样可以是百分之一千。"④教科书的作者们显然没有考虑到这个根本性的问题。

① 苏联科学院经济研究所编：《政治经济学教科书》，人民出版社 1956 年增订第 2 版，第 172 页。

② 一次是在《资本论》（第二卷）编者序（参见马克思：《资本论》（第二卷），郭大力、王亚南译，人民出版社 1953 年版，第 24 页）；另一次是在《资本论》（第三卷）编者序（参见马克思：《资本论》（第三卷），郭大力、王亚南译，人民出版社 1953 年版，第 9 页）。

③ 马克思：《资本论》（第三卷），郭大力、王亚南译，人民出版社 1953 年版，第 177 页。

④ 马克思：《剩余价值学说史》（第二卷上册），考茨基编，郭大力译，生活·读书·新知三联书店 1951 年版，第 36 页。

第四,在剩余价值率相等时,利润率不等的基本原因是等量资本在相等时间内用来购买劳动力的份额不等,这是由资本的有机构成和周转时间不等所造成的。但教科书里的定义只提到资本有机构成不等,而没有提资本周转时间不等。教科书谈到资本周转时间对利润率的影响①,但没有把它和资本有机构成同样列为定义的要素,这是很奇怪的。

依我看来,平均利润率规律的定义应包括如下的基本要素:在资本不断地扩大剩余价值生产的基础上,资本的有机构成和周转时间不等,等量资本在相等时间内推动的活劳动不等,就有不等的剩余价值和利润率,由于自由竞争使价值转化为生产价格,不等的利润率就转化为平均利润率。

有人认为平均利润率规律不是剩余价值规律的具体形式。他们的意见有三种。(1)平均利润不是资本主义生产的目的,平均利润率又有下降的趋势,因而平均利润率规律就不可能是资本主义基本经济规律的具体形式。(2)平均利润虽然是利润的转化形式,而利润又是剩余价值的转化形式,但平均利润率规律却不可能是剩余价值规律的具体形式,因为前者说明的是剩余价值如何在资本家之间进行分配,后者说明的是剩余价值如何生产出来。(3)平均利润率规律只在分配领域中发生作用,与生产和交换毫无关系,因而它不可能是资本主义基本经济规律的具体形式。这些意见是可以商讨的。

先谈第一种意见。当然,资本主义生产的目的不是平均利润,而是尽可能大的剩余价值或利润。但是,平均利润率规律并不是表明资本主义生产的目的是平均利润,而是表明资本要尽可能地占有或实现尽量多的利润,因而在自由竞争下,资本就流向利润率最高的部门,其客观结果则是利润率趋向于平均化。平均利润率之所以有下降的趋势,是因为每个企业都要获取超额利润,生产部门内部的竞争使资本有机构成普遍提高。所以,利润率的平均化和利润率的下降趋势,都是在自由竞争下,资本要尽可能获得和实现更多的利润的结果。

再谈第二种意见。这种意见既然承认平均利润是剩余价值的转化形式(不承认是不行的),在逻辑上就必然要承认平均利润率规律是剩余价值规

---

① 苏联科学院经济研究所编:《政治经济学教科书》,人民出版社 1956 年增订第 2 版,第 168 页。

律的具体形式。这好比承认生产价格是价值的转化形式,在逻辑上就必然要承认生产价格规律是价值规律的具体形式一样。当然,剩余价值规律具体化为平均利润率规律,并不像它具体化为利润的产生和增殖的规律那样,是直接的、无任何中项的具体化,而是间接的、经过中项的具体化。这中项就是生产价格的形成。

为了深刻地了解这问题,不妨看看古典派的最伟大的代表李嘉图对剩余价值规律的认识,和马克思对他的批判。正如前面说过的,古典派是看到了剩余价值并认识它的泉源的,但是他们却把剩余价值的转化形式——平均利润,当作剩余价值来考察。这样,从劳动价值学说出发,不经过任何中项,是无法说明平均利润的形成如何能与劳动价值学说不相矛盾的。李嘉图在这个问题上失败了。马克思对他批评道:李嘉图"虽有时正确叙述了剩余价值规律,但他立即把这种规律弄得错误了,因为他把这个规律,直接当作利润规律来讲。反之,他又把利润规律,直接的,无任何中项的,当作剩余价值的规律来叙述"①。可见,利润规律(即平均利润率规律)是剩余价值规律的具体形式,只不过不是直接的、无任何中项的具体形式。

认为平均利润率规律只是说明剩余价值如何在资本家之间进行分配的同志,大概是根据《政治经济学教科书》对这个规律所下的定义。对这定义,我已提出不同的意见。依我看来,剩余价值规律说明剩余价值是如何生产出来和扩大生产的;而平均利润率规律则以此为基础进一步说明:等量资本如何在相等时间内生产不等的剩余价值,有不等的利润率;在自由竞争下,不等的利润率又如何因价值转变为生产价格而成为平均利润率。所以,那种认为平均利润率规律只是说明剩余价值的分配的看法,是不全面的。

最后谈第三种意见。平均利润率规律当然在分配领域中发生作用,但不是同生产、交换无关。前面已经说过,平均利润率的高度,取决于各个生产部门的特殊利润率和各生产部门的资本在社会总资本中的比重,即取决于各个生产部门的剩余劳动对必要劳动与物化劳动之和的比率(工人的活劳动分为必要劳动和剩余劳动是资本主义生产的条件,而活劳动与物化劳

---

① 马克思:《剩余价值学说史》(第二卷上册),考茨基编,郭大力译,生活・读书・新知三联书店1951年版,第92页。

动之间的比例关系则是物质生产的条件),和各个生产部门在社会总劳动按比例分配(这是进行社会生产的条件,在资本主义下,这种比例性具有资本主义的特点)中所占的份额。所以,平均利润率归根到底是由资本主义生产的条件决定的。正是这样,马克思才说:"利润不是表现为生产物的分配的主要因素,而是表现为它们的生产的主要因素,当作资本和劳动自身在不同生产部门间的分配的部分。"①

在自由竞争充分展开、价值转化为生产价格、剩余价值转化为平均利润的条件下,如果某一生产部门的利润率和平均利润率刚好相等,这就意味着它的商品的市场价格和生产价格刚好相等,也就是供给和需要刚好相等。正是这样,我们就可以看出平均利润率规律对生产的调节作用。如果某一生产部门的供给超过需要,商品的市场价格就会落到生产价格以下,它的利润率也就落在平均利润率以下,这就要缩小生产;反之,情形也就相反。所以,这时的生产再也不是由市场价格和价值之差、特殊利润率的上升或下落来调节,而是由市场价格和生产价格之差、特殊利润率和平均利润率之差来调节。

平均利润率规律不仅对生产起着调节的作用,而且对交换也起着支配的作用。在上述的条件下,商品已不是当作单纯的商品来交换,而是当作自由竞争下资本的生产物来交换。因而,按照生产中耗费的社会必要劳动量进行交换,已经不够了。现在,在交换中,不仅要等价补偿在生产中所耗费的资本,而且还要按照在生产中所使用的资本量,在社会资本生产的剩余价值中分配到符合于平均利润率的一份。因此,在大多数场合下,生产商品所耗费的劳动量和交换商品所得到的劳动量是不一致的,因为大多数商品的价值和生产价格不一致(市场价格和生产价格的不一致除外)。这种不一致,也就是商品中包含的剩余价值和它实现的平均利润的不一致。这就是平均利润率规律支配交换过程。

---

① 马克思:《资本论》(第三卷),人民出版社 1953 年版,第 1156 页。

五、最大限度利润规律是剩余价值规律在垄断统治时期的具体形式

资本主义的发展分为垄断前的和垄断的两个阶段。依据列宁的分析，自由竞争引起生产积聚，生产积聚到一定程度便自然而然地走向垄断。一方面，数十个巨型企业彼此易于成立协定；另一方面，又因企业规模宏大，使竞争受到阻难，这就产生了垄断的倾向。资本主义从自由竞争向垄断的过渡，是由资本主义经济的矛盾发展的全部过程准备好了的。垄断资本主义的形成，使剩余价值规律的具体形式发生了变化。

垄断是从自由竞争中生长出来的。但垄断不仅不消灭竞争，反而使竞争更加尖锐。竞争不仅在经济上进行，而且在经济以外进行。在经济上进行竞争，归根到底就要提高劳动生产率和扩大生产，这就要把巨大的利润转化为资本。在尖锐的竞争下，巨大企业的固定资本的精神磨损十分迅速，这就要有巨大的投资来进行更新。在经济以外进行竞争，包括了收买、恐吓和暴力破坏等，同样要有巨大的利润。但是，占统治地位的巨大企业的资本有机构成很高，平均利润率有显著的下降趋势，这样，垄断企业就不能满足于平均利润和带有不固定性质的、比平均利润稍微高一点的超额利润，而要求最大限度利润。

获取最大限度利润的可能性是垄断资本主义本身产生的。既然垄断资本主义把最重要的生产部门、信用机构和原料都垄断了，不仅垄断了经济，掌握了国家机关，而且控制了本国的经济和政治，以及殖民地和附属国，这样，当然就不仅能够从经济上，而且还能借助于政治力量来获取最大限度利润。

垄断资本主义获取最大限度利润的手段是和各种形式的垄断结合在一

起的。由于在生产上形成了垄断,并借助国家机关把国内市场垄断起来,垄断资本就可以在商品生产和商品交换的基础上,用按垄断价格出售商品的办法来剥削消费者,和用低价收买产品、高价出售商品的办法来剥削小生产者。由于有了银行的垄断,并形成了财政资本,垄断资本就可以不通过商品生产和商品交换,而通过各种形式的财政活动,如财政欺诈、有价证券投机、高利抵押、创办新企业、改组和合并旧企业等,来获取巨额的利润、利息和创业利润。由于国家机关服从于垄断组织,垄断资本就可以使国家机关执行有利于自己的政策,使国库为自己服务,如执行扩充军备、发展军火生产、增加税收、增发通货和发动侵略战争的政策,以降低工人和广大劳动人民的实际收入,来保证垄断企业的巨额利润;资产阶级国家甚至以各种补助金、奖金的名义,将国家预算的资金直接送给垄断企业。对落后国家输出资本,垄断资本就可以用生产资本的形式获得比本国高得多的利润,也可以用借贷资本的形式获取高额的利息,并增加以垄断价格输出的商品。由于形成了对世界市场、附属国和殖民地的垄断,垄断资本就不仅能够安全地输出资本和巩固国外市场,而且能够进行直接的财政剥削、低价收购原料和掠夺各种重要物资。以上各种办法可以归结为两种:不等价交换和各种财政活动。

垄断资本主义建立在资本主义商品生产的基础上,因而垄断价格在保证最大限度的利润中就有十分重要的作用。由于垄断企业把某种商品的大部分产量掌握在自己手中,并通过政府机关阻止廉价商品从国外输入,就能够人为地把商品的价格抬高至价值以上,也就是以垄断价格出卖。垄断价格不是一种根据供求关系有计划地订出来的价格(因为竞争和生产无政府状态排除了计划价格的可能性),而是一种市场价格,是垄断企业人为地造成紧张的供求关系的结果。

最大限度利润的主要泉源是工人创造的剩余价值。在垄断资本主义条件下,工人被剥削的程度大大增高,劳动力价值的一部分往往被垄断资本所劫夺。非垄断企业的部分利润往往也转到垄断企业中。除剩余价值以外,小生产者创造的价值的一部分,甚至相当于生活费用的一部分,也被劫夺而去成为最大限度的利润。用垄断价格出卖商品,等于把消费者的部分收入转到垄断资本家的腰包里。工人作为消费者同样受着沉重的剥削。国家机关用沉重的捐税和增发通货来削减劳动者的收入,以增加垄断资本的利润。

最大限度利润的泉源还包括了国民财富的再分配,即把以前的劳动创造的价值转移到垄断资本家手中①。

最大限度利润和平均利润是不同的经济范畴。平均利润的泉源是工人创造的剩余价值,是一般资本都能获得的,它反映了资本家之间在剥削工人的剩余价值上的平等关系,用马克思的话来说,是资本主义的共产主义。最大限度利润的泉源除了剩余价值以外,还有工人工资的扣除、小生产者创造的价值的一部分、劳动者作为消费者时所受的剥削的一部分和国民财富的再分配,这只有垄断资本才能获得,它的数量比平均利润大得多,它反映了资本对劳动剥削的加深,反映了资本家间在剥削劳动者上的不平等关系。

斯大林认为,最大限度利润规律是剩余价值规律适应于垄断资本主义的条件的发展和具体化,并对它下了这样的定义:"用剥削本国大多数居民并使他们破产和贫困的办法,用奴役和不断掠夺其他国家人民、特别是落后国家人民的办法,以及用旨在保证最高利润的战争和国民经济军事化的办法,来保证最大限度的资本主义利润。"②《政治经济学教科书》完全同意斯大林的论述,并沿用了他的定义。这定义存在很多问题。

第一,斯大林虽然认为它是剩余价值规律在垄断资本主义条件下的发展和具体化,但是,既然他并没有对剩余价值规律下定义,我们就不能说他下的定义不是剩余价值规律的具体化。但教科书则不同。它不仅同意垄断资本主义基本经济规律是剩余价值规律的发展和具体化,并对后者下了定义。但将这两个定义加以比较就可以看出,如果剩余价值规律的定义是对的,那么,垄断资本主义基本经济规律的定义就是不对的,因为它丝毫没有表现出它是前者的发展和具体化;如果垄断资本主义基本经济规律的定义是对的,那么,剩余价值规律的定义就是不对的,因为它丝毫没有表现出它是前者依以发展和表现的基础。两个定义可能都是不对的,但是却不可能都是对的,两者必居其一。如果两个定义都是对的,那么,它们之间就是没有任何联系的,其一不是另一的发展和具体化。只有这样才能自圆其说。

---

① 勒·敏捷尔松:《论帝国主义基本经济规律的几个方面》,《经济译丛》1955年第10期,第99页。
② 斯大林:《苏联社会主义经济问题》,人民出版社1953年版,第34页。

第二,它没有把垄断资本主义的本质反映出来。人们在定义中简直看不出它应该反映的垄断资本主义的经济实质——垄断。如果一定要在定义中找寻垄断资本主义的经济实质的话,那么,就只有"战争和国民经济军事化"一语勉强可以充数,因为它们的确是垄断资本主义所特有的现象,尽管不是最根本的。但是,正如下面就谈到的,可惜它们并不能给垄断资本带来最大限度利润。至于"剥削本国大多数居民并使他们破产和贫困""奴役和不断掠夺其他国家、特别是落后国家人民",就不仅是描绘现象,而且描绘的并不是垄断资本主义所特有的现象,因为只要不说明这是通过垄断进行的,那么,这现象也是垄断前的资本主义所共有的。

第三,它离开了价值规律和剩余价值规律,去说明垄断资本怎样获取最大限度利润,因而实际上就没有说明获取最大限度利润的方法和最大限度利润的泉源,合起来就没有说明最大限度利润产生的规律。不仅"剥削"和"奴役"不是垄断资本主义所特有的剥削方法,不能说明最大限度利润的泉源,而且战争和国民经济军事化也不是一种剥削方法,也不能说明最大限度利润的泉源。战争不是一种剥削方法,也不能产生什么最大限度利润,因为它不是经济活动。不是国民经济军事化本身、而是构成国民经济军事化的军火生产、通货膨胀和国库补助等,保证垄断资本获取最大限度利润。这些都可以归结为不等价交换的剥削和各种以财政手段进行的剥削。

第四,它违反了起码的逻辑原则。它说明的是用三种办法来达到获取最大限度利润的目的。但就定义而论,前两种办法和后一种办法的分类是不一致的:前两者说明的是剥削对象(本国的和其他国家的劳动者),后者说明的又不是剥削对象。这样,由于逻辑混乱,就必然发生这样的问题:难道战争和国民经济军事化(从斯大林的观点看来)就不是剥削本国大多数居民和奴役落后国家人民的办法吗?

依我看来,最大限度利润规律,即垄断资本主义基本经济规律的定义,应包括如下的基本要素:在资本不断地扩大剩余价值生产的基础上,垄断资本通过各种形式的垄断,用不等价交换的办法和各种财政活动的办法,不但占有垄断企业的全部剩余价值,而且夺取本国和落后国家非垄断企业的部分剩余价值和劳动群众的部分收入,保证垄断资产阶级占有最大限度利润。

应当指出,某些经济学家谈论垄断资本主义的基本经济规律时,有些论点是错误的。勒·敏捷尔松认为,"垄断高额利润,和一切资本主义利润一样,也是剩余价值。"①这是不确切的。这种说法会模糊垄断资本主义剥削的实质,使人产生这样不正确的看法:似乎垄断资本主义的剥削实和"自由"资本的剥削完全一样。如上所述,最大限度利润的泉源,不仅仅是工人创造的剩余价值。事实上敏捷尔松这个结论和他的论证也是不相符的,因为他正确地指出,垄断资本还运用了前资本主义的剥削方法,在公开的或隐蔽的奴隶制和农奴制的形式下,把奴隶和农奴的剩余产品,甚至部分的必要产品,变为最大限度利润。大家都知道,剩余产品并不都是剩余价值。

---

① 勒·敏捷尔松:《论帝国主义基本经济规律的几个方面》,《经济译丛》1955 年第 10 期,第 98 页。

六、关于最大限度利润规律和平均
利润率规律的三个问题

　　谈到平均利润率规律和最大限度利润规律,是资本主义的基本经济规律(剩余价值规律)在自由竞争和垄断统治阶段的具体形式时,自然会发生以下三个问题。第一,说平均利润率规律是剩余价值规律的具体形式,这是完全可以理解的,因为平均利润不外就是剩余价值的转化形式。但是,一方面说,最大限度利润规律是剩余价值规律的具体形式,另一方面又说,最大限度利润的泉源不仅仅是剩余价值,这应如何理解? 第二,既然最大限度利润规律和平均利润率规律都是剩余价值规律的具体形式,而最大限度利润规律又是垄断资本主义的基本经济规律,那么,能不能说平均利润率规律是自由竞争的资本主义的基本经济规律呢? 第三,在垄断统治阶段,剩余价值规律既然已经具体化为最大限度利润规律,后者并且是垄断资本主义的基本经济规律,那么,平均利润率规律是否还存在和发生作用?

　　先谈第一个问题。有人认为这个问题是不存在的。在他们看来,垄断资本剥削的无论是工人、是小生产者、是消费者、是奴隶、是农奴,剥削的都是剩余价值。不错,马克思在谈到没有资本对雇佣劳动剥削的社会经济形态时,也会谈到剩余价值的剥削问题,如"从奴隶身上挤出的剩余价值"[①],和封建主义的"地租是剩余价值或剩余劳动的唯一的支配的和通常的形态"[②],等等。但这只是从假借的意义上说的,否则,马克思的剩余价值理论就失去它的科学意义了。所以,不能认为垄断资本剥削的都是剩余价值。

[①]　马克思:《资本论》(第三卷),郭大力、王亚南译,人民出版社1953年版,第1056页。
[②]　同上书,第1036页。

即使我们后退一步,假定垄断资本剥削的都是剩余价值,问题还是不能就此解决。这个问题是:马克思分析剩余价值的泉源时指出,它是工人创造的价值超过劳动力的价值的部分,而没有把其他因素包括在内;平均利润的实体也只是剩余价值,而不包括其他因素;最大限度利润规律既然是剩余价值规律的具体形式,那么,最大限度利润的泉源为什么和剩余价值(或平均利润)的泉源有不同之处呢? 问题的存在是非常明显的:要么就是斯大林对最大限度利润规律下的定义是错误的,要么就是我们没有深刻理解斯大林的论点。两者必居其一。

我认为应该深刻地理解斯大林的论点。这个问题应该从这方面去寻求答案:垄断资本主义的产生,除了须具备资本主义产生的一般条件以外,还须具备何种特有的条件,从而资本主义剥削和垄断资本主义剥削,除了有共同的基础外还有哪些不同的特点。

资本主义产生的条件是:生产资料集中在资本家手里,而丧失了生产资料的劳动者成为劳动力的出卖者。资本主义剥削区别于其他剥削形式的特点是剥削工人创造的剩余价值。当然,现实中的资本主义不仅剥削剩余价值,而且劫夺劳动力的部分价值;不仅剥削工人,而且剥削小生产者和消费者;不仅剥削资本主义生产方式下的劳动者,而且剥削前资本主义生产条件下的劳动者。大家知道,对小生产者的掠夺、国外市场的开拓、商业战争和殖民制度,对资本主义生产方式的产生和发展都起过极大的推动作用,马克思曾经用血与火的文字说明这一点,但他不仅没有把用这些手段获得的利润作为是剩余价值泉源之一来说明,反而对类似的论断加以驳斥。为什么呢? 因为这些因素和资本主义生产的联系,并不是最基本的,而是次要的;因为这些因素都是不同形式的劫夺,那是资本主义以前的商业资本获取利润的方法,并不是资本主义特有的剥削方法。须知规律并不是现象的总和,而是现象中的本质的东西。马克思正是把这些非本质的因素加以抽去,在科学的劳动价值学说和劳动力成为商品的学说的基础上,才揭露了剩余价值生产的秘密。

正确地运用抽象法是很重要的。在实际生活中,小生产者和非资本主义国家的人民是购买资本主义的商品的,因此,资本主义商品和剩余价值的实现,事实上也部分地在非资本主义领域内进行。但是,如果把这一点当作是实现社会资本再生产的基本条件,那就必然发生理论错误。大家知道,俄国民粹派认为资本主义不能在俄国发展、德国卢森堡认为资本主义会自动灭亡,这些错误理论的产生,和他们研究资本主义再生产没有正确地运用抽象法,有很大的关系。

垄断资本主义产生的条件是:在资本主义生产一般的基础上,资本主义世界经济体系已在形成。只有在这条件下,从自由竞争而产生的生产积聚才会引起垄断。只有根据这个历史条件,才能说明下面这个问题:自由竞争和生产积聚是早就存在的,但为什么资本主义变为垄断资本主义是在19和20世纪之交。所以,不仅在实际上没有、而且在理论上也没有一国的垄断资本主义。垄断资本主义不是一种特殊的经济制度,而是垄断资本对它统治下的劳动人民进行剥削的世界体系。正是这样,列宁才说:"资本主义已变成极少数'先进'国用殖民政策压迫,用财政资本扼制地球上极大多数居民的全世界体系。"①同时应该注意,垄断前和垄断的资本主义虽然同样实行殖民政策,但是,"资本主义过去各阶段上的资本主义殖民政策,也是与财政资本的殖民政策大不相同的"②。既然对资本统治下的全部劳动的剥削,特别是对落后国家人民的剥削,是垄断资本主义产生的条件,既然垄断资本主义是一种世界体系,那么,分析获取最大限度利润的办法和最大限度利润的泉源时,就当然不能把对前资本主义生产条件下的劳动的剥削这个因素抽掉。如果抽掉,那就等于把现象中的本质的东西抽掉了,这样揭露出来的"规律"当然是虚假的。阿·莫罗佐夫认为:"现代资本主义基本经济规律是资本主义世界经济的基本规律。"③这见解是十分正确的。

懂得这一点是很重要的。揭露事物的规律时,不能把与事物有重大联系的因素抽掉。大家知道,对同一土地面积递加投资,在通常情况下要以技术和耕种方法的进步为前提;在这前提下,递加投资会使产量递增。但资产阶级学者却把这个必要的前提抽掉,视技术和耕种方法为不变,因而制订了所谓土地收益递减"规律"的"理论"。如果撇开它的阶级意义不谈,这"理

---

① 《列宁文选》(第一卷),人民出版社1953年版,第921—922页。
② 同上书,第990页。
③ 阿·莫罗佐夫:《序言》,载库庆钦斯基《资本主义世界经济史研究》,陈东旭译,生活·读书·新知三联书店1955年版,第9页。

论"的错误就在于：它建立在一种错误的方法论的基础上，其结论也就当然错误。

人们一定会问：垄断资本除了剥削剩余价值以外所获得的最大限度利润，不论形式如何，实质上都是劫夺，它和资本主义以前的商业资本获取利润的方法好像相同，那么，垄断资本主义剥削的特点何在呢？不错，这的确也是一种劫夺，但它无一不是通过垄断而进行的，这是此前的劫夺所没有的。这就是垄断资本主义剥削的特点。

在这里，应该谈到经济学家们常常引用的斯大林论点："就必须把剩余价值规律具体化，把它发展起来适应于垄断资本主义的条件，同时要考虑到，垄断资本主义所要求的不是随便什么利润，而正是最大限度的利润。这才会是现代资本主义的基本经济规律。"①经济学家们对这个论点几乎没有什么阐述。但是，引用这个论点而不加以阐述是不行的。问题在于：怎样理解和怎样能够把剩余价值规律"发展起来适应于垄断资本主义的条件"。要知道，人们是不能创造经济规律的。依照我的初步体会，斯大林这个论点是指：应该适应于垄断资本主义的条件，把新的因素加到剩余价值规律中去，使它更确切地反映出垄断资本主义的本质，从而发展起来具体化为最大限度利润规律。在人们的认识和科学的发展过程中，随着新的因素的出现和认识的深化，把新的因素加入与它有密切联系的规律中去，使这个规律发展起来，并在原有基础上以一个新的具体形式出现，这是常有的事。商品生产的所有权规律，由于资本主义扩大再生产、剩余价值变为资本这个条件的出现，而转化为资本主义占有的规律，便是一个例子②。

所以，同利润的产生和增殖的规律是剩余价值规律的直接的具体化、平均利润率规律是剩余价值规律经过生产价格这个中项的具体化不同，最大限度利润规律是剩余价值规律加上垄断资本对全部劳动的剥削这个因素的具体化。

再谈第二个问题。人们之所以产生这个问题，是因为直到现在为止，经济学家们尽管谈论剩余价值规律是资本主义的基本经济规律、平均利润率

---

① 斯大林：《苏联社会主义经济问题》，人民出版社1953年版，第34页。
② 参见马克思：《资本论》（第一卷），郭大力、王亚南译，人民出版社1953年版，第22章第1节。

规律是自由竞争条件下剩余价值规律的具体形式、最大限度利润规律是垄断统治条件下剩余价值规律的具体形式和垄断资本主义的基本经济规律,等等,可是从不谈自由竞争的资本主义的基本经济规律的问题。

这是有原因的。明显的原因之一就是:经济学家们除非不谈基本经济规律,一谈基本经济规律,脑子里就有一个基本经济规律定义的公式——生产的目的和达到目的的手段。用这个框子来检查已有的平均利润率规律的定义(虽然至目前为止还只有《政治经济学教科书》对这规律下过定义),就明白看到这定义既没有生产的目的,也没有达到目的的手段,于是,平均利润率规律似乎就不可能是什么基本经济规律了。

我认为不能从公式出发、而应该从实质上来考虑这问题。前面说过,基本经济规律反映一个生产方式区别于其他的生产方式的决定性的特征,即反映生产方式的本质。资本主义生产的本质是剩余价值生产;剩余价值在任何情况下都首先转化为利润。因此,从生产剩余价值或利润这一点来看,虽然能把资本主义生产方式从其他的生产方式中区别出来,但不能把资本主义生产发展的阶段性表明出来;而资本主义生产发展是有阶段性的。资本主义生产发展的阶段性,应该在剩余价值或利润的特点上表现出来。所以,在理论上完全可以肯定:剩余价值规律在资本主义生产发展的各个阶段上有不同的具体形式,体现这具体形式的经济规律,就是发展到各个不同阶段上的资本主义的基本经济规律。因为这规律不仅能一般地反映出资本主义生产的本质,使资本主义生产方式区别于其他的生产方式,而且能具体地反映出资本主义生产发展的某一阶段的特征,使这一阶段区别于其他的阶段。

那么,试问资本主义生产发展的各个阶段,除了生产剩余价值或利润这个共同点之外,还有哪些彼此可以区别的特点呢? 正如前面分析过的,在资本主义生产方式尚未占统治地位时——简单协作和工场手工业时期,这个阶段的资本主义生产特点是各生产部门获取不同的利润,这利润几乎就是本部门生产的剩余价值;在资本主义生产方式占统治地位后的自由竞争时期,这个阶段的资本主义生产特点是各生产部门获取的利润率近于均等,这平均利润是社会资本生产的剩余价值在各生产部门的资本间进行平均分配的结果;垄断阶段的资本主义生产的特点是垄断资本获取最大限度利润,这最大限度利润是垄断资本对全部劳动进行剥削和掠夺的结果。因此,区别于简单协作、工场手工业时期和垄断统治时期,自由竞争时期的资本主义生产的特点就是获取平均利润。既然这样,有什么理由不假思索地就否认平均利润率规律是自由竞争时期的资本主义的基本经济规律呢?

当然,对于平均利润率规律的定义问题,是应该很好地加以研究的。但是,不能由于现有的定义不符合基本经济规律定义的公式,就否认平均利润率规律是自由竞争时期的资本主义的基本经济规律,因为这种方法是不科学的。

最后谈第三个问题。关于这个问题,勒·敏捷尔松的论文提出了极其有益的见解。论文首先着重指出垄断资本主义获取最大限度利润的两种方法:破坏等价交换规律的和不破坏等价交换规律的方法。垄断资本主义用金融的、掠夺的和盗窃国库的方法获取最大限度利润时,根本就没有通过商品交换和价格机构,这就谈不上什么等价或不等价交换的问题。垄断资本主义用垄断丰富矿藏、肥沃土地、交通便利的土地以获取级差地租,以及用垄断技术发明的专利权、提高劳动强度而获取超额利润,并使它们固定化为最大限度利润时,虽然是通过商品交换和价格机构来进行的,但这时的价格不会超过价值,交换是按照等价的原则进行的,这种构成最大限度利润的剩余价值余额,即使在自由竞争充分展开时,也不参加平均利润的形成。以上两种情况都谈不上最大限度利润规律发生作用会不会使平均利润率规律的作用消失的问题。

但是,垄断资本主义获取最大限度利润的最重要的工具是垄断价格,以垄断价格出售商品显然违背了商品交换的等价原则。这时,平均利润率规律是否存在并发生作用呢? 勒·敏捷尔松的回答是肯定的。我不同意这种看法。

敏捷尔松的论证可以分为三部分。第一,怀疑平均利润规律在帝国主义条件下是否发生作用是错误的,因为这就等于怀疑价值规律的作用。[1] 第二,关于平均利润规律在帝国主义条件下的作用问题,首先应归结为价值规律(从而也就是生产价格规律)是否为垄断价格所破坏的问题。[2] 第三,即使

---

[1] 勒·敏捷尔松:《论帝国主义基本经济规律的几个方面》,《经济译丛》1955 年第 10 期,第 106 页。

[2] 同上文,第 108 页。

在帝国主义时期,价值规律也以生产价格的转化形式出现和发生作用,因为垄断价格不像生产价格那样是价值的变形,它不是价格的内部规律;生产价格是垄断价格的基础、最低的界限和内部的界限;既然垄断价格是高于生产价格的市场价格,最大限度利润是高于平均利润的利润,可见平均利润率规律是存在并发生作用的①。

这些论证是可以商榷的。前两点和平均利润率规律是否存在无关,因为不能用价值规律是否存在来论证平均利润率规律是否存在,敏捷尔松对这问题的认识是错误的。只有第三点是抓住了问题的要点,因为他正确地从生产价格的存在来论证平均利润率规律的存在和发生作用。② 但是,认为生产价格在帝国主义条件下依然存在的论点是站不住的。

生产价格和平均利润率是同时形成的。取决于全部资本对全部雇佣劳动的剥削的平均利润率的形成,在历史上是先于最高利润率的形成的。垄断资本的产生,垄断资本及其与非垄断资本之间的不平等地位,使平均利润率不能形成。不错,纯粹的垄断资本主义是没有的,非垄断企业各部门之间的竞争使它们的利润率趋向于平均化。但这已不是一般的利润率即社会的统一的平均利润率了,因为它显然不取决于全部资本对全部雇佣劳动的剥削,甚至也不完全取决于非垄断资本对其雇佣劳动者的剥削,因为他们生产的一部分剩余价值已被垄断资本占去了。这样,既然没有统一的平均利润率,也就没有生产价格。如果说生产费用加上根据非垄断企业各部门的垫支资本(依照非垄断企业的平均利润率而不是社会的平均利润率)所获取的平均利润构成的价格是生产价格,那么,这生产价格则是另外一种范畴了,它不是价值的变形,因为这些非垄断企业的商品的生产价格总和与其价值总和并不相等。须知平均利润和生产价格并不是数学的范畴,而是政治经济学的历史范畴,离开了自由竞争的资本主义,就没有平均利润和生产价格。

垄断企业同样也没有作为价值变形的生产价格。勒·敏捷尔松在这一

① 勒·敏捷尔松:《论帝国主义基本经济规律的几个方面》,《经济译丛》1955 年第 10 期,第 109 页。
② 马克思:《剩余价值学说史》(第二卷上册),考茨基编,郭大力译,生活·读书·新知三联书店 1951 年版,第 152 页。

点上仍然是正确的:最高利润率的本质是排斥利润率的平均化的。但是,垄断统治既然不消灭竞争,这就造成利润率平均化的趋势,因而同程度的垄断企业的利润率是近于均等的,垄断程度最高的企业的利润率也最高。但是,可以用这些趋向于平均化的各种不同的最高利润率来说明生产价格的形成吗? 显然是不可以的。

由此可见,无论垄断企业和非垄断企业都不可能有作为价值变形的生产价格。这是当然的,因为价值之转化为生产价格,是资本主义自由竞争充分展开,从而资本不是照它生产的剩余价值来占有剩余价值,而是按平均利润率来占有剩余价值的结果。生产价格的形成和垄断资本的统治是不相容的。

因此,垄断统治的出现使平均利润率规律消失了作用。非垄断企业之间的竞争使它们的利润率趋向于平均化,各种同程度的垄断企业之间的竞争使同程度的垄断企业的利润率趋向于平均化,垄断企业的利润率大大地高于非垄断企业的利润率,垄断程度最高的企业的利润率最高,但这不是两种不同的平均利润率。垄断企业的利润率无论怎样低,一般来说不会与非垄断企业的利润率相等,因为这是垄断与非垄断的经济结果。

第二部分

地租和资本主义制度下的土地关系

（本部分内容根据陈其人先生著、新知识出版社 1956 年 6 月出版的《地租和资本主义制度下的土地关系》一书校订刊印）

在资本主义制度下,参加剩余价值分割的,除了各个资本家集团之外,还有土地占有者。土地占有者参加剩余价值的分割,以其土地所有权为基础,由此所分割到的那一部分剩余价值叫作地租。资本主义条件下的地租是以资本主义土地所有制为基础的,和封建地租有着本质上的不同。

在这本小册子里主要说明以下几个问题。第一,资本主义土地所有制和封建主义土地所有制有什么不同? 它是怎样产生的? 资本主义地租和封建地租有什么不同? 第二,资本主义农业中的级差地租和绝对地租是怎样的? 第三,建筑地段和采矿地区的地租是怎样的? 第四,土地价格如何决定? 其变动的趋势如何? 第五,资本主义农业发展的规律如何?

一、资本主义土地所有制和
资本主义地租的产生

1. 资本主义土地所有制的产生

资本主义土地所有制是由封建土地所有制转变而来的,随着这个转变,封建的农业和封建的地租转变为资本主义的农业和资本主义的地租。

封建制度的基础是封建土地所有制。这里存在着封建主和农奴两大阶级。封建主利用他们的土地所有权和对农奴的超经济的强制剥削封建地租,直接占有农奴的全部剩余劳动,甚至有时候还占有农奴的一部分必要劳动。随着生产力的发展,封建地租经历了劳役地租、实物地租和货币地租三种形态。

封建地租形态的变化反映着封建主义的生产发展的情况。它从劳役地租转变到实物地租形态后,农奴的分化就有了可能。这时,全部劳动时间由农奴支配,经济条件比较好的农奴,除了缴纳实物地租和满足本身需要以外,还可能得到多余的生产物。因此,农奴的贫富分化已经萌芽。货币地租是封建地租的瓦解形态,它的出现要以商品货币关系的相当发展为前提。随着商品货币关系的发展,农奴对封建主的封建传统关系日益更多地变为契约货币关系,使农民的分化得到进一步的发展。于是,在封建农村中就形成一批富农上层分子,他们用货币从封建主那里赎得人身自由,租进或购置土地,开始靠剥削农民过活;而绝大多数的农民却日益贫困破产,形成被剥夺了生产资料的无产者。

这样,封建土地所有制就转变为资本主义土地所有制,封建农业就转变为资本主义农业,封建地租就转变为资本主义地租。

当然,这一转变过程不是孤立地进行的,而是受到农村以外的资本主义发展的影响,最初进行得非常缓慢;资本主义在农业中的迅速发展,是在资产阶级革命胜利、封建制度被废除和农奴制度瓦解之后。

由于具体历史条件不同,各国资本主义在农业中发展的道路也有差别,但大体上可以归纳为两种类型或是两条最典型的基本的发展道路。

一条道路是:旧的地主经济基本上保留下来,它通过土地改革逐渐变成资本主义经济。地主逐渐采取资本主义的经营方式,他们除了使用雇佣劳动之外,还利用农奴制的剥削方法。由于封建势力大量地保留下来,资本主义在农业中的发展遭遇到很大的障碍。德国、沙皇俄国、意大利和日本等,它们走的就都是这条道路。

另一条道路是:旧的地主经济为资产阶级革命所摧毁,资产阶级用暴力的方法消灭了封建土地所有制,没收封建土地来拍卖,并且使很大一部分土地落入他们的手中;通过这种方法,逐渐形成资本主义大土地所有制。走这条道路的国家,对于封建势力的消灭是比较彻底的,因而资本主义在农业中的发展也就比较迅速。美国和法国走的就是这条道路。

在资本主义制度下,大土地所有者通常把大部分土地租给农业资本家和小农,并且向他们征收地租。

2. 资本主义地租和封建地租的区别

资本主义土地所有制和封建土地所有制都是土地私有制,土地私有者以此为基础向土地的使用者收取地租。所以,资本主义地租和封建地租都是土地私有权在经济上的表现;从其泉源说,两者都是农业劳动者的剩余劳动。

资本主义地租和封建地租的本质区别,是由资本主义土地所有制和封建土地所有制的区别所决定的。在封建土地所有制下,直接对立着的是封建主和农奴两大阶级。封建地租是以封建土地所有制为基础,并借助于超经济的强制的。农奴使用属于封建主的土地从事小农经营,土地就是他的主要生产条件,他以自己的劳动为自己的需要而生产。即使他生产了商品,为的还是取得货币和其他商品,以满足自己的需要。因此,像资本家那样至少必须获得平均利润才进行生产的利润界限,对小农生产来说是不存在的。

所以,封建地租就包括了小农的全部剩余劳动甚至一部分的必要劳动,这剩余劳动的通常形态就是地租。

在资本主义土地所有制下,存在着三个阶级:土地所有者、租佃资本家和雇佣工人。由于资本的侵入,土地所有者通常成为获取地租的土地出租者,租佃资本家和他只发生单纯的租地契约关系和货币关系。资本家租进土地,雇佣工人进行资本主义生产,直接剥削工人的剩余劳动(剩余价值)。所以,资本主义的地租反映出资本主义社会中三个阶级的关系。资本主义生产的目的是利润,由于自由竞争的缘故,资本家至少要获得平均利润。因此,资本家所支付的地租,就和封建地租不同,不可能是剩余劳动的全部,而是剩余价值中扣除了平均利润后的余额。剩余价值的通常形态不是地租,而是利润。地租只是剩余价值的分支,是额外的利润。

所以,资本主义地租就是超过了平均利润的剩余价值余额,它的泉源是农业工人所创造的剩余价值,它表现为资本家对他所利用的土地的所有者在一定期间内所支付的契约中规定的货币额。这货币额不管是为耕地支付,还是为牧场、建筑地、矿山等支付,都是地租。如果土地所有者自己从事资本主义经营,地租和利润就合而为一,全都归土地所有者所有。

不过,我们还要把地租和租金加以区别。租佃资本家实际上交纳的是租金,即为了换取土地投资权而由契约规定的要支付的货币额。这里所分析的地租,是指为土地本身的使用而交纳的货币额。租金除了包括地租这个主要的部分以外,还包括了在土地上各种改良、设备等投资(如建筑物、水利设备)的折旧费和这笔投资的利息。

我们现在来说明资本主义地租是额外利润的问题。

二、级差地租

马克思把资本主义农业地租区分为级差地租和绝对地租两种。

1. 土地经营的垄断和级差地租

级差地租是租佃资本家之间的利润差额,即生产条件较好的农场所得到的超过平均利润的额外利润。由于土地的差别,等量资本有不同的生产率,有不同的利润;由于农业中存在着作为资本主义经营对象的土地的垄断,这种不同的利润具有相对经常的性质,其中,超过了平均利润的余额就转化为级差地租①。

在研究剩余价值的时候,我们已经看到工业中的额外剩余价值(额外利润)是怎样产生的。个别企业由于集中使用大量资本和更合理地使用资本,提高了劳动生产率,商品个别生产价格就低于社会生产价格,但商品却按社会生产价格出卖,因此,其中的差额就是归资本家所有的额外利润。当生产同种商品的大多数资本家,为了获取额外利润而普遍地提高了劳动生产率的时候,商品的社会生产价格就下降了,额外利润也许不归原来企业所有,而归另外一个有更高劳动生产率的企业所有。创办新的优良企业,对资本来说并不存在着垄断。所以,由此产生的额外利润就具有暂时的和流动的性质。正因为创办优良企业没有什么限制,所以工业品的生产价格就由平均的生产条件决定,而不是由劣等的生产条件决定。

但假定有这么一个工厂,当其余的同类工厂用耗费较多的蒸气作为动

---

① 马克思:《剩余价值学说史》(第二卷下册),考茨基编,郭大力译,生活·读书·新知三联书店1951年版,第343—344页。

力时,它却利用毫无所费的瀑布作为动力,在其他条件相等下,这工厂的商品的个别生产价格较社会生产价格为小,它就会获得额外利润。瀑布是一种自然力,它既被这个工厂所利用,就等于被垄断了,其他工厂纵有资本也不能使用同样的瀑布。只要瀑布的使用较蒸汽的使用更加有利,在其他条件相等下,这工厂的额外利润就是牢固的和经久的了。但是,由于资本家竞相租用这瀑布,这额外利润就转化为地租落到瀑布所有者的腰包里。农业中的级差地租和这一样,它也是由这种额外利润转化而来的。

在资本主义农业中,由于土地肥沃程度和土地位置的差别,耗费等量资本有不同的生产物;对同一土地作连续追加投资亦有不同的生产物。生产率较高的投资所生产的农产品个别生产价格,低于社会生产价格,从而获得额外利润。由于在资本主义农业中存在着作为经营对象的土地的垄断,就使这种额外利润不是暂时的和流动的,而是相对牢固和经久的,并且转化为级差地租。

资本主义经营对象的土地垄断的意义如下:由于土地面积有限,优良地被某些资本家所经营,它们就被垄断了,因为其他资本家不可能用资本来创造这些优良的土地。由于这种垄断,优良地和中等地又不能随意增加,但市场上的粮食需要却不能从优良地和中等地的耕种得到满足,还需要有劣等地生产的粮食。这样,粮食的社会生产价格就不是由平均的生产条件决定,而是由劣等的生产条件决定。既然社会生产价格由劣等生产条件决定,于是生产条件较优的资本所获得的额外利润,就是相对牢固和经久的了。但是,由于租佃资本家对于经营的竞争,这部分额外利润就转化为级差地租归土地所有者所有。

由此可见,这种地租只是级差的地租;它是由资本的不同生产率之间的差额形成的,它本身并不构成由劣等生产条件所决定的社会生产价格。这种转化为级差地租的额外利润的产生,并不是由于个别农业的劳动生产率绝对提高,而只是由于它垄断了比较有利的自然力,比不能利用这种自然力的农业有相对较高的劳动生产率。但自然力并不是额外利润的泉源,只是它的必要条件和自然基础。同时也很清楚,土地所有权对这种额外利润的创造是没有关系的。假如土地是无主的,这种额外利润也是存在的,因为它是由土地经营的垄断所产生的,土地所有权不过把它转到土地所有者的口袋中去,使它变成地租。

由土地的肥沃程度和位置的差别而产生的地租,马克思称为级差地租第一形态(级差地租Ⅰ)。

2.级差地租第一形态

土地肥沃程度的差别,就是土壤所含有的为植物所必需的营养素的差别;随着农业化学和农业力学的发展,这些差别会发生变化。土地位置的差别,就是土地位置距离市场远近和交通条件的差别;随着城市的形成和交通运输工具的发展,这些差别也会发生变化。所以,由这种差别所产生的额外利润并不是绝对不变的,但它却是相对的牢固和经久。

在土地肥沃程度的差别的基础上怎样产生级差地租呢? 假如有最肥沃的优等地、较肥沃的中等地和较贫瘠的劣等地三种,在等量土地上投下等量资本,会有不同的产量和利润。由于自由竞争的缘故,超过平均利润的额外利润就转化为级差地租,如表2-1所示。

表 2-1　土地等级与级差地租

土地种类	劣等地	中等地	优等地
生产费用(元)	100	100	100
平均利润率(%)	20	20	20
粮食产量(担)	4	5	6
个别生产价格总额(元)	120	120	120
每担个别生产价格(元)	30	24	20
每担社会生产价格(元)	30	30	30
出卖粮食所得总额(元)	120	150	180
额外利润(元)	0	30	60
级差地租Ⅰ(元)	0	30	60

这就是说,各以100元(生产费用)投在三种土地上,分别得4、5、6担粮食。农业资本的平均利润率由工业中所形成的平均利润率决定,假定为20%。生产费用加平均利润构成的个别生产价格总额各为120元。但由于产量不同,各种土地每担粮食生产价格各不相同:劣等地的为30元,中等地

的为 24 元,优等地的为 20 元。粮食的社会生产价格由劣等生产条件决定,每担为 30 元,各种土地的粮食都按此价格出卖。结果,劣等地租佃者卖 4 担粮食得 120 元,除平均利润 20 元外,没有额外利润;中等地租佃者卖 5 担粮食得 150 元,除平均利润 20 元外,额外利润为 30 元;优等地租佃者卖 6 担粮食得 180 元,除平均利润 20 元外,额外利润为 60 元。由于租佃资本家之间的竞争,这些额外利润就转化为优等和中等地的级差地租,归土地所有者所有。劣等地没有级差地租。但在这里,租佃资本家一般都得到平均利润。

土地位置的差别亦能引起级差地租的产生。各种土地距离市场的远近不同,粮食的运输费用不同。大家知道,运输费用是生产费用,是生产价格的构成因素。因此,在其他条件相等下,经营位置较好的土地的租佃者比经营位置较差的土地的租佃者可以得到较多的利润,其中,超过了平均利润的余额也转化为级差地租。

由土地的肥沃程度差别和位置差别所产生的级差地租Ⅰ的共同点在于:它们都是由等量资本投在面积相等的不同土地上所产生的利润差额转化而来的。

3. 级差地租第二形态

假使不把资本分散投在不同土地上,而是追加地投在同一土地上,各等量资本间仍然会有不同的生产率和不同的利润。其中的额外利润亦转化为级差地租。这样产生的级差地租,马克思称为级差地租第二形态(级差地租Ⅱ)。

对同一土地追加投资怎样引起级差地租Ⅱ的产生呢?

追加的投资通常是在优等地上进行的。因为在优等地上施用化学肥料、改善土地耕作、使用农业机器等,可以预期较劣等地的第一次投资有更高的生产率。

按照前面的例子,对优、中、劣三种土地各投资 100 元,分别产粮食 6、5、4 担,以平均利润率 20% 计算,生产价格是 120 元,由劣等地决定的每担粮食社会生产价格是 30 元,于是优等地和中等地各得额外利润 60 元和 30 元,它们都转化为级差地租Ⅰ。假定这是第一年的情况,如果第二年由于粮食的需要增加了,以致要对优等地作追加投资,而对中等地和劣等地的投资和产量仍然照旧,再假定优等地追加投资所增加的产量全部为市场所需要,不排斥劣等地的耕种,那么,现在优等地的投资共 200 元,这追加的 100 元资本的生产率就有以下三种可能。

第一,较原来 100 元资本的生产率大,即追加的 100 元资本增产了不止 6 担粮食。这时,决定粮食社会生产价格的依然是劣等地的投资,劣等地依然没有级差地租,中等地和优等地的级差地租Ⅰ不动,优等地的追加 100 元资本就按照它与劣等地 100 元资本的利润差额转化为级差地租Ⅱ。优等地的级差地租Ⅱ比级差地租Ⅰ大,这情形和把资本投在另一块最优地上,产生比优等地更大的级差地租是一样的。

第二,和原来 100 元资本的生产率相同,即追加的 100 元资本增产了 6 担粮食。情况和前面所说的一样,所不同的只是优等地的级差地租Ⅱ和级差地租Ⅰ相等。这情形和把资本投在另一块优等地上,产生和优等地相同的级差地租是一样的。

第三,较原来 100 元资本的生产率小,即追加的 100 元资本增产的粮食数量,没有原来投下 100 元资本那样能生产出 6 担粮食来。这又有三种可能:

(1) 较劣等地 100 元资本的生产率大,生产的粮食在 6 担以下 4 担以上。情况和前面所说的一样,所不同的只是优等地的级差地租Ⅱ比级差地租Ⅰ小。这情形和把资本投在另一块介乎优等地和劣等地之间的土地上,产生比优等地较小的级差地租是一样的。

(2) 和劣等地 100 元资本的生产率相同,也生产 4 担粮食。这时,追加的投资和劣等地的投资同样成为粮食社会生产价格的决定者,不产生级差地租。情况和前面所说的一样,所不同的只是优等地不产生级差地租Ⅱ。这情形和把资本投到另一块劣等的不产生级差地租的土地上是一样的。

(3) 较劣等地 100 元资本的生产率小,只生产 3 担粮食。这种投资之所以成为可能,是由于市场对粮食需要的增加已不能由其他方法得到满足。这时,粮食的社会生产价格改由这次生产率最小的投资来决定,每担涨为 40 元(120 元÷3 担)。优等地的追加投资 100 元不产生级差地租,但原来 100 元资本生产的 6 担粮食,由于每担粮食的社会生产价格涨为 40 元,6 担就能卖 240 元,额外利润因而增至 120 元,除原有级差地租Ⅰ的 60 元外,余 60 元转化为级差地租Ⅱ。中等地100元资本生产的5担粮食可卖200元,额外利润增至80元,除原有级差地租Ⅰ的30元外,余50元转化为级差地租Ⅱ。劣等地100元资本生产的4担粮食可卖160元,产生了额外利润40元,原来没有级差地租的,现在这40元全部转化为级差地租Ⅱ。这情形和把资本投到另一块更劣等的不产生级差地租的土地上,而原来的劣等地就产生级差地租,中等地和优等地的级差地租就增大是一样的。

对优等地第二次以上的追加投资,和对中等地的追加投资的不同生产率而产生的级差地租Ⅱ,也可参照上述方法求得。

当然,对同一土地追加投资所产生的级差地租Ⅱ,事实上并不像上述假设那样简单。有时,这种追加投资会把已耕的劣等地排挤掉,以致级差地租Ⅰ会发生变化,并且和级差地租Ⅱ的产生构成一幅很复杂的图画。但基本原理是:在同一土地上追加投资的生产率和劣等地上投资的生产率不同,就产生差级地租Ⅱ。

对同一土地追加投资所产生的额外利润怎样转化为级差地租Ⅱ呢?本来,租佃资本家所交纳的租金是由契约规定了的,在契约有效期间,这种额外利润是归租佃资本家所有的。但契约期满重订契约时,土地所有者就会估计到这种额外利润而提高租金,于是额外利润就转化为级差地租Ⅱ。

所以,土地所有者是毫无所费地把资本主义农业发展的成果据为己有。他们和租佃资本家之间在租地问题上进行着激烈的斗争。前者极力缩短租期,在契约期内规定后者必须进行一定的追加投资,确定租金时尽量预计到农业的进步;后者则极力延长租期,并且只有在契约期间内有可能捞回投资的本金和利息的条件下,才追加投资。

由上面的分析可以看出:级差地租Ⅰ和级差地租Ⅱ有相同的本质,它们都是由等量资本的利润差额(额外利润)转化而来的。额外利润如果是由等量资本投在不同土地上所产生的,就转化为级差地租Ⅰ;如果是由在同一土地上的追加投资所产生的,就转化为级差地租Ⅱ。但是它们也有着很大的区别:级差地租Ⅰ标志着资本主义在农业中发展的较低阶段,它与扩大耕地面积而不提高技术的粗放耕种相联系。资本主义侵入农业的初期,仍然以手工技术为基础,只是扩大耕地面积并未提高耕种技术;同时,资本主义初期还有相当数量的未开垦地,资本主义农业也有可能在较广阔的土地面积上进行分散的投资。级差地租Ⅱ则标志着资本主义在农业中发展的较高阶段,它与在单位面积土地上提高耕种技术的集约经营相联系。随着资本主义的发展和农业中技术水平的提高,追加投资才有可能,因此,级差地租Ⅱ才能产生。

4. 对所谓土地报酬递减"规律"的批判

级差地租理论最初是由资产阶级经济学者提出来的,李嘉图是其中的代表者。但是,李嘉图的级差地租理论有很大的缺陷。

李嘉图认为,在不同的土地上投下等量的资本会生产不同数量的产品。随着社会发展对粮食的需要增加,耕种必然由优等地到劣等地,农产品价值是由劣等地决定的,这样优等地就产生级差地租。随着耕种扩大到更劣的土地,级差地租就更增加。

由此,李嘉图得出结论,认为地租只是人们生产粮食日益困难的结果。他不了解资本主义地租是剩余价值的特种形态,是一种剥削关系。而且,李嘉图既然认为级差地租的产生要以由优等地过渡到耕种劣等地为前提,就必然要把级差地租的产生和臭名远扬的所谓土地报酬递减"规律"联系起来。因为如果对优等地的追加投资的生产率不是递减的,就没有必要从优等地过渡到耕种劣等地了。

马克思揭示了资本主义地租是剩余价值的分支形态,是一种剥削关系;并说明了级差地租的产生与由优等地过渡到耕种劣等地无关,它的产生条件只是在土地经营垄断下的各级土地的差别。而且,认为土地的耕种序列是由优等地过渡到劣等地,这是不符合历史事实的。土地的耕种可能由优等地到劣等地,也可能相反;也可能从优等地到劣等地,再从劣等地到优等地,乃至于更多的变化。在这里起作用的是以下的因素:(1)土地的肥沃程度和位置,可能从同一方向起作用,也可能从相反方向起作用;(2)农业科学的发展,会使劣等地变为优等地;(3)掠夺土地的机会;(4)资本主义国家经济情况和粮食市场的变化。

马克思和列宁对所谓土地报酬递减"规律"给予了尖锐的批判。

所谓土地报酬递减"规律"的内容是:对土地的连续追加投资超过了一定的限度以后,产量就要递减。

这"理论"是根据错误的方法论得出来的。大家知道,要对同一土地追加投资,就要有新的机器、肥料和耕种方法,并以此为前提。因此考察对同一土地追加投资的产量时,是不能够撇开技术进步这个前提的;否则,在方法论上就是错误的。在技术进步的条件下,对同一土地追加投资,它的产量常是增加而不是减少的。资产阶级学者不按照事物原有的联系来考察问题,他们考察对同一土地追加投资的产量时,竟然把技术进步这个必要的前提撇开了,因此这是一种毫无意义的"抽象"。

当然,在技术不变的条件下,对土地追加投资到一定限度,产量是会递减的;但是技术进步是经常的现象,技术不变则是暂时的现象。因此,土地报酬递减就不是什么普遍的规律,而是极其相对的"规律",根本不能说是农业的什么"规律"或是农业的什么根本特征。

农业科学技术的进步,在苏联和各人民民主国家中最为明显。苏联威廉斯的土壤学理论、米丘林的生物学理论给农业增产开辟了广阔的道路。我国许多农业生产合作社和农业劳动模范年年增加产量的事实,粉碎了所谓"生产到顶"的资产阶级信条。

虽然马克思主义和事实本身都驳斥了这一"规律",但资产阶级学者还是死守着这一不存在的"规律"。他们的目的就是要用这个"规律"为资本主义作辩护,为反动的马尔萨斯人口"理论"找根据,以粮食生产日益困难来说明劳动者生活日益贫困的原因。其实,粮食生产的困难并没有增加,只是劳动者获得粮食的困难增加了。这困难是由资本主义经济制度造成的。

三、绝对地租

1. 土地私有权的垄断和绝对地租

绝对地租是租佃资本家全体的利润（他们之间的利润差额除外）和各部门工业资本家的利润的差额，即额外利润。在不同的生产部门中，由于资本有机构成不同，等量资本在剩余价值率相等时会产生不同的剩余价值。在工业中，这不同的剩余价值会均衡化为平均利润，分配在各资本之间。在农业中，资本有机构成较低，剩余价值较多，由于土地私有权的垄断，阻止着剩余价值均衡化为平均利润，因此，平均利润以上的剩余价值余额，就转化为绝对地租归土地所有者所有。

在前一章，为了简明地说明级差地租的产生，我们假设决定粮食的社会生产价格的劣等地是不交地租的，但事实上，土地所有者绝不会把土地交给别人白白使用。土地所有者根据土地私有权，一定会向在他们的土地上所有的投资（包括投在劣等地上的）都勒索地租。

既然耕种劣等地的租佃资本家都要交纳地租，他们又至少要获得平均利润，那就只有抬高粮食的价格，即不是按生产价格，而是按生产价格加绝对地租的价格出卖粮食才有可能。在市场对粮食需要增加的条件之下，粮食价格是可能涨到生产价格以上的，这样就使劣等地也有人经营耕种，也能提供地租。

由此可见，这种地租和级差地租不同，马克思把它称为绝对地租。级差地租本身并不是由劣等地生产条件所决定的粮食的社会生产价格的构成部分，绝对地租本身却是粮食价格的构成部分，它使粮食价格高于生产价格。土地私有权对级差地租的产生与粮食的社会生产价格的决定无关，它不过使级差地租归土地所有者所有。但是土地私有权却生出绝对地租。劣等地必须待粮食价格涨到它的生产价格以上,以致能够交纳地租时,方才能够被租佃资本家耕种,所以土地私有权是粮食价格上涨的原因,是产生绝对地租的原因(假如劣等地不要交地租,劣等地投入耕种,从而粮食供给增加,价格就会下落)。既然各级土地的粮食都按照这价格出卖,各级土地都由此获得额外利润,因此,和级差地租只由生产率较高的投资产生并具有级差的性质不同,绝对地租是一切耕地都有的。

2. 绝对地租与价值规律

既然绝对地租使粮食价格涨到生产价格以上,这是否等于说,只有以高于价值的价格出卖粮食,只有违反了价值规律的要求,才能说明绝对地租的产生呢? 李嘉图由于混同了价值与生产价格,不能解决这一问题,就否认有绝对地租。马克思则根据他的生产价格学说与土地私有权的存在,科学地解决了这一问题。

我们知道,价值和剩余价值是由可变资本所推动的活劳动创造的,不变资本的价值只是不变地转移到商品中去。资本有机构成不同的企业,在其他条件相等下,所生产的商品总价值和剩余价值各不相同,利润率也各不相同。在工业各部中,由于资本能够自由转移,不同的利润率就转化为平均利润率,价值就转化为生产价格,各种商品不同的价值就转化为相同的生产价格。情形如表 3-1 所示。

表 3-1　生产价格的转化

单位:元

	不变 资本(c)	可变资本 (v)	剩余 价值率 (m′)	剩余 价值 (m)	c+v+m	利润率 (p′)	平均 利润率	生产 价格
工业 部门	85	15	100%	15	115	15%	20%	120
	80	20	100%	20	120	20%	20%	120
	75	25	100%	25	125	25%	20%	120

从这里可以看出,工业品不是按价值,而是按生产价格出卖的。各种商品的生产价格并不恰好等于价值,资本有机构成较低部门的商品的

价值高于生产价格。同时也可以看出,工业各部门中不同的剩余价值、不同的利润之所以能均衡化为平均利润,要以资本在各部门间自由转移为前提。

明白了这道理,就能说明粮食的价格和价值的关系,以及绝对地租从何而来的问题,如表3-2所示。

表3-2　绝对地租的来源

单位:元

c	v	m'	m	$c+v$	p'	平均利润率	生产价格	价格(价值)	价值与生产价格之差	绝对地租
农业 70	30	100%	30	130	30%	20%	120	130	10	10

这就是说,在农业资本中拿出100元来看,不变资本占70元,可变资本占30元,它的资本有机构成低于社会的平均资本有机构成。假如剩余价值率和工业中的相同,都是100%,剩余价值就是30元,农产品价值为130元($c+v+m$),利润率是30%,比工业的平均利润率高。但农业资本家应该和工业资本家得到同样的平均利润,社会上的平均利润率是20%。因此,粮食的生产价格应该是120元,低于它的价值。假如农业部门中不存在任何垄断,资本投到这部门来不遇到任何阻碍,农业部门的更多的剩余价值就要均衡化为平均利润,并提高了平均利润率,粮食就按生产价格出卖,情形就和上述工业部门一样。但是,在资本主义农业中存在着土地私有权的垄断,资本投到农业部门中来遇到它的阻碍:无论经营何种土地,不交纳地租,资本就不能投入。由于这种垄断,粮食才不是按生产价格而是按高于生产价格的价值出卖,价格最高等于价值。生产价格和价值的差额(到底是全部差额,还是部分差额,以及这个部分的大小,还要由粮食的供求情况来调节),即额外利润,由于土地私有权垄断的缘故,就不均衡化为平均利润,而留在农业部门中,转化为绝对地租归土地所有者所有。

但不能认为,农业资本有机构成的低下是产生绝对地租的原因。工场手工业的资本有机构成也是低下的,利润率是较高的,但由于这部门并不存在着垄断,资本转移到那里去不要交纳什么贡物,因此它的较高的利润就均衡化为平均利润。农业与此不同,它存在着土地私有权的垄断,额外利润就转化为绝对地租。所以,绝对地租产生的原因是土地私有权。

3. 垄断地租

由农业资本之间的额外利润转化而成的级差地租,和由农业资本超过工业资本平均利润的额外利润转化而成的绝对地租,马克思认为是资本主义社会中唯一正常的地租形态。只有这种地租才是由商品价值界限着的,为了交纳这种地租,粮食的价格不必涨到超过它的价值。除此以外,如果还有什么地租,那只能是从垄断价格中产生的垄断地租。垄断价格高于价值的程度由购买者的需要和支付能力决定。由垄断价格所产生的额外利润就转变为垄断地租而为土地占有者所有。农业中的垄断地租是由消费者支付的。

例如,某葡萄园生产特别珍贵和稀有的葡萄,这种葡萄是其他的葡萄园不能用资本的力量来生产的。在这条件下,这种稀有的葡萄就像古董和名画一样,它的价格就超过价值而成为垄断价格。葡萄的这种垄断价格的高度由葡萄购买者的富有和嗜好程度决定。这样,葡萄经营者就能从垄断价格中得到很高的额外利润,但是由于葡萄经营者们竞争经营这种土地的缘故,这额外利润就转化为垄断地租归葡萄园所有者所有。

以上分析的是农业地租。

至于牧场的地租,马克思认为,是由品质相同的农业耕地的地租规定的。大家知道,相对于农业来说,畜牧业资本中可变资本的比重要小些,剩余价值也小些,因此,畜牧业资本家就不可能从利润中缴纳与农业地租数量相等的牧场地租。这时候,农业耕地的地租就会成为一个要素加到牲畜的价格里去,使畜牧业资本家也能缴纳牧场地租。

四、建筑地段的地租和采矿地区的地租

除农业地租之外,建筑地段和采矿地区的土地所有者也取得地租。

1. 建筑地段地租

建筑地段地租是由于租用土地来建筑住宅和工商企业等而交纳给土地所有者的。马克思认为,它的"基础和一切非农业土地的地租的基础,都是由真正的农业地租规定"①。这就是说,建筑地段的地租起码要和农业地租相等,然后在这基础上,根据各种情况产生级差地租和垄断地租。

建筑地段的位置对这些地段的级差地租有很大的影响。例如,设在城市中最繁荣地段上的某商店,以同样资本在相同时间内比其他地段的商店销售更多的商品,获得更多的利润,其中,超过平均利润的余额就成为级差地租转归土地所有者所有。

由于城市和工业中心的土地极其有限,城市土地所有者除了获取相等于农业地租的那种地租和级差地租以外,往往还以垄断地租形式向社会征收贡赋,从而使房租大为提高。房租的提高使工人的实际工资降低,地租的提高又使住宅建筑受到阻碍。劳动人民就不得不忍受沉重的剥削并住在贫民窟里。

2. 矿山地租

矿山地租是由于租用土地来采矿而缴纳给土地所有者的。马克思认

---

① 马克思:《资本论》(第三卷),郭大力、王亚南译,人民出版社1955年版,第1008页。

为：“真正的矿山地租，是和农业地租完全一样决定的。”①这就是说，矿山地租从其性质来说，亦可区分为级差地租、绝对地租和某种场合下的垄断地租。

各个矿井、油田的矿藏量、矿床深浅、距离市场的远近都不相同，因而等量资本在不同的矿山中有不等的生产率，产品的个别生产价格是不相同的，然而，因为矿产品是按劣等生产条件所决定的社会生产价格出售的，于是优等和中等生产条件的矿山得到的不等的额外利润，就各转化为不等的级差地租。

土地所有者对所有的矿山还勒索绝对地租。在采掘工业中，机械化水平较低，并且不需要购买原料，它的资本有机构成低于工业中平均的资本有机构成，因此，矿产品的社会生产价格低于它的价值，其差额由于土地私有权的垄断，不能均衡化为平均利润，而转化为绝对地租归矿山土地所有者所有。因此，绝对地租使矿产品的价格增高。

在开采非常稀有的矿物的土地上，存在着垄断地租。这种垄断地租是由垄断价格决定的；稀有的矿产品的垄断价格高于价值，它的高度取决于购买者的需要程度及其支付能力。

资本主义土地私有制妨碍对矿藏的合理利用，并且使采掘工业经营分散，机械化的可能性减少，矿产品的运输遭遇困难，而这一切又都使矿产品的生产费用增高。

---

① 马克思：《资本论》（第三卷），郭大力、王亚南译，人民出版社 1955 年版，第 1010 页。

五、土地价格及其增长

1. 土地价格

在资本主义条件下,一切生产物都是商品,都是买卖的对象,都有价格;土地也成为买卖的对象,也有价格。

说土地有价格和说劳动有价值一样,是不合理的。因为土地是没有经过人类劳动耗费而存在的自然物,它没有价值(土地改良和设备除外),当然也就没有价格。那么,土地价格究竟是什么呢?

马克思指出:"土地价格不外是资本化的地租,并从而是预计的地租。"①

资本主义的地租表现为土地所有者把土地租与别人,从而每年获得的一定货币额。在资本主义条件下,每一个确定的货币收入都可以资本化,那就是说都可以当作一个想象的资本的利息来考察。假定社会一般利息率是5%,每年200元的地租,就可以想象为是4 000元资本的利息。这就是说,在土地所有者看来,这块年产200元地租的土地能值4 000元,因为4 000元每年的利息也是200元。如果土地是由他买来的,200元的地租就好像是他购买土地所用掉的4 000元资本的利息。这样,资本化的地租就表现为土地价格;土地价格也就是预计的地租。本来,土地是没有价值也没有价格的,但由于这种反射关系,就有了价格。

既然土地价格不外乎就是资本化的地租,它的大小就是由利息率除地租来决定的。按照前面所举例子,土地价格是:200元÷0.05=4 000元。这公式表现出土地私有者把土地所有权出卖了,把取得地租的权利出卖了,他

---

① 马克思:《资本论》(第三卷),郭大力、王亚南译,人民出版社1955年版,第1055页。

把得到的货币存在银行里,得到的利息仍与地租相等。

2. 地租和地价的增长

由此可见,土地价格与地租成正比,与利息率成反比。因为这样,土地价格就随着资本主义发展而日益增长。

首先,随着资本主义发展,利息率有下降趋势。这一方面因为平均利润率有下降趋势,利息率在一般情况下低于平均利润率,因此,利息率也有下降趋势;另一方面,由于借贷资本供给增加,利息率亦有下降趋势。

其次,地租有增加趋势。

随着资本主义的发展,要求更多的农业原料和粮食,就需要耕种更多的土地。这可能有两种结果。第一,耕地面积扩大。那么,级差地租Ⅰ在如下情况中必定增加:新耕地是更劣的土地,农产品社会生产价格上涨,原来所有耕地的级差地租Ⅰ都增加(劣等地则开始产生级差地租Ⅰ);新耕地是更优良的土地,只要它增加的生产物与社会上对农产品的增加需要相等,农产品社会生产价格虽然不变,但新耕地级差地租Ⅰ会在各级耕地之上。第二,距离市场更远的土地用于耕种。那么,因土地位置差别而产生的级差地租Ⅰ会增加。虽然,交通发达和运输费用的日益低廉,会降低由此增加的级差地租Ⅰ。而且,由于农产品价格是如此的高涨,或因运输费用是如此的低廉,以致在距离市场很遥远的土地上所生产的农产品也能参加竞争,有时会使农产品价格及级差地租Ⅰ的增加趋势暂时受到阻止,但这些并不能消除这种趋势。

随着对农产品需要的增加,引起了对同一土地连续追加投资的增加,级差地租Ⅱ会产生和增加。前面已经说明,只要对同一土地追加投资的生产率与劣等地投资的生产率不同,级差地租Ⅱ就会产生。如果投资再追加,级差地租Ⅱ就增加。这说明在同一土地上使用的资本量增加了,级差地租总量就增加。

当然,对同一土地的追加投资和扩大耕地面积两者是互相影响的,这情况使级差地租Ⅰ和级差地租Ⅱ的运动变得非常复杂,但级差地租的增加是一个总趋势。

绝对地租也在增加。当然,随着资本主义的发展,农业资本有机构成也在提高,绝对地租似乎应该降低。但问题不在这里。正如在下面就要说明的,由于农业落后于工业,农业资本有机构成的增长落后于工业资本有机构成的增长,只要这差额越来越大,绝对地租就越来越增加。

随着人口的增加,住所需要的增大,以及资本主义各种工业建筑物、铁路、堆栈、船坞、商业中心等的发展,建筑地段的地租越来越增加。

随着资本主义发展的需要,矿产品采掘工业就越发展,矿山地租也就越增长。

这样,土地所有者既利用农业生产的绝对发展而增加级差地租,又利用农业生产发展的相对落后性而增加绝对地租。土地所有者还利用了资本主义工商业的发展和住所增加而增加建筑地段的地租和矿山地租。资本主义国家中地租的增加是惊人的。例如,自1938—1948年,美国的货币地租几乎增加了2倍。

这就表明,土地所有者完全是个寄生虫。他依靠土地私有权,以级差地租形式掠夺社会进步的成果,以绝对地租抬高农产品和矿产品的价格。总之,用地租形式使整个社会向其缴纳特殊的贡物。这种贡物归根到底是由劳动大众来负担的,因为他们要按照特别昂贵的价格购买农产品,要支付昂贵的房租。

利息率下降和地租增加以两重作用促使土地价格上涨。例如,美国全部农场财产的价格,在1900—1910年增加了200多亿美元,其中土地价格增加占150亿美元。其后10年,上述财产的价格增为370亿美元,其中土地价格增加占260多亿美元。1951年,美国的地价比战前增加了1倍。

地租和土地价格的增加严重地恶化了劳动者的物质生活状况。丧失了土地的农民更没有办法买回其土地,不得不忍受日益沉重的地租剥削。城市工人的居住条件越来越差。随着地租和地价增加而增加的房租,削减了工人们的实际工资。越来越贫困的工人只好挤在阴暗、潮湿的贫民窟里,甚至露宿街头。马克思特别指出,在土地私有权与产业资本结合在一个人手里的时候,土地私有权有这样惊人的权力,它使工资斗争中的劳动者,实际上没有土地可以作为他们的居住场所。土地私有权连劳动者晒太阳、呼吸空气、维持生命的权利都被剥夺了。

六、资本主义在农业中的发展

1. 大生产排挤小生产

个体生产者被剥夺了生产资料是资本主义生产方式的前提;个体农民被剥夺了土地并隶属于租佃资本家是资本主义农业生产的前提。随着资本主义在农业中的发展,个体农民就日益贫困、破产。

个体生产的破坏,分散的生产资料就转化为集中的生产资料,这是历史的进步。在一定限度内,资本主义大土地所有制能促使生产力的进一步发展。个体的农业生产变为资本主义的农业生产,落后的经营方法就为比较科学的经营方法所代替。资本主义农业对个体农业的优越性也就在于此。

资本家经营农业的目的是取得利润,他使用大量农业工人在大片的土地上进行耕种,有可能应用农业机器、化学肥料和实行新的耕种方法,因而产量较高。同时,大农场在使用房屋设备上比较节省,可以进行大规模的贸易,免受中间商人的剥削,取得贷款的条件较为优待,因此,实际生产费用较低。反之,小农经营的目的主要是为了自己的生活,只能以自己的劳动在小块土地上耕种,不可能应用农业机器、化学肥料和实行新的耕种方法,因而产量较低。日益发展起来的商品交换关系,使小农经济日益商品化,这样,在市场竞争中,小农是毫无疑问要吃亏的。

这就是说,在农业中和在工业中一样,资本主义的大生产总是排挤小生产,促使小农破产,资本的积聚和集中同样在发生着作用。例如,1950—1954年,美国农场的数目减少了60万个,即减少了十分之一以上。1950年,在美国540万个农场总数中,其中116 000个最大的农场,占有了全部农场土地的一半;占农场总数32.3%的大农场生产了农业商品总数的

83.3%,其余的 67.7% 的农场才生产了农业商品总数的 16.7%①。其他资本主义国家也有类似的情形。

2. 农业落后于工业

但是资本主义在农业中的发展却有其特点,它落后于资本主义在工业中的发展。这种落后性有两种表现。第一,工业中资本主义生产集中程度较高,农业中虽然有了资本主义的发展,但仍存在着人数众多的个体农民。这就是说,资本主义在农业中的发展比较迟缓些。第二,资本主义农业的技术水平和资本有机构成比工业的低些。这就是说,资本主义农业生产力的发展比较慢些。这两方面的综合,就构成资本主义社会中农业大大落后于工业的状况。

原因何在呢?

先谈第一个问题。修正主义者认为,农业中个体农民的大量存在,是由于所谓小农经济的"稳固性"。他们认为,马克思主义的关于大生产比小生产优越的原理,只适用于工业而不适用于农业。他们所依据的"事实",就是小农能够刻苦耐劳,为了保持自己那小块土地,不惜挨受千辛万苦,因而在与大农生产作斗争时,表现出它的稳固性。他们由此赞美小农经济,认为它比大农经济优越。应该指出,这并不是小农经济的什么稳固性和优越,而是小农被排挤的长期性和残酷性的表现。小农这种忍饥挨饿、过度劳动的"稳固性",正如斯大林所指出的,比什么不稳固性都要坏些。小农并不稳固,我们已经论证过它必然要分化破产,生产出资本主义和成为资本主义的养料。因此,凡是赞美小农经济的"稳固性"的,其目的就是赞美和巩固资本主义制度。

资本主义在农业中发展迟缓的主要原因,乃是资本主义的生产关系。

资产阶级为了自身的利益,并不一下子就消灭小农。如果把部分小农的土地减少,使他们陷于半饥饿状态中,就能保证租佃资本家有很低廉的劳动力,保证租佃资本家在农忙时间随时可以找到大量工人,在农闲时间可以

---

① 《美国农民目前的处境》,《人民日报》1956 年 1 月 24 日,第 4 版。原文中其余 67.7% 的农场所生产的农业商品总数系 36.7%,这一数字和上文对照,恐系 16.7% 之误。——作者

随时把他们辞退。

资本主义积累在农业中和在工业中有不同的特点。在工业中,可变资本的增加虽然慢于不变资本,但还是绝对地增加着,工业工人绝对地增加着。而在同一土地面积上,资本主义农业经营所需要的劳动者是绝对减少的。因此,破产的城市手工业者比破产的农民有更大的机会变成工资劳动者。同时,手工业生产全部是商品生产,在竞争中的抵抗力更为薄弱,而小农生产的商品部分是逐渐地增加的,在一定限度内还具有自然经济对资本主义商品经济的顽抗力。这一切就使小农更要忍饥挨饿、以最艰苦的方法来经营他们的土地,他们的破产过程可以痛苦地延长至数十年。因为这样,即使连美国、法国等高度发展的资本主义国家,还存在着人数众多的个体农民。

这就是资本主义在农业中发展比较迟缓的原因。

再谈第二个问题。资产阶级学者认为,资本主义农业技术发展的落后,是由所谓土地报酬递减"规律"造成的。这种"理论"我们已经批判过了。苏联农业生产技术的不断增长,农业电气化、机械化程度不断提高,土壤不断改良,耕种方法不断改进,并展开了改造自然的计划等事实,都在驳斥这种"理论"。

资本主义农业技术发展最大的阻碍是土地私有权的垄断,这是资本主义工业所没有的。

前面说过,资本主义土地所有制使农业经营合理化;现在,我们又看到,它又限制了农业生产技术的发展。

首先,土地私有权产生了绝对地租和土地买卖,这妨碍了在农村中组织大的农业生产。因为,如果不预先购买大量土地,或向这些土地的所有者交纳巨额绝对地租,就不能进行大的农业生产。这些支出就会减少投到生产中去的资本,因而阻碍了技术的提高。

其次,土地私有权的存在,使得固着在土地上的各种设备和土壤改良,在契约期满后归土地所有者所有,而且成为提高租金的理由。因此,租佃资本家对那些不能预期在契约期间完全收回来的投资就避免支出。不但如此,他们还尽可能地在契约期间把土壤中的养分予以掠夺,使地力逐渐枯竭,使土地陷于荒芜。

此外,前面所说的封建剥削的残余和农村中失业人口的众多,以及工资的特别低下,也使资本主义农业比工业更多地使用手工劳动,更少地使用机器。

这就是资本主义农业技术发展受到阻碍的重要原因。

例如,美国农业以外生产部门各种发动机的能力,1923年比1899年增加了3倍多,而农业部门才增加了1倍多一点。即使像美国这样一个工业很发达的资本主义国家,1945年使用拖拉机的农场仅占农场总数三分之一。1950年,在530万个农场中,有290万个农场没有拖拉机,其中有120万个甚至既没有马,也没有骡子。

以上两方面的综合,就造成了资本主义社会中农业大大落后于工业的状况。工农业发展的不平衡,虽然不是资本主义经济危机的原因,但是它会使经济危机更加深刻。

3. 城乡对立的加深

随着资本主义的发展,城市和乡村之间、工业和农业之间的对立也日益加深。这种对立是经济利益上的对立,它的经济基础是资本主义工业、商业、信贷制度的发展使乡村遭受城市的剥削,使农民更加贫困破产,变为无产者。因此,城乡对立的经济内容就是城市的资产阶级用各种方法来剥削农民。

城市中工业资本家和商业资本家用高价出卖工业品、低价购买农产品的方法剥削农民。工业品和农产品价格的"剪刀差"日益扩大。例如,如果把1951年美国工业品和农产品的批发价格视为是相接近的,那么,到1955年5月,工业品和农产品之间的差距就增大了20%以上[1]。农民在出售产品时遭受到商业垄断组织的杀价,但消费者并没有由此得到好处。例如,美国加利福尼亚州的农民出卖葡萄柚的价格是每个1分钱,而这些葡萄柚在芝加哥则按30分钱一个出卖。

城市中的高利贷者和银行用奴役性的高利贷剥削农民。由于经济力量的薄弱,农民不能不接受这种奴役性的贷款。贷款时往往是用土地来抵押

---

① 《美国农民目前的处境》,《人民日报》1956年1月24日,第4版。

的,高昂的利息负担,促使大批农民丧失土地,而在丧失了土地之后,又不得不忍受高昂的地租剥削。例如,美国在 1920—1939 年有 9 万多个农场归银行及保险公司所有。1952 年一年内,农民的债务就增加了 20 亿美元。银行、工业资本家和商业资本家由于占有土地而得的地租,1935—1940 年每年平均为 5 亿美元,第二次世界大战期间每年平均为 10 亿美元。

整个资产阶级由于掌握了国家政权,就能利用税收的方法来剥削农民。例如,美国农民 1952 年所负担的联邦所得税高达 1942 年的 15 倍,土地税也增加为 3 倍。农民所负担的税款占其收入三分之一以上。

这一切表明,农民不仅在经济上受到资本主义大农业的排挤,而且受到资本主义工业、商业、信贷制度的剥削以及国家机关的搜刮。在这种经济和政治的掠夺之下,农民就更加贫困和破产了,农民反对资本主义的斗争也就加强了。例如,美国从 1940—1954 年的 14 年间,就有 130 万农户破产①。农民无产者化的人数越来越多。1950 年美国农业工人是 425 万,1952 年便扩大到 510 万。然而这些农业工人也是非常可怜的,多数陷于半失业的状态中,劳动条件异常恶劣,工资又比一般工业工人低二分之一以上。

农民的收入日益减少。1947—1952 年,美国农民的纯收入降低了 30%;1953 年又比 1952 年降低 10%—20%。美国有 2 300 万农业人口,占全国人口的 15.1%,但在 1953 年仅占国民收入的 6.3%;而且其中相当大一部分还是属于租佃资本家的。80% 以上的农民,其收入不足以维持最低限度的生活。

农民的贫困和破产使他们渐渐认识到,只有在无产阶级的领导下,推翻资本主义的统治,才能获得幸福。在无产阶级的正确领导下,农民完全有可能接受社会主义。正是资本主义的统治和剥削,才使农民日益离开资产阶级而接近无产阶级,从资产阶级革命的后备军成为无产阶级革命的同盟军。

从历史上看,农民最初是资产阶级民主革命、反对封建主义的主要力量,资产阶级曾领导过农民进行革命斗争,并利用了农民来为自己夺取政权。然而,资本主义的发展使农民终于离开了资产阶级。

---

① 参阅赫鲁晓夫:《苏联共产党中央委员会向党的第二十次代表大会的总结报告》,人民出版社 1956 年版,第 76 页。

现在,农民已经逐渐地站到无产阶级这方来,在无产阶级领导下进行反对资本主义的斗争了。美、法、意、日等主要资本主义国家的农民运动,已经日益和工人运动配合起来,并且支持工人运动。农民只有在无产阶级领导下,才能真正获得解放,彻底摆脱剥削、贫困和落后。无产阶级只有和农民这个最可靠的同盟军结合起来,才能形成一个巨大的、足以克服社会衰朽阶级反抗的社会力量,使无产阶级革命获得胜利。

4. 土地私有制与土地国有化

由于土地私有权对资本主义农业的发展有重大的阻碍,并提高了粮食的价格,减少了资产阶级的利润,因此,资本主义初期某些激进资产阶级分子都批判土地私有制,主张土地国有。

主张资产阶级土地国有化的著名人物亨利·乔治的理论,在 19 世纪末期曾经风行一时。亨利·乔治认为,实行土地国有后,对劳动与资本都有同样的好处,并且它是在资本主义制度下消灭阶级斗争的一种手段。

资产阶级之所以欢迎亨利·乔治的理论,是因为他所宣传的劳资间阶级和平的论调,不但丝毫没有触犯资本主义的经济基础,而且有利于资产阶级,并转移劳动群众对资本主义基本矛盾的视线。

马克思主义揭露了资产阶级土地国有化理论的实质。在资本主义条件下的土地国有,对级差地租没有影响,因为它是由土地经营的垄断所引起的,土地国有只不过使它转归资产阶级国家所有,但绝对地租就不存在了,因为它是由土地私有权产生的。这时资本流到农业中来再也没有什么阻碍,再也不要缴纳什么贡物了,农业中的全部剩余价值都参加利润的平均化,从而提高了平均利润率,农产品按生产价格出卖。由此可见,土地国有化对于资本是有利的。土地国有化的要求,表现出资本家公开憎恨土地所有者的心理。在资本家看来,土地所有者在资本主义生产体系中,是一种完全无用而有害的毒疮。

认为实行土地国有,就能消灭阶级斗争和资本主义社会的一切灾祸,这是骗人的。它既没有触犯资本主义的基础,也不能停止农民的分化和破产的过程,当然也就不能消减阶级斗争和资本主义的灾祸。不过,由于它废除了土地私有制,消灭了封建残余,使农民免除了封建束缚。

由此可见,土地国有化只是这样一种进步的资本主义措施,它促使资本主义在农业中自由发展,摆脱土地私有制的束缚,消灭封建残余。

但是,资产阶级实际上没有把土地收归国有的勇气。正如马克思所说的:第一,土地所有权的消灭,对于资本所有权来说,是极其危险的;第二,资产阶级自己也有了土地。

列宁认为,要在资产阶级民主革命条件下建立起工农民主专政,土地国有化才有可能。在土地国有问题上,资产阶级提法和马克思主义提法之间的区别在于:前者企图缓和农村中的阶级斗争,巩固资产阶级的阵地;后者认为这虽然是资产阶级性的民主措施,但能够发展农村阶级斗争,能够加强无产阶级和农民的联盟。这样,资产阶级民主革命中的土地国有化,就易于使革命转变为无产阶级社会主义革命。

从历史上看,是无产阶级社会主义革命把土地私有制废除了的。俄国无产阶级十月革命首先完成了这个历史任务。这已经是社会主义革命条件下的土地国有化了。随着社会主义建设胜利,一切生产资料都公有化了,彻底地消灭了人剥削人的制度,把贫困的小农变为富裕的集体农民,把落后的农业变成由工业装备起来的先进的社会主义农业。

* * *

资本主义制度代替封建制度,并不能使广大的农民群众获得真正的解放。在资本主义土地私有制下,农业雇佣劳动者受着沉重的剩余价值剥削,而作为小生产者的中农也受着资本主义农业的排挤与打击。再加上资本家、高利贷者、中间商的重重剥削,以及国家机关的掠夺,广大农民群众日益走向贫困和破产。另一方面,资本主义土地私有制使地租和土地价格不断上涨,这必然要大大增加城市工人的生活费负担,使他们的生活水平不断下降,绝对贫困化日益加深。

同时,在资本主义土地关系下,农业中生产力的发展受着很大的束缚,农业生产力的发展远落于工业之后,城乡间的对立日益严重化。

消灭资本主义私有制是无产阶级和农民群众的根本利益。在农业中只有消灭资本主义经营,才能发展农业生产,才能使广大农民免于贫困和破产。十月社会主义革命与苏联在农业集体化过程中取得的伟大胜利,指出了广大农民群众争取真正解放的道路。

我国人民革命的胜利,彻底消灭了封建土地所有制。在工人阶级及其政党的领导下,广大农民正循着苏联已经走过的道路向社会主义农业前进。资本主义土地关系与资本主义农业经营的方式将逐步从受到限制而趋于消灭。农民群众已经在政治上、经济上真正获得了解放,农业中的生产力发展也显示了辉煌的前途。

第三部分

美国两党制剖析

（本部分内容根据陈其人先生等著、商务印书馆
1984 年 9 月出版的《美国两党制剖析》一书校订刊印）

引　　言

19 世纪 70 年代,在美国的《哈泼斯周刊》上,曾先后出现了政治漫画家托马斯·纳斯特的两幅画,分别以长耳朵的驴和长鼻子的象比拟民主党和共和党;后来,纳斯特又在一幅画里同时画进了象和驴,比喻 1900 年的两党竞选。自那以后,驴和象就逐渐成为美国两党的象征,民主党以驴、共和党以象作为党徽的标记。于是,驴象之争就成了美国民主政治竞选闹剧的形象描绘,也是美国两党制的喻词。

美国是一个发达的资本主义国家。形成和产生这个国家的北美大陆,是一块不曾有过旧的封建生产关系、主要由移民垦殖的辽阔土地。那里,过去既没有关卡林立的封建割据,也没有壁垒森严的行会制度,因此,资本主义商品生产就得到了充分发展的条件。商品经济中通行的是等价交换的平等原则,资本主义的商品生产和自由买卖要求资产阶级的政治民主与之相适应。所以,美国早在建国之初,就确立了民主共和制的基本政治形式。后来,随着资本主义经济迅速发展并取得对小商品经济和奴隶制种植园经济的胜利,美国的民主共和制也日臻完备,美国成为一个典型的资产阶级民主共和国。

在民主共和制下,资产阶级中各个集团为了使国家政策较多地体现本集团的利益,激烈地进行争夺国家机关的各种权力——尤其是立法权和行政权——的斗争,并使这种斗争采取资产阶级民主政治的形式,通过政党的活动来进行。一般来说,资产阶级的民主共和制要求实行两党制或多党制,经济上的自由买卖、自由竞争在政治上则表现为多个政党的竞争。美国两党制是作为美国国家制度和政治制度的一个重要环节而形成和发展起来的。

美国两党制的全部历史说明,尽管两党制有着种种民主的表象,但是,它终究是资产阶级统治的工具和方法,垄断资产阶级操纵两党,独占政权,顺利地实现着本阶级的统治。美国的民主共和制采用总统制和联邦制的形式,因此,美国两党制又有一些特殊的形式和规则。我们写作本书的目的,就是要通过分析,介绍美国两党制的形成、发展和活动的特点,说明美国国家制度和政治制度的阶级实质,并着重说明两党制是资产阶级统治的一种工具和方法。

第一章　美国两大党是垄断资产阶级的两只手

第一节　阶级、政党和两党制

美国是一个实行资产阶级两党制的典型国家。

有组织的政党活动,是近代政治史中才有的现象,首先出现于资产阶级革命时期。政党一产生,就是作为阶级斗争的工具而存在的。任何政党,都是一定阶级的政治组织,是这个阶级的利益的集中代表,是由这个阶级的积极分子所组织并成为这个阶级组织的最高形式。资产阶级政党也是如此。资产阶级建立政党的目的,就是规划并组织本阶级的政治行动,开始是为了组织本阶级的力量夺取政权,后来就是代表资产阶级实行统治,巩固、发展和维持资本主义制度,维护资产阶级的利益。

在政党活动的基础上形成的资产阶级政党制度,是资本主义国家政治制度的一个重要环节,是资产阶级专政的重要手段。在现代资本主义国家里,政党在形式上并不是国家机关,也不是国家组织,许多国家(如美国)的宪法甚至对政党的地位也没有作任何规定,但实际上,资产阶级对整个国家政权和全国政治生活的控制,通常都是通过政党来进行的。不过,由于各国的政治、经济和历史发展的具体情况不同,各资本主义国家的政党制度又具有各不相同的形式,一般有一党制、多党制和两党制三种形式。

所谓资产阶级一党制,就是由一个资产阶级政党控制国家政权和政治生活,不允许其他政党活动。例如,第二次世界大战前希特勒在德国、墨索里尼在意大利就实行一党制,进行法西斯的统治。

资产阶级多党制,一般有多个政党参加资产阶级议会,而由一个取得多数议席或普选胜利的政党或政党联盟负责组织政府,目前法国、德意志联邦共和国、意大利等国家就实行这种制度。日本虽然长期只由一个政党单独执政,但参加议会并拥有相当议席的政党仍有好几个,也应看作是资产阶级多党制国家。

两党制则是有两个大的资产阶级政党参加议会,由其中一个政党负责组织或主持政府。两党制的显著特点,是资产阶级让其两个主要政党轮流上台,操纵国家政权,控制国家机关的各个环节。在这两个政党以外,虽然还可能有其他政党的活动,但这些政党的代表根本不可能掌握国家机关的权力,有的即或能在议会中占有少数的席位,其作用和影响也是微不足道的。

可见,两党制与一党制和多党制一样,都是资产阶级实行统治的手段。英国和美国都是实行两党制的国家。1858 年,马克思在评论英国的议会斗争时曾经指出,英国资产阶级的寡头政体"不是靠把政权经常保存在同样一些手中而使自己永存下去的,而是采用这样的办法:它轮流地使政权从一只手中放下,又立刻被另一只手抓住"①。这就形象地向我们指明,两大政党同是资产阶级的两只手,两党制是资产阶级有意识地轮流使用两只手来统治人民的方法。马克思还指出,议会斗争的技巧恰好在于"在短兵相接的格斗中打击的不是职位,而仅仅是当时占据职位的人,并且在进行打击的时候,要使这个人在作为大臣下台以后,马上又能作为大臣的候选人而上台"②。这就进一步向我们指明,在两党制中,两大资产阶级政党表面上扮演着互相反对的角色,但就反对党来说,它反对的并不是政府(资产阶级政权)本身,而是当时在这个政权中执行权力的党,同时自己也随时准备去执行权力。这样,两大政党之间的关系是:在台上的党是现职政府,在台下的另一个党就是预备政府,两者随时准备互相替换。英国就是如此,执政党组织内阁时,反对党同时组织"影子内阁",两者随时可以接手换班。

从马克思的分析中,我们知道,两党制中的两大政党都是属于资产阶级的,而不是属于不同阶级的,如果它们分别代表不同的阶级,那就不可能协

---

① 《马克思恩格斯全集》(第十一卷),人民出版社 1962 年版,第 399 页。
② 同上。

调一致、有条不紊地轮流掌握国家政权了。毛泽东同志曾明确地指出,"这一党在台上,那一党在台下"的所谓两党制,"不过是维护资产阶级专政的一种方法"①。革命导师们的这些话,深刻地揭示了两党制的阶级本质。

第二节　美国早期的政党

早在酝酿和进行独立战争(1775—1781 年)的时候,美国就有所谓托利党和辉格党的说法,但它们并不是有纲领、有章程、有组织的政党,而仅仅是人们对亲英分子和反英分子的通称。

独立战争结束后,资产阶级和南部奴隶制种植园主阶级共同占有了独立战争的胜利果实,建立了这两个剥削阶级的联合专政,压迫和剥削广大劳动群众,并力图把战争遗留下来的国债负担转嫁到劳动群众身上。在这种情况下,广大农民、手工业者和工人起而反抗,纷纷举行起义,其中规模最大的就是 1786 年的谢司起义。不过,这些起义先后都被镇压下去了。美国统治阶级为了巩固自己的统治,就急于要建立一个强有力的中央政府。于是,统治阶级的代表们于 1787 年召开了制宪会议,修改《邦联条例》②,制定了新宪法,改邦联制为联邦制。在围绕批准 1787 年宪法的斗争中,曾出现过联邦派和反联邦派。前者拥护宪法,赞成建立联邦;后者则不同程度地持反对意见。但是,这两大派并没有形成正式的政党,而且在新宪法被各州相继批准后就消失了。

美国有组织的全国性政党,是在最初几届联邦政府活动时期出现并发展起来的,即以汉密尔顿为首的联邦党和以杰弗逊、麦迪逊为首的民主共和党。1789 年,新宪法正式生效,联邦政府成立,领导过独立战争的华盛顿就任第一任美利坚合众国总统。这时,围绕如何解释和适用宪法的问题,统治阶级内部发生了严重的分歧并展开了激烈的斗争。大资产阶级和大种植园

---

① 《毛泽东著作选读》(甲种本),人民出版社 1965 年版,第 331 页。
② 《邦联条例》是在独立战争期间于 1777 年 11 月由大陆会议通过的,1781 年 3 月经各州批准并生效。根据条例,解散了原来的大陆会议,建立了邦联政府。但邦联政府仅具有各州联盟的性质,权力极为有限。

主主张集中权力于联邦政府,要求从宽解释宪法。为了推行这种主张,他们建立了联邦党。而中小资本家、南部某些种植园主以及广大小农则希望实行分权,使各州和地方政府能分享到较多的权力,因此主张从严解释宪法。代表这种主张的杰弗逊、麦迪逊等人于 1792 年建立起共和党,1794 年又改称民主共和党。

开始,联邦党人在联邦政府中取得了控制权,声称反对任何党派活动的华盛顿,实际上是赞成和支持联邦党的。第二位美国总统约翰·亚当斯则是一位联邦党人。联邦党人掌握的政府奉行亲英的外交政策,在经济问题上则实行设立合众国银行、由联邦政府十足偿付国债、征收高额进口税等项有利于大资产阶级、刺激资本主义发展的政策,这些政策遭到了民主共和党的反对。1800 年选举结果,民主共和党领袖杰弗逊当选为总统。此后,民主共和党保持了较强的政治影响,连续 24 年占据了总统职位。在民主共和党政府期间,美国于 1812—1814 年进行了第二次反英战争。这次战争胜利后,联邦党由于其亲英政策的失败而瓦解了。这样,美国历史上就出现了民主共和党一党统治的政治局面,这就是 1816—1824 年的所谓"和谐时期"。

第二次反英战争后,美国的资本主义工业有较快发展,而在这同时,由于 18 世纪末 19 世纪初棉花种植业的兴起,南部的奴隶制种植园经济也得以复苏并迅速发展。于是,早在殖民地时期就已经存在的以北方为代表的雇佣劳动制度和以南方为代表的奴隶制度之间的矛盾便突出起来了。正如马克思所说,这"两种对抗势力的斗争是美国半个世纪的历史的动力"①。在这种背景下,单一的民主共和党从 19 世纪 20 年代开始就明显地分裂成两大派:一派主要是原联邦党的继承者,他们集中在北部,自称青年共和党;另一派以安德鲁·杰克逊为首,仍自认为是民主共和党。1824 年总统选举,几名总统候选人都没有获得过半数的选举人票,遂由众议院复决,结果,青年共和党人约翰·昆西·亚当斯当选②。此后,民主共和党就公开分裂了:青年

①《马克思恩格斯全集》(第十五卷),人民出版社 1963 年版,第 325 页。
② 根据美国选举制度,总统由各州选出的选举人团选举产生,获得过半数选举人票者当选,如无人过半数,则由众议院从得选举人票最多的三名候选人中复决,仍为过半数者当选,但众议院投票时实行一州一票的原则。这种情况只发生过一次,即 1824 年。这次选举人投票结果,杰克逊 99 票,亚当斯 84 票,克劳福德 41 票,克莱 37 票。但复选时,亚当斯击败了杰克逊。

共和党开始改称国民共和党;以安德鲁·杰克逊为首的一派人则在 1828 年改称民主党。

　　1828 年,杰克逊竞选取胜当上总统,从这时直到内战前,联邦政府主要由民主党控制。在杰克逊时期,国民共和党分子和某些反杰克逊的势力集合起来,于 1834 年成立了辉格党。当时,辉格党人反对民主党政府的主要原因,是杰克逊总统于 1832 年否决了国会通过的许可合众国银行继续经营的法案,次年,杰克逊又屈服于南部奴隶主集团的要求,签署了一项逐步降低关税的法案。而辉格党则主张建立一个健全的中央银行和实行高额关税。这样,民主党政府的政策维护了南部奴隶主阶级的利益,辉格党的主张则反映北部工业资产阶级及与他们联系较紧密的一些南部种植园主的要求。不过,总的说来,这几十年里,美国的政党斗争错综复杂,工业资产阶级和南部奴隶主阶级在民主党和辉格党中都有自己的代表,这两个政党都是南部奴隶主与北部工业资本家进行妥协的联盟,直到奴隶制问题突出时,这两个政党才又进行了一次大规模的分化改组。

　　从 19 世纪 40 年代升始,由于争夺西部土地的斗争,雇佣劳动制与奴隶制的冲突就日益尖锐化。南部的奴隶制种植园经济严重地依赖对廉价的奴隶劳动力的残酷和野蛮剥削,它极少进行技术投资,而主要靠奴隶的简单劳动进行生产,因此它必须在天然肥沃的广阔土地上组织大规模种植,才能有利可图。如果地力一旦耗尽,种植园就会衰落,那时种植园主就必须获得新的土地,开辟新的种植园。正如马克思所说,"不断扩张领土,不断扩展奴隶制度到旧有界限之外,却是联邦各蓄奴州的生存规律"①。这样,南部种植园奴隶制就同北部正在发展的雇佣劳动制发生日益尖锐的矛盾。资产阶级中的一些先进人物,要求废除和禁止奴隶制度。1848 年,又成立了自由土壤党,它主要反映农民渴望获得土地的要求,主张在新加入联邦的州里禁止奴隶制。但是,南部奴隶主的势力在联邦政权中占了优势,他们一再通过立法手段,实现扩充蓄奴州的阴谋。面对南部奴隶主的一系列挑衅,工业资产阶级已到了不能再妥协和退让的地步。当时,工业资产阶级的经济力量已随着美国工业的发展而壮大了。这样,民主党和辉格党中本来就存在的南、北

---

　　① 《马克思恩格斯全集》(第十五卷),人民出版社 1963 年版,第 353 页。

两大派别,终于在土地问题上逐步地公开分裂了。在堪萨斯内战①中,代表工业资本家的北部辉格党人、自由土壤党人以及其他废奴主义者组织联合起来,成立了共和党。在这个过程中,北部民主党人大都站到共和党的旗帜下,正如马克思指出,"保卫堪萨斯的斗争产生了共和党","也引起了民主党本身内部的第一次分裂"②。同时,南部辉格党人却转向了民主党。于是,经过分裂和改组,民主党完全成为南部奴隶制种植园主阶级的代表。

民主党的分裂,促成了 1860 年共和党在总统选举中获胜,共和党人亚伯拉罕·林肯当选总统。这时,南部奴隶主就决定进行武装叛乱,南部 11 个州③相继宣布脱离联邦,于 1861 年 4 月组成南部同盟。于是,林肯政府领导了维护联邦统一的国内战争。在战争过程中,在人民群众的推动下,林肯总统签署了满足小农要求的《宅地法》,颁布了解放奴隶的宣言。南北战争的结果是,先进的北部资本主义工业战胜了落后的南部奴隶制种植业,奴隶制被废除了。在这场战争中,民主党由于代表反动的奴隶主阶级的利益,采取维护奴隶制的反动立场,对抗社会进步的潮流,丧失了对人民群众的影响,一蹶不振。而新起的共和党代表了经济上强大的工业资产阶级,并由于其在内战中的表现,在人民群众中建立了威信。因此,从内战开始,美国出现了共和党连续执政 24 年的政治局面。

第三节　美国两大党轮流执政的历史

1884 年民主党竞选总统获胜,从此开始了两大党轮流执政的历史,这说明美国资产阶级两党制已正式形成。因为经过南北战争和南部重建,资产阶级已经独占了政权。南部奴隶制种植园经济已变成资本主义农业经济,

---

① 1854 年,美国国会接受堪萨斯州和内布拉斯加州加入联邦,准许两州居民自行决定该州是蓄奴州还是自由州。南部奴隶主为了在新州强制实行奴隶制度,组织武装匪徒进入这两个州,从而引起广大劳动群众和废奴主义者的坚决反抗,于是爆发了 1854—1856 年的堪萨斯战争。马克思认为堪萨斯武装斗争是美国内战的开始。

② 《马克思恩格斯全集》(第十五卷),人民出版社 1963 年版,第 353 页。

③ 这 11 个州是南卡罗来纳、佐治亚、亚拉巴马、佛罗里达、密西西比、路易斯安那、得克萨斯、弗吉尼亚、阿肯色、北卡罗来纳和田纳西。

奴隶制种植园主作为一个阶级已不复存在,取而代之的是农业资产阶级;而且由于美国工业革命在全国范围内基本完成,形成了工业资产阶级和工业无产阶级,从而开始了现代意义的阶级斗争。1885 年上台的民主党克利夫兰政府,残酷地镇压了芝加哥工人争取八小时工作日的斗争,后来又镇压了1894 年普尔曼工人罢工。对此,国会里的共和党议员们大加赞赏,并通过决议表示坚决支持。[①] 这说明民主党已同共和党一样代表资产阶级的利益,两党在压迫工人阶级的问题上是完全一致的,它们在实质上已没有多大区别了。所以,可以说,美国两大资产阶级政党轮流地上台主持政府是从 1884 年开始的。格罗弗·克利夫兰成为南北战争后的第一位民主党人总统,结束了 20 多年来共和党持续单独掌握政权的局面。从此至今,美国就一直由共和党和民主党轮流执政。下面我们就简要地叙述美国两大党轮流执政的历史。

南北战争时期的共和党,实际上是一个反奴隶制的联盟,其领导权掌握在工业资产阶级手里。内战以后,工业资产阶级在经济上、政治上都占了统治地位,解除了奴隶制对发展资本主义的障碍,就加紧对劳动人民进行压迫和剥削,并通过共和党表达和实现自己的主张。因此,内战后连续几届共和党政府,都实行维护大工业家、大银行家的利益,巩固和加强资本主义的剥削,进攻工农群众的政策。从 1869 年上台的格兰特政府开始,不断发生共和党政府买卖官职、贪污舞弊的丑闻,1873 年、1882 年又两次发生经济危机,广大劳动群众生活更加困苦。因此,共和党逐步丧失了原先建立起来的威信,引起广大人民日益强烈的失望和不满,克利夫兰正是在这种背景下上台的。

然而,克利夫兰上台后,继承了共和党的基本政策,进一步集中和加强国家权力,改组各州民兵为常备军,制订庞大的海军建设计划,袒护和支持铁路公司的舞弊行为,尤其是残酷地镇压了 1886 年的工人大罢工,激起了广大群众的反对。克利夫兰反对高关税的态度,亦使资产阶级内部的矛盾更加尖锐。这样,1888 年大选后遂由共和党人本杰明·哈里森当选为总统。

① 小阿瑟·施莱辛格主编:《美国共和党史》,复旦大学国际政治系编译,上海人民出版社1977 年版,第 211 页。

哈里森总统在任内签署了三项重要法案,即:《麦金莱关税法》,规定把关税平均提高约50%,满足某些资本家集团的利益;《谢尔曼购银法》,规定由财政部每月收购450万盎司的白银,铸造成银币,调和不同资本家集团之间的利益(关于关税和白银问题,我们将在下节里详细论述);《谢尔曼反托拉斯法》,这是为了缓和广大人民群众对大公司的强烈不满和谴责而制定的,它声称要由资产阶级政府来限制资本家垄断组织的活动,可是它却把工会组织说成垄断组织,以反垄断为名,限制和剥夺工人群众的罢工权利。

这个时期,美国的工人和农民运动有了较大的发展,尤其是1891年成立了以农民为基本群众的强大的平民党,并在第二年积极投入总统竞选。于是,资产阶级再次换马。这一次,民主党仍推出克利夫兰为总统候选人,并且利用关税问题大做文章,捞到大量选票,结果,克利夫兰复出组织政府。但在他上台的当年,就爆发了严重的经济危机,克利夫兰便竭尽全力帮助资本家度过危机。他以对付危机为名,废除了《谢尔曼购银法》,以满足东部大工业家、大银行家的利益。在关税方面,把关税税率平均降低到37%,对羊毛、木材、钢实行免税进口,但对糖、煤、铁等却保持了高额保护关税。在这次危机中,美国的阶级斗争激化了,工人和其他劳动群众进行了大规模的斗争,争取改善生活和谋求就业。对此,克利夫兰故技重施,实行了恐怖性的镇压政策,其中最引人注意的就是:镇压1894年5月进军华盛顿的失业者;出动军队镇压同年7月的普尔曼工人大罢工。这样,到1896年选举时,克利夫兰已经声名狼藉了。民主党虽然推出威廉·布莱恩作为与平民党的共同总统候选人,仍遭败北,共和党总统候选人、《麦金莱关税法》的起草人威廉·麦金莱当选。从这时到1912年,共和党人又一次连续出任总统16年,1901年麦金莱连任不久遇刺身亡,由西奥多·罗斯福(老罗斯福)继任并于4年后连任,1909年上台的则是威廉·塔夫脱。麦金莱在任内签署了《丁格列关税法案》,恢复了高额关税,并比原来的《麦金莱关税法》的税率提高了25%。此后的几届共和党政府基本上都实行高税率关税政策。后来,这种政策虽然遭到某些资本家集团的反对,但塔夫脱总统仍然否决了三个降低关税税率的法案。他签署的《潘恩-奥尔德里奇法》,虽降低了某些农畜产品的关税,却提高了某些工业品的关税。在货币政策方面,麦金莱总统于1900年签署《货币法令》,正式实行金本位制度。老罗斯福的突出"政绩"是所谓

"反托拉斯战"。他虚张声势地向一些托拉斯组织起诉,目的是缓和人民对垄断组织的不满,借以捞取政治资本。实际上,他本人反对禁止托拉斯,赞成垄断组织发展。反托拉斯战的另一个内容,就是通过了一些保护自然资源、管理保健的办法,例如成立国家资源保护委员会、通过森林保护法、建立国家公园、颁布肉类检查条例和食品、药品管理条例等,这些措施或者着眼于资本主义的长远利益,或者为了偏袒某些资本家集团而打击另一些资本家集团。

在这几届共和党政府时期,美国的经济和政治发生了一个重要变化,就是完成了由自由资本主义向垄断资本主义(帝国主义)的过渡,美国对外走上了侵略扩张的道路。1898 年,麦金莱政府发动了美西战争,夺取了西班牙的殖民地菲律宾、波多黎各和关岛;同年,麦金莱总统签署一项法案,正式吞并夏威夷群岛;1899 年,麦金莱政府的国务卿海约翰正式提出了对中国的"门户开放"政策,承认列强在中国的势力范围,同时要求美国在一切势力范围内与列强"利益均等";1900 年,美国参加了八国联军侵略中国的战争,镇压中国的义和团运动;1903 年,老罗斯福政府策动巴拿马独立,攫取了修筑和控制巴拿马运河的权利;后来,塔夫脱总统又提出所谓"金元外交",即以资本输出作为辅助手段的侵略政策,并主张外交应成为扩展美国贸易的工具,等等。

在 1909 年通过《潘恩-奥尔德里奇法案》时,资产阶级各集团之间围绕关税问题展开了激烈的斗争,这场斗争导致了共和党的分裂,到 1912 年选举时,就出现了以老罗斯福为首的进步党。在这种情况下,民主党人伍德罗·威尔逊以"新自由"为口号当选为总统。威尔逊政府一方面适应美国资本主义发展早已超过其他国家的形势,取消了保护关税政策,通过了《安德伍德关税法》,同时根据金融资产阶级的利益,通过了《联邦储备银行法》,建立了联邦储备系统。另一方面,为了维护资本主义,威尔逊采取了一些新的策略,例如:通过《克赖顿反托拉斯法》,写上了限制法院颁布禁止罢工命令的权力和不得以阻碍贸易为理由对罢工工会起诉的字句;通过《联邦农场贷款条例》,缓和小农的困境和不满,同时,搞了一些所谓关心劳工生活的社会福利立法。

这个时候,第一次世界大战爆发了。1916 年,威尔逊以"美国不参加战争"为口号竞选连任获胜,但第二年威尔逊就宣布美国参战,1918年美国又参加了干涉苏维埃俄国的战争。第一次世界大战结束后,威尔逊亲赴巴黎参加帝国主义战胜国的分赃和会,并发起组织国际联盟(简称国联)。但由于未能实现美国控制国联的目的,因此,威尔逊要求美国参加国联的计划遭到国内垄断资本的抵制。1920年,美国发生经济危机,结果是共和党的沃伦·哈定于1921年上台。虽然共和党把反对美国参加国联作为竞选政纲之一,但从哈定开始的三届共和党政府都积极推行了与其他帝国主义国家争夺霸权、扩张美国利益的政策。在1921年的华盛顿会议上,美国通过拆散英日同盟,扩大了自己在远东的利益;后来,又支持蒋介石在1927年政变上台,进一步确立美国在中国的优势地位;与此同时,共和党政府还通过道威斯计划、扬格计划,大力扶植德国的军国主义和法西斯主义,为自己渗入欧洲的目的服务。

在国内,哈定政府处于第一次世界大战后的经济繁荣的"黄金时代",美国资本主义出现了暂时的稳定发展。哈定总统提出"恢复常态"的口号,把已经破产的"新自由"一笔勾销。在哈定政府内,发生了一系列的贪污丑闻。哈定任职未满,于1923年去世,由卡尔文·柯立芝接任总统。次年,柯立芝竞选赢得连任。柯立芝积极推行资本主义的"合理化"运动,加紧对工人阶级的剥削。1928年,共和党推出赫伯特·胡佛为总统候选人,以"巩固和延长繁荣"为口号,取得选举胜利,继续执政。但是,胡佛上台不久,一场席卷整个资本主义世界的经济危机于1929年10月首先在美国爆发了。面对这场危机,胡佛政府束手无策。他还一再反对任何社会福利和救济措施,反对政府采取办法扭转经济形势,并武装镇压失业退伍军人。这样,经济危机就日益加深,阶级矛盾空前尖锐,到1932年选举时,胡佛政府已经威信扫地,资本主义制度也面临崩溃的危险。在这种形势下,主张社会改良的民主党人富兰克林·罗斯福当选为总统。

为了摆脱危机,挽救资本主义制度,罗斯福政府实行了"新政"。他放弃了金本位制,在国内停止银行券对黄金的兑换,实行通货膨胀和赤字财政政策,援救那些濒于破产的大银行和大企业,并在工业中开展"公平竞争",在农业中实行"减耕减种",大办公共工程,缓和商品过剩问题。同时,实行了保障生活、以工代赈的社会政策。实行"新政"的结果是,垄断资本家得到了大量利润,同时也减少了一些失业,缓和了劳动人民的不满。后来,罗斯福又领导美国参加了第二次世界大战,美国成为胜利者。战争即将结束时,罗斯福积极倡议和策划建立联合国。这时,美国利用其雄厚的实力,确立了在资本主义世界的霸主地位。由于实行"新政"和领导战争,罗斯福获得了好名声,破例连续四次当选总统。

罗斯福任职到 1945 年 4 月逝世,哈里·杜鲁门继任总统,并于 1948 年连任。杜鲁门政府基本上继承了罗斯福的资产阶级改良主义的社会经济政策,提出所谓"公平施政"的纲领,宣称要修建公共住房、清除贫民窟、实行老年医疗保险和教育补助、实现不分肤色种族的公平就业等。在对外方面,杜鲁门积极巩固和扩大美国的势力范围和霸权,缔结一系列军事条约,实行杜鲁门主义、马歇尔计划和"第四点计划"。杜鲁门政府支持中国蒋介石政权发动反革命内战,后来又发动朝鲜战争,但均遭到失败,终于因内外交困而在 1952 年下台。

经过 20 年在野后,共和党把德怀特·艾森豪威尔拉上了台。竞选时,共和党就攻击罗斯福"新政"是所谓"社会主义",并自称是"美国生活方式""自由经营"的捍卫者。艾森豪威尔上台后,反对扩大社会福利计划,拒绝工会提高工资的要求,拒绝扩大住宅建筑计划,将墨西哥湾浅滩油田和"国有"水电站、公园、森林转让给私人资本家经营。艾森豪威尔政府为了从朝鲜战争的泥潭中拔出脚来,被迫在《朝鲜停战协定》上签字。在全球范围内,艾森豪威尔政府则极力维持美国的霸主地位,实行所谓"实力地位"政策、"战争边缘"政策和大规模报复战略。1956 年,由于英法侵略埃及,中东形势紧张。趁英法侵埃失败的机会,艾森豪威尔于 1957 年 1 月发表"艾森豪威尔主义",力图把英法势力挤出中东取而代之。

艾森豪威尔任职八年,其间发生了三次经济危机,1960 年选举就是在危机中进行的。民主党再次提出要由政府更积极地干预经济,许诺扩大就业、发展社会福利,并以"新边疆"为口号,结果,约翰·肯尼迪当选总统。1963 年 11 月,肯尼迪遇刺身死后,林登·约翰逊继任。随后,约翰逊又提出"伟大社会"和"向贫困开战"的口号。"新边疆"——"伟大社会",实际上是"新政"式的资产阶级改良主义政策的继续。肯尼迪、约翰逊政府实现了杜鲁门提出而未能实现的一系列社会福利立法,企图靠膨胀通货、增加财政开支来刺激经济、扩大社会福利,实现和保持资本主义繁荣。对外方面,这两届民主党政府竭力阻止美国势力范围内发生的动荡,镇压各国发生的解放运动和进步运动。为此,民主党政府加紧扩军备战,派遣"和平队",控制和干涉中小国家,并直接组织雇佣军人侵古巴、刚果(利)、多米尼加等。尤其是1961年美国发动了越南战争,后来逐步升级,遭到全世界爱好和平的国家和人民的强烈反对和谴责,并造成国内社会矛盾、阶级矛盾的深刻化,黑人运动、工人运动和反战运动汇合在一起,终于导致1968年约翰逊下台。

1969年,共和党理查德·尼克松总统上台。由于美国在20世纪60年代军费和福利开支迅速增长,财政赤字急剧上升,通货膨胀恶性发展,尼克松上台当年就发生经济危机。于是,尼克松提出"新经济政策",但未能奏效。为了收拾侵越战争的残局,以便适当集中力量与苏联争霸,尼克松政府企图靠扩大侵略印度支那战争得到有利的谈判条件,实现从越南"体面"的撤退,但遭到失败,最后被迫在1973年关于印度支那问题的《巴黎协定》上签字。为了保持日益衰落的霸权地位,尼克松在上台后两年里提出了一套称为"尼克松主义"的主张,适应美国争霸全球又力不从心的情况。同时,尼克松总统着手实现与中华人民共和国关系正常化,并亲自访华,签署了中美两国的《上海公报》。尼克松于1973年连任后,因发生"水门事件"被迫于1974年8月辞职,杰拉尔德·福特接任①。1976年选举后,民主党的吉米·卡特上台。

卡特上台后,美国因1973年爆发的战后第六次经济危机仍处于经济停滞与通货膨胀相交织的状态。卡特政府尽管采取了种种对策,却左右为难,收效甚微。1980年初,美国经济再次进入危机。在国际上,美国的霸权地位已严重动摇,面对苏联争霸的咄咄逼人的攻势,卡特政府十分被动,措施无力,节节败退。在这种情况下,垄断资产阶级急于改变政府,寻找出路,并适应群众要求变革的心理,支持共和党的罗纳德·里根上台,组织政府。

概括起来,从1884年两党制确立到1980年的96年中,前48年(1884—

---

① "水门"指民主党全国总部大楼"水门大楼"。1972年选举时,尼克松竞选班子头目为了刺探民主党的竞选策略和活动情况,潜入水门大楼民主党总部偷拍文件和安置窃听器。此事于1973年初被揭露,引起美国舆论哗然和统治集团内部的激烈争吵。尼克松本人被指控利用行政权力参与了掩盖这一案件的罪行,面临遭到弹劾的严峻形势,终于不得不主动辞职。

1932 年),共和党人当总统 32 年,民主党人当总统仅 16 年;后 48 年中 (1933—1980 年),民主党人当总统 32 年,共和党人当总统 16 年。两党轮流上台主持政府,实行的对内对外基本政策是一致的。开始,为了巩固资产阶级统治,发展资本主义,后来,为了确立并扩大垄断资产阶级的权力,发展垄断资本主义,挽救资本主义制度,并且先是为了建立和巩固,后是为了维持和保住美国在资本主义世界的霸主地位,两党历届政府都竭尽全力,充分发挥了资产阶级两只手的作用。美国两大资产阶级政党轮流上台的历史,就是美国资产阶级有意识地交替运用这两只手,借以调整某些有害于本阶级统治的政策,以巩固本阶级的统治,维护并扩大本阶级利益的历史。

第四节　美国两大政党争论的问题

长期以来,美国两大政党在对内对外政策上各有一些不同的主张,它们之间有一些分歧和争论,有时这种争论甚至还会很激烈。在争论中,两大政党似乎是互相敌对的,并且每一个党都竭力声称自己代表人民的利益。其实,两党之间的分歧并不是基本政策目标的分歧,而仅仅是与美国统治阶级内部的矛盾相关。它们之间的分歧和争论只在于对维护资产阶级的统治、发展资本主义的方法、策略有某些不同的意见,这反映出它们作为统治阶级的两只手,其动作并不总是相同的。这一节里,我们将分析美国两大政党争论的主要问题。

从南北战争到 20 世纪初,美国两党的斗争主要是在关税税率和货币制度问题上。

关税问题是从南北战争前延续下来的。当时,美国是一个后起的资本主义国家,工业资产阶级需要实行保护性的高额关税,来保护本国工业的发展。第二次反英战争后,美国联邦政府曾逐步提高关税税率,1828 年,亚当斯政府把关税税率提高到 45%。可是,这样的高关税却引起了南部的奴隶制种植园主的不满,他们指责上述税率为"可憎的税率"。因为这影响了南部奴隶主扩大出口棉花、进口廉价工业品的要求。南部奴隶主使用黑人奴隶劳动,生产的棉花成本极其低廉,依赖向英国出口来获取巨额的利润。所以,南部奴隶主要求实行自由贸易政策。1832 年,南部奴隶主以南卡罗来纳州脱离联邦相要挟,要求降低关税,而北部工业资产阶级为了维持统一的国内市场,便作了让步。从杰克逊政府降低关税开始,直到南北战争爆发,美国基本上实行低关税的自由贸易政策,这反映出南部奴隶主在当时联邦政府中居优势地位。如前所述,这个时期联邦政府主要由民主党掌握。

南北战争后,关税税率的高低问题仍是民主党与共和党争论的一个重要内容。一般地说,民主党主张低关税税率,它声称这样能降低进口工业品的价格,减轻中小企业家、农民及一般消费者的负担;共和党则主张实行高关税税率,它宣称关税高,物价就高,工人的工资也高。实质上,它们的主张代表了资产阶级不同集团的利益。当时,美国南部虽然废除了奴隶制,但南部的劳动力价格低廉,黑人工资更低,农业生产的其他有利条件也没有大的变化。美国是一个农产品输出国,农业资本家既希望别国实行低关税,也要求本国实行低关税,这样他们还可以因此而得到便宜的工业品。可是,在内战后初期的一段时间里,美国的工业仍然落后于其他资本主义国家,并且以国内市场为主,所以仍需要实行保护关税政策来保护其发展。可见,两党的关税主张,只是分别有利于南部农业资本家和北部工业资本家,而并不是像它们宣传的那样,是为了人民群众的利益。

到 19 世纪 80 年代,美国的工业已经超过其他资本主义国家。总的来说,美国似乎应由保护关税转向自由贸易政策,然而两党之间的关税争论还是持续了相当一段时间。其原因有二:一方面,不同工业部门的生产发展水平不一致,原料和产品依赖进出口贸易的程度不同,遇到外国竞争的对手也不同,因此,不同部门的资本家对由保护关税转向自由贸易就持不同的态度;另一方面,当时在美国的某些工业部门已经形成垄断,垄断资本家为了利用垄断权支配国内市场,剥削国内消费者,并不一定希望立即取消保护关税[①]。于是,自由贸易和保护关税这两种主张仍喋喋不休地争吵着。对此,恩格斯明确地指出,这种争论操纵在职业政治家、各政党头目手中,"不是解决问题,而是问题永远悬而不决;在花去大量的时间、精力和金钱以后,实行

[①] 《马克思恩格斯全集》(第二十二卷),人民出版社 1965 年版,第 389 页。

了有时是有利于这一方、有时是有利于那一方的一系列妥协"①。直到威尔逊政府通过《安德伍德关税法》，大幅度、大面积地降低了关税税率，两党围绕关税问题的争论才基本结束。

货币制度问题上的争论，开始是关于使用金属货币还是使用贬值纸币的问题。南北战争时，联邦政府为了筹措军费，便大量发行公债和纸币，从而使纸币贬值。东部的工业资本家和银行家都是公债的购买者，战后又成为南部恢复生产的农场主、新的工业资本家以及广大西部开拓者的债权人。东部资本家为维护其利益，就要求政府收回在战时发行的大量纸币，用金属货币偿付公私债务，而债务人则要求维持和扩大纸币发行，用纸币偿债，借以减轻债务负担。南部农业资本家和开拓西部的农民认为，这样还可以提高农产品的价格。当时，民主党代表南部农业资本家的利益，主张纸币政策，共和党则主张金属货币政策。1879 年，共和党总统拉瑟福德·海斯代表东部资产阶级的利益，决定恢复用金属货币支付债务。

这以后，两党之间的货币争论就逐步转向是否限制铸造银币的问题。美国从 1792 年起实行的是金银复本位制度。金和银同时作为本位货币，必然会产生货币作为价值尺度与金银比价变动的矛盾。金和银的实际比价总是要不断变动的，而它们的法定比价只能定期调整。这样，实际比价高于法定比价的金或银就会退出流通，被熔化或输出；只有实际比价低于法定比价的金或银才被铸成硬币继续流通。开始，美国政府将金银比价规定为 1∶15，到 19 世纪初，银的实际比价低于法定比价，结果银币充斥，金币绝迹。1834 年，金银法定比价被改为 1∶16，情况就倒过来了，金币充斥，银币绝迹。到 19 世纪 70 年代，美国西部发现了丰富的银矿，银的实际比价又下跌到其法定比价以下，按理银币会再次排斥金币。但是，共和党政府于 1873 年停止了铸造银币。结果，一方面，白银充斥市场，银价猛跌，引起西部银矿资本家的恐慌；另一方面，那时规定用金属货币偿债，实际上只能用金币偿债，从而引起金价上涨，更加重了债务人的负担。于是，西部银矿资本家与农业资本家联合起来，要求取消对铸造银币的限制，以便稳定银价，用银币偿债，减轻债务负担并提高农产品价格。东部资产阶级则要求停止铸造银币，或者干

① 《马克思恩格斯全集》（第二十一卷），人民出版社 1965 年版，第 422—423 页。

脆改复本位制为金本位制。在这场斗争中,共和党主张使用金币,民主党则主张使用银币。经过双方的斗争和妥协,1878 年和 1890 年分别通过的《布兰德-艾利森法》和《谢尔曼购银法》,规定了有限制地铸造银币的办法。随着这场斗争的继续发展,东部资产阶级还是取得了最终的胜利,1900 年,美国正式实行金本位制。

20 世纪初,垄断组织在美国经济生活中占了统治地位,美国发展为垄断资本主义,美国的政治状况也相应地发生了巨大的变化。首先,从资产阶级中分离出来的垄断资产阶级,逐步控制了国家政权,操纵政治生活,形成了能够左右和影响全国政治局势的若干政治集团。其次,随着美国西部、南部的工业化,随着垄断资本主义的发展,垄断资产阶级内部老财团与新财团的矛盾代替了原来工业资本家与农业资本家两大集团的矛盾;经营不同产品的垄断资本家之间的矛盾亦与上述矛盾交织在一起。在这种情况下,美国两党之间的争论更为错综复杂,两党内部逐步形成了跨越政党的两大派别①,以致两大派别的争论比两党的争论更为重要,两党的分歧往往以两大派别的分歧为背景。

20 世纪以来,美国两党、两派的争论主要有以下几个问题。

第一,关于联邦财政资金的使用方向问题。美国在 1913 年放弃了保护关税政策,同时开始征收所得税以保证联邦财政收入。从"新政"开始,美国政府又实行了通货膨胀和赤字财政政策。几十年来,两党及两派关于财政资金的使用方向的争论,越来越尖锐,这种争论在不同时期有不同的内容。

第一次世界大战前和两次世界大战之间,操纵联邦政权的东北部垄断资本家,与欧洲垄断资本有密切的金融联系,它急于向外扩张,就要求用联邦财政资金为其输出资本、倾销商品和扩大势力范围服务,实行积极介入国际生活的对外政策。而中西部的垄断资本家,主要经营农产品加工和农业机械制造,以国内市场为主,其生产的发展与农业的盛衰有密切的关系,因此,他们要求财政资金用在国内,用来发展交通和水利,反对干预欧洲事务。从 20 世纪初起,上述分歧日显重要,第一次世界大战爆发后,两种主张就形成参战与反对参战的对立,前者形成所谓国际派,后者形成所谓孤立派。在

---

① 参见本部分第三章第三节。

东部垄断资本家的推动下,美国终于在威尔逊政府任内参战。在第二次世界大战前夕,孤立派又成为阻止美国准备和参加战争的重要障碍。但是,东部垄断资本家毕竟势力强大,所以,1941 年珍珠港事件爆发后,民主党的罗斯福政府终于参加第二次世界大战。

　　20 世纪 30 年代,罗斯福政府推行"新政"时,在赤字财政和通货膨胀的基础上,实行保障生活、以工代赈、修建公共工程等经济政策和社会政策。这些改良主义措施,使垄断资产阶级的大多数集团都能得到一些暂时的、长远的利益,当然也必然会触及和损害某些集团的利益。不过,不同集团得到的利益或受损害的程度是不同的。一般来说,社会保险费、以工代赈和公共工程的工资,会使失业工人、就业工人得到一些生活费用,有利于农业、食品加工业和其他轻工业部门以及百货零售业的资本家销售其商品,并相应地扩大了与上述部门有关的某些工业产品的销路。当然,某些重工业部门的资本家不可能得到立即见到的好处,至于专门生产军火的资本家得到的利益就更少。于是,这些资本家就起来抵制和反对"新政"。1936 年选举时,他们一方面让民主党内的一批政客组织"自由联盟"反对罗斯福,另一方面主要还是支持共和党竞选,攻击罗斯福的政策,反对政府大量花钱搞社会救济、以工代赈等。

　　第二次世界大战后,围绕财政开支方向的争论,又逐步发展成军费和社会福利费两者比例的斗争。战争期间和战后,美国西部和南部军火工业迅速发展,在此基础上形成了新的西部垄断财团和南部垄断财团。美国为了争霸世界,联邦的军费开支增加很快,西部、南部的新财团和东部的老财团都生产军火,双方激烈争夺联邦政府的军事订货。但是,总的来说,军火生产在新财团经营的生产中所占比重较大,而老财团的军火生产的数量虽然也很大,但由于他们的生产总数额大,一般物质资料生产仍占大部分,所以军火生产的比重就小了。在侵略印度支那战争期间,西部、南部的垄断资本家争夺到的军事订货一度超过了东部的垄断资本家。这样,从 20 世纪 60 年代以来,东部垄断财团在争夺军事订货的同时,极力主张增加社会福利费用,这就是 60 年代以来美国社会福利费用迅速增加的一个重要原因。与此相反,西部、南部新财团则要求缩减社会福利开支,以保证巨额的军事预算。这两种主张的争论,实际上是"新政"时资产阶级内部斗争的继续和发展。这两种主张在美国两大政党里都有反映,不过就两党政府来说,民主党政府一般注意保证和扩大社会福利开支,60年代的肯尼迪-约翰逊政府在扩大军费开支、发动和逐步升级侵越战争的同时,实行了积极扩大社会福利开支的政策,而共和党一般倾向于限制甚至压缩社会福利开支。

第二,关于通货膨胀以何种程度为宜的问题。罗斯福"新政"时,废除了金本位,在国内停止银行券兑换黄金,降低美元含金量,高价收购白银,以此为准备,大量发行纸币和扩大信用,由政府贷款给大银行,再由银行贷款给大工业,这就是后来几十年美国实行通货膨胀政策的开始。通货膨胀的结果,降低了工人的实际工资,从根本上说是有利于整个资产阶级的,但不同的资本家获得的利益是不同的。一般地说,通货膨胀政策首先有利于作为债务人的一般工业资本家和中西部、西部的农业资本家,政府高价收购白银,使西部的银矿资本家直接得到明显的利益;同时,也改善了美国的出口,加强了与欧洲国家的竞争能力,所以受到与外贸有密切关系的商人和大公司的欢迎,主要是东部某些大公司的欢迎。但是,政府贷款给大银行虽然使他们度过了信贷危机,通货膨胀却使作为债权人的借贷资本家受到损失,那些从"新政"的财政政策中没有得到多大好处的资本家,并不满意罗斯福政府靠膨胀通货增加财政开支的做法。于是,他们就反对膨胀通货政策,鼓吹坚持平衡预算,攻击罗斯福政府乱花钱乱开支。他们的这种意见,在当时共和党的政纲中也反映出来了。

"新政"以后,美国的历届政府,无论是民主党政府还是共和党政府,仍然实行通货膨胀政策。如前所述,从根本上说,通货膨胀是有利于整个资产阶级的。但是,通货膨胀的程度不同,对不同的垄断资本家的利害关系是不同的。一般来说,生产军火的资本家希望通货膨胀程度越高越好,因为他们的产品主要由国家购买,其销路不会受到物价上涨的影响,而政府要增加军事订货,就要增加军费开支,就要搞膨胀通货。而生产基本物质资料的垄断资本家则要求通货膨胀的程度不要过大,因为那样会造成物价上涨过快,造成消费者的实际购买力急剧下降,使他们的产品销路产生问题。不过,这一类资本家中的情况又有不同。对那些经营基本生活资料的垄断资本家来说,他们并不害怕通货膨胀程度过大,因为在物价上涨很快的情况下,消费者仍然必须购买这些生活资料,这类产品的销路也就不会出现严重问题,而且其价格可能会上涨更快,对这些资本家有利。而对那些经营非基本生活资料（例如奢侈品、高级消费品、娱乐品等）的垄断资本家来说，则特别害怕程度过大的通货膨胀，因为物价上涨过快时，消费者会首先削减对这些商品的购买，造成其销售的严重困难。这样，在战后形成的两大类型垄断财团之间，围绕通货膨胀程度的争论就更加复杂一些。就两党的主张来看，民主党的纲领总是鼓吹膨胀政策，主张增加财政支出，膨胀通货，借以扩大就业；共和党的纲领总是鼓吹所谓收缩政策，即平衡预算，收缩通货。实质上，两者的争论不是膨胀的有无，而是膨胀的程度。

第三，以上述两个问题的争论为背景，从"新政"以来，民主党总是打着"关心"劳工利益、增加工人就业、发展社会福利的旗号，主张增加国家的预算支出，鼓吹膨胀政策。民主党宣称，由国家增加财政开支，多办社会保险，多搞社会救济，人们就有更多的钱购买企业的产品，企业的生产就发展；政府还可多办公共工程，工人的就业机会也会增多。而共和党则直截了当地鼓吹捍卫自由企业制度，反对增加社会救济，主张压缩社会福利计划，减少对公共工程的投资，主张政府不要干预和限制私人企业的活动自由。共和党辩解说，这样，政府就可以减少财政开支，实现预算平衡，物价平稳，产品销路通达；而且，政府也可以减少税收，使私人企业提高投资和生产的积极性，增加工人就业的机会。综上所述，民主党主张多发挥国家的作用，由政府实行社会福利政策，缓和阶级矛盾和社会矛盾，使资本主义制度继续维持下去；而共和党则强调首先鼓励和保护私人资本家的积极性，对工人群众采取比较强硬的政策，甚至不惜激化阶级矛盾，以维护资本主义制度。显然，两党之争只是一种策略之争而已。不管采取哪一种策略，都是以巩固垄断资产阶级的统治，维护资本主义制度，保证资本家对工人的剥削为最终目标的。

总起来说，长期以来美国两党之间的争论，在前一个时期（从南北战争结束到20世纪初），主要围绕如何发展资本主义的问题。当时，在解除了南部奴隶制的羁绊之后，美国的资本主义面临的是迅速发展的广阔前景，在发展资本主义的策略和措施上，统治阶级内部进行了激烈的争论。随着美国社会过渡到垄断资本主义，美国资本主义进入了它的最高阶段，两党的争论也就转入了后一个时期，主要围绕维护和挽救资本主义的问题进行。列宁在评论1912年的美国总统选举时就尖锐地指出："老的政党是时代的产物，它的任务是迅速地发展资本主义。各个政党的斗争归结为如何更好地加速和促进这种发展。新的政党是现代的产物,它提出了资本主义本身的存亡问题。"①现在看来,列宁的这个见解确实是深刻的、精辟的,指出了资产阶级政党面临的根本问题就是采取各种办法来拯救资本主义。

---

① 《列宁全集》(第十八卷),人民出版社 1959 年版,第 398 页。

第二章　美国两大资产阶级政党是怎样垄断国家机器的

第一节　两大政党——"竞选的组织"

在实行民主共和制的国家里,资产阶级在保持着强大军事官僚机器的前提下,主要是通过其政党控制选举来垄断国家机器的。历史上,封建统治阶级一般采取君主制的政权形式,把最高国家权力赋予君主一人行使,并且君主通常是世袭的。资产阶级革命后,出现了资产阶级民主共和制的国家。作为一种政体,民主共和制区别于封建君主制的主要特征在于:象征、代表和行使国家最高权力的国家机关和公职人员是由选举产生的。美国是最早的资产阶级民主共和国之一,其总统、国会议员以及各州州长、州议会议员、各级地方行政长官和地方议会议员均由选举产生。由于资产阶级不是让最高国家权力集中于某一个人手中,而是把它交给定期"民主选举"出来的国会、总统和政府,这样,经常控制和操纵民主选举的过程及结果,排斥和阻止其他阶级(主要是无产阶级)利用选举来达到自己的目的,就成为资产阶级稳定地掌握国家权力的关键环节。在两党制下,资产阶级通过自己的两大政党实现对选举的控制。

美国的民主党和共和党,就是为了包办选举、垄断国家机器这一政治目标而存在和活动的。美国资产阶级学者并不讳言,政党是选民心目中的标记,是为候选人招兵买马和进行竞选的组织,是以组织和控制国家立法和行政机构为目的的领袖集团①,政党的职能就是"操纵争取政治权力的斗争并

① James Q. Wilson, *American Government: Institutions and Policies*, D.C. Heath, p.134.

使之制度化"①。两大政党都明白地宣称,它们就是"选举的组织",两党的组织形式也服从"一切为了竞选"这一原则:两党都没有固定的党纲,只有每次竞选的政纲;两党都没有固定的党员,凡在选举中投票赞成某个党的候选人的选民,就算是该党的普通党员;在某种意义上,两党甚至都算不上是全国性政党,而只不过是各州和地方政党组织的松散联盟,它们每四年集合一次,集合的目的就是各自提出一位总统候选人,各自通过一个竞选政纲,以便联合起来竞选。

从组织结构看:两党在投票区各自建有其最基层组织②,其头目一般称为投票区主席、投票区委员或投票区头头。在有的投票区里,由于某一个政党力量太小,也可能没有配备这种头目。美国全国的投票区有10万个以上,这样,两党的这类头目合起来约有20万人。投票区的头目或者由更高一级的党的机关任命,或者由地方党的核心会议或预选选举产生。他们的任务就是熟悉本投票区内的选民,投他们之所好以进行拉拢,在选举时对他们进行游说,鼓吹本党的纲领,督促本党选民登记,为本党候选人拉票。

在投票区以上,由于美国的各种区域划分五花八门,两党的组织也比较混杂。不同的区划互相重叠,互相交错,如众议员选区、州议员选区、上诉法院选区、地方法院选区和市、县、村、镇、区等行政区,两党在这些区域里也都常常设有委员会,在有些都市地区,由于人口稠密,还设立了联合投票区委员会。不过,在这些组织中,除了县、市的委员会外,一般起的作用较小,甚至不构成党的一级组织。全国3 000个县都设有两个党或一个党的委员会,其委员经党的地方代表大会选举产生、由上级指派或由下一级委员会负责人担任,县委员会的主席往往是当地有势力的党棍,长期任职。在选举中,县和大城市的委员会起着重要作用,它们配备了庞大的竞选机构,例如芝加哥市的党组织就配备了50名专门进行游说、拉票的委员。③ 县(市)委员会

---

① Albert B. Saye, John F. Allums, Merritt B. Pound, *Principles of American Government*, Prentice-Hall, p.136.

② 投票区(precinct),又译基层选区,是美国各类选举中最低一级区划,即规定在选举国家公职人员时,选民必须在其所属的投票区投票,每一投票区设一个投票站。

③ 哈罗德·F.戈斯内尔、理查德·G.斯莫尔卡:《美国政党和选举》,复旦大学国际政治系译,上海译文出版社1980年版,第39页。

的任务就是协调、指导和监督竞选活动,并在本地公职人员的选举中提出候选人名单及其竞选纲领。

美国的 50 个州都有两党的州委员会,或称州中央委员会。州委员会的委员一般由选举产生,选举的方式及人数各州不同,有的州在州代表大会上选举产生,有的州则在党的预选中选举产生,一般从每一县、或每一众议员选区、或州议会选区产生一至数名委员。州委员会的职责是筹集竞选经费、提出本州州长、州议员的候选人,主持党在本州的竞选运动。

两党的州和地方委员会在竞选获胜时都握有分配官职、授予肥差的权力,借以酬报在竞选中积极效力的人,正因为如此,它们才得以操纵选举,控制州和地方政策的制订。例如,伊利诺伊州库克县的民主党组织,就控制着大约对 35 000 个公职的保举和 10 000 个私人机构职务的引荐。①

两党的全国最高级机构是全国委员会,设有主席、副主席及司库、秘书等。全国委员会委员由州代表大会、党的预选会、出席全国代表大会的州代表团推选产生。现在民主党全国委员会一般由 50 个州和哥伦比亚特区、波多黎各、关岛、维尔京群岛的男女高级负责人各 1 人、各州选出的代表四人、民主党州长会议、市长会议和县官员会议的代表各 3 人、民主党国会两院领袖和两院议员各 1 人以及专门选出的全国委员会委员 25 人组成,总人数在 300 人以上。共和党全国委员会则由各州派出的男女委员各 1 人、各州的委员会主席组成,总人数为 160 余人。② 民主党全国委员会现任主席是约翰·怀特,共和党全国委员会主席是比尔·布洛克。全国委员会的职责就是部署和指挥全国的竞选运动,筹募竞选的基金,筹备和召集党的全国代表大会。为了组织竞选,两党全国委员会都设有研究部、妇女活动事务处、少数民族事务处等竞选对策和工作机构。

两党的全国代表大会也就是总统候选人提名大会,是两党的最高级会议,每隔四年即每逢总统选举年召开一次,主要任务就是通过总统和副总统候选人的提名,通过全国竞选纲领,此外,还通过全国委员会委员名单,修改党的组织规则。正如美国学者所说,两党全国代表大会的目的,就是"使成

---

① Frank J. Sorauf, *Party Politics in America*, 4th edition, Little, Brown and Company, 1980, p.68.

② 同上书,第 111 页。

千的州和地方党组织暂时团结起来,从而可以共同努力在候选人和纲领问题上谋求取得广泛一致的意见","以便有效地组织对全国最高职位的竞争"①。两党的全国代表大会及州、地方的代表大会都是临时性机构,各级委员会则是常设性机构。

美国两大政党的全国性组织与州和地方组织之间,没有直接的领导与被领导的关系,全国委员会只能通过分配党的活动经费等手段对各州党组织施加一定的影响,但不能对州委员会直接下达命令,全国委员会也不介入和干预州和地方的党内事务,但是,在全国性选举尤其是总统选举中,全国委员会则竭力使各州和地方的党组织暂时联合起来,一致支持本党的候选人。但在各州和地方的选举、国会议员的选举中,州和地方的党组织则根据本州和地方的政治形势,决定自己的竞选策略,不受全国委员会的制约。所以,有的美国学者称美国"实际上有五十个独立的共和党和五十个独立的民主党",而那些强大的、近乎自治的县、市党组织就更多了。②

两党的上述各级组织都是正式组织,是根据党的组织规则和各州的法律建立的。同时,每次大选时,两党的总统候选人还建立有个人的专门竞选班子。除此以外,两党还有一些非正式的组织,这些非正式组织通常在政治生活中起着重要作用。它们可以分作两种类型:

一种是两党内的部分政客为了竞选目的自发组织和形成的团体,采取协进会、联合会、俱乐部等形式进行活动。全国性的这类团体,有如 1972 年选举时,共和党内的一部分人组织的"支持总统连任委员会"及"民主党人支持尼克松委员会"。还有些是在一个州范围内活动的,如加利福尼亚共和党人联盟、加利福尼亚共和党人联合会、加利福尼亚民主党人俱乐部等。这些团体都是为了在选举中采取某种一致立场,动员选民支持某一位候选人而组织起来的。

另一种非正式的党组织即所谓党的核心小集团,其头目被称为"党魁"。在某些县和大城市,这类小集团十分活跃,他们在推荐候选人、分配和保举官职方面掌握了很大权力。因此,在操纵选举和政府人事安排方面举足轻

---

① 杰伊·西格勒、罗伯特·盖茨:《现代美国政府:问题与前景》,载小阿瑟·施莱辛格主编《美国民主史》,复旦大学国际政治系编译,上海人民出版社 1977 年版,第 16—17 页。

② Kenneth Prewitt and Sidney Verba, *An Introduction to American Government*, Harper & Row, 1974, p.243.

重,党魁也因而成为各地的权势人物。有的党魁为了扩充和巩固自己的势力,甚至与犯罪集团、警察当局串通,使出各种卑鄙的手段。例如著名的坦慕尼厅就是纽约市民主党的核心集团,过去长期操纵着该市民主党内的事务,并对该市的政治生活和民主党总统候选人和纽约州州长的提名起着巨大的作用。历史上许多著名的党魁,如汉纳、奥尔范尼、彭德格斯特、戴利等,都曾经是某个总统竞选的重要支持者。①

　　总之,美国的两大政党尽管有多种类型的和各级的组织和机构,但它们的共同目标就是竞选,除此以外,别无其他。

　　从两党的纲领来看,第一,两党全国代表大会通过的竞选政纲就是党的纲领,此外就没有党章和党纲了。两党每四年各自提出一个竞选政纲,完全是为了竞选的需要,都是根据垄断资本各集团的力量对比,迎合选民的某种心理而制定的,纯属应时的作品。第二,党的竞选政纲只是在选举时使用的,虽然它针对选民的心理和当时的形势,许下一大堆诺言,开了一张张药方,但这并不是真正的施政纲领。如果某个党的总统候选人竞选获胜了,他上台后自有另一套施政措施,可以丝毫不受本党竞选政纲的约束,甚至不受他本人竞选时诺言的约束。第三,两党全国代表大会通过的政纲,只是全国性的纲领,对州和地方的竞选及施政亦不起作用。各州和地方的两党组织、各州和地方公职的两党候选人,可以完全不顾党的全国政纲,根据当地的政治需要,提出自己的另一套竞选纲领,决定自己的政策和做法,只要有利于争取选票,哪怕与全国性政纲相对立也是可以的。同样,各州的党的政纲也不是真正的施政纲领,"有些州的政党在选举年通过了政纲,但选举过后,这些政纲便很少有人注意","很多选民甚至不知道有这些政纲"②。由此可见,两大政党各级组织的政纲都不过是竞选的广告而已。

_____

① 马克·汉纳,俄亥俄州共和党党魁,大资本家,是麦金莱1896年和1900年两次竞选的主要支持者。乔治·奥尔范尼,坦慕尼厅头目,1928年曾支持富兰克林·罗斯福竞选纽约州州长成功。汤姆·彭德格斯特,20世纪30年代堪萨斯市民主党核心小集团的头目,1934年抬出杜鲁门,使之当选为参议员,后彭德格斯特因盗窃该市金库被揭露而判罪入狱,成为美国历史上党魁中最臭名昭著者之一。理查德·戴利,库克县和芝加哥市民主党党魁,曾任该市市长,1960年积极支持肯尼迪竞选总统。

② 哈罗德·F.戈斯内尔、理查德·G.斯莫尔卡:《美国政党和选举》,复旦大学国际政治系译,上海译文出版社1980年版,第35页。

　　从党员与党的关系看：只有极少数职业性党员有相对固定的党组织关系，他们是履行了一定的组织手续、担任一定的职务，如被选进或派入党的各级机构、以党的名义竞选而担任了公职的党员。但是，即使是这种党员，其党籍也是随时可以变动的，有些职业党员为了竞选的目的，往往可以脱离一个党并同时宣布加入另一个党，而另一党一般也会予以接纳和承认。例如，前纽约市市长约翰·林赛，原来是共和党人，在1972年为了争取做民主党的总统候选人，就宣布脱离共和党，加入了民主党。又如，前得克萨斯州州长、财政部部长约翰·康纳利，原为民主党人，水门事件以后，为支持尼克松而宣布转入共和党，并在1976年、1980年两次争取共和党内总统候选人的提名。至于普通党员，他们只在选举时才登记为党员，所谓"登记"，也就仅仅是在选民登记时，某人表示一下他将投某一个党的候选人的票，同意这个党的决议，他就成为这个党的党员，参加这个党的预选，即选举出席上级或全国代表大会的代表和党的各级负责人。但他成为党员也仅仅是因为参加选举，选举一过，他就什么也不是，到了下次选举，他又可能成为另一个党的党员。甚至在一次选举中，他登记时为甲党党员，而投票时因乙党拉票或其他原因，他又可以改投乙党的票，或者也可以投票赞成甲党的总统候选人，而投票赞成乙党的某个国会议员、州长的候选人。正如美国学者所说："美国政党的典型特点就在于，它是一个由官员和谋求官职的人组成的核心小集团，加上一个专业班子和少数忠诚党员"，而普通党员只是"临时加入的男男女女"，"不受党组织的纪律和刺激的支配，……他们与党的联系是消极的——此处赞成，彼处反对"①。

　　综上所述，两党的大小组织和两党的党员都是为了竞选才集合到一起来组成为一个政党的，而普通党员即广大选民，既不承担任何责任和义务，也不享有任何权利，不过是投票的工具而已。这种体制的政党组织，"体现了全力进行——甚至是着迷于——竞选的政党之组织上的需要"②。两党自称是"竞选的组织"，这是名副其实的。

---

　　①　Kenneth Prewitt and Sidney Verba, *An Introduction to American Government*, Harper & Row, 1974, p.241; Frank J. Sorauf, *Party Politics in America*, 4th edition, Little, Brown and Company, 1980, pp.9-10.

　　②　Frank J. Sorauf, *Party Politics in America*, 4th edition, Little, Brown and Company, 1980, p.58.

第二节　两党垄断总统选举,控制联邦政府

美国是一个实行总统制的国家,合众国总统既是国家元首又是行政首脑,是国家权力的象征和中心。为了垄断国家权力,美国资产阶级理所当然地要倾注最大力量操纵总统选举,控制总统宝座。美国总统任期固定,每届四年,1951 年通过的宪法第二十二条修正案规定:任何人连任总统不得超过两届。现任总统里根为美国第 40 位、第 49 届总统。四年一度的总统选举,是美国政治生活中最热闹、最紧张、最引人注目、最耗费人力、物力和财力的政治争斗。但归根到底,总统选举是在两大资产阶级政党的垄断下进行的。美国没有联邦一级的中央选举机关,选举事务由州一级主持,为了保证控制选举过程,从州选举委员会到投票区的各级主持选举的机关,都是由两大政党派出的代表联合组成,包办一切选举事务。这些机关可以做出种种规定,直接影响选举的进程和结果。[①] 两党轮流执政的历史也证明,美国总统的职位历来是由两大资产阶级政党掌握的。

美国总统选举可以分为两大阶段:第一阶段是两党产生总统候选人,第二阶段是从两党候选人中选举总统。

根据美国宪法,美国总统的资格,应是出生于美国、年满 35 岁、在美国居住 14 年以上的美国公民。那么,是不是任何一位普通公民只要符合这些最一般的条件,就可以成为总统候选人呢? 当然不是。美国宪法和联邦法律并没有规定总统候选人的产生办法,而是由各州的法律规定列入候选人名单的条件,这些条件中最常见的就是在上一届选举中获得的票数必须达到一定的比例和相当数量的选民签名。显然,这种规定总是有利于长期控制国家政治生活的两大政党的,而两党以外的其他人要想同时在每一个州都列入总统候选人名单就极为困难,甚至是根本不可能的事。

在两党内部,总统候选人的提名过程可以分为以下几个步骤。首先,在

---

① 哈罗德·F. 戈斯内尔、理查德·G. 斯莫尔卡:《美国政党和选举》,复旦大学国际政治系译,上海译文出版社 1980 年版,第 140 页。

选举年年初甚至前一年年底,两党内准备争夺总统宝座的人,纷纷登场亮相,宣布自己要争取提名为总统候选人。

随后,各州选举出席两党全国代表大会的代表,组成州代表团,这一步的整个过程称为"预选"。1980 年,民主党全国代表大会代表共 3 331 名,共和党的代表共 1 994 名。由于两党的规则不同,各州的法律不同,两党在各州的预选办法是不同的,但基本上可以分为直接预选和间接预选两种办法。① 所谓直接预选,就是在有些州里由两党选民直接投票产生出席本党全国代表大会的代表。② 在实行间接预选的州,全国代表大会代表一般则由两党的州代表大会选举产生。至于州代表大会的代表,或者是由众议员选区代表大会选出,或者经过初选会③即投票区党的核心会议、县(市)代表大会等层层选出。

此外,在许多州里,还有一部分出席全国代表大会的代表是党的州委员会或地方委员会指定的,即当然代表,他们都是担任党内职务或公职的职业党员,如党的全国委员会委员、国会议员等。④

在各州代表团组成以后,两党就召开全国代表大会,大会一般在总统选举年的 6—8 月举行,竞选人只要获得简单多数的代表投票就可以获得提名,成为总统候选人。然后,总统候选人再选择一名副总统候选人作为"竞选伙伴",经过大会投票通过。美国早期的选举中,由于副总统不掌握多大权力,所以候选人不大引人注意和重视。后来有好几位副总统继任为总统,这个问题才变得重要起来。总统候选人在挑选竞选伙伴时也就比较慎重,一般

---

① 在某些著作和一般新闻报道中,直接预选也常常简称为"预选",但这样容易引起概念和叙述上的混乱。为此,本书中"预选"一词仅用于通称产生两党全国代表大会代表的各类选举及过程,而预选中采用的具体方法和程序则有直接预选、间接预选、初选会等。

② 在直接预选的各州,规则又因州而异。在有些州,选民只投票选举代表;在另一些州里,选民不仅要投票选举代表,而且对争取提名的人投票,表示同意谁做本党的总统候选人。不过,选民关于谁做总统候选人的意见在不同的州具有不同的效力:在有些州仅仅是一种民意测验,对代表没有约束力,称为咨询预选;在有些州则是有约束力的,即选出的代表将来必须赞成本选区得票最多的人做总统候选人;还有一些州,根据选民投给竞选人的票数,按比例分配代表名额给争取提名的人;在个别州,却实行"胜者得全票"的办法,即得该州选民票数最多者,赢得州内的全部代表,1980 年只有加利福尼亚州的共和党组织采取这种办法进行预选。

③ 即 precinct caucus,这里译作"初选会"。

④ 在州代表大会上,一般也对谁做总统候选人投票,这种投票的结果对出席全国代表大会的代表约束力的程度,在各州也是不同的。也有少数州的全国代表大会代表先在初选会选出一部分,其余的留到州代表大会上选出。

要考虑各垄断资本集团之间、各地区之间的平衡,协调各方面的关系,以便谋求更多的支持,争取竞选的胜利。

从上述过程可以看出,产生总统候选人完全是两大资产阶级政党内的事情。应该说,垄断资产阶级为了操纵总统选举的结果,必然首先要严格控制总统候选人的提名,然后把他们经过精心挑选确定的总统候选人交给广大选民。一旦产生了总统候选人,广大选民在投票时就再也跳不出资产阶级所划定的圈子,只能在两大政党之间做一点"两害相权取其轻"的选择。首先,站出来争取提名的这些人都是两大政党内的重要人物,他们都是受过系统的资产阶级教育、混迹于政界多年的资产阶级政客,如政府重要部门的部长、大州的州长、国会议员等,其政治经历受过严格的考验,被证明是忠实于资产阶级利益的,而且在他们背后,总有某一个或某几个垄断资本集团在支持和推动。所以,两党无论把谁最后抬出来做总统候选人,都只能是垄断资产阶级的代表。其次,每次预选是一个费时甚久的过程,一般是从选举年的1、2月开始到6月结束。1980年的预选,以1月21日艾奥瓦州的初选会为开端①,直到6月3日加利福尼亚等几州举行直接挑选才结束。长时间的预选需要耗费巨大的精力和金钱,除了拥有强大财政支持的两党以外,其他人是无力问津的。在预选过程中,垄断资本家通过他们掌握的各种舆论工具,大量报道两党内预选的情况,竭力宣传他们所看中的竞选人,从而影响选民的意向。同时,在垄断资产阶级内部,各个垄断集团围绕总统候选人与副总统候选人的问题进行着激烈的争斗,在他们的操纵和指使下,各个竞选人反复地讨价还价,有的中途宣布退出提名竞选,有的又半路参加进来或者宣布以独立候选人身份竞选。这样,经过几个月的反复磋商和较量,两党才最后定下了各自的总统候选人和副总统候选人,为将要产生的选举定下了方向和框框。

有必要指出的是,美国有一种说法,认为直接预选制能使选民从两大党的核心小集团那里夺得对提名的控制权,以便得到选择总统候选人的机会,

---

① 与艾奥瓦州初选会相比,美国政治舆论更加注意新罕布什尔州预选的意义。新罕布什尔州是实行直接预选的一个州,并且在每次总统选举中都早于实行直接预选的其他各州举行预选,因而往往比较引人瞩目,很受各竞选人的重视。不少竞选人在这个州遭到失败后就会宣布退出竞选,不再继续争取提名。1980年新罕布什尔州预选于2月26日举行。

让"会增进全民利益的领袖"上台掌权①。过去,两党全国代表大会的代表全部是采用间接选举和指派的方式产生的,通常由州委员会和党的核心小组会议任命,任命权实际上控制在各州和地方的党魁手里;同时,在全国代表大会上各州代表团又作为一个单位投票。这样,各州和地方的党魁就很容易直接操纵各州的代表团,全国代表大会上关于总统候选人的提名,实际上是直接由各个垄断资本家集团与各州党魁在幕后交易达成的。后来,实行并推广了直接预选制,并且代表们在挑选本党总统候选人时,受到本党选民投票结果的不同程度的约束,这样,总统候选人似乎就由选民们直接决定了②。诚然,直接预选的实行,最初确不失为具有积极意义的政治改革,扩大了资产阶级民主的范围,也是美国统治阶级对广大人民群众不断争取民主权利的斗争的一种反应。但是,这种改革毕竟只是资产阶级作出的一点让步而已,并没有越出资产阶级选举制度的轨道,因此,资产阶级很快就在新的形势下使直接预选成为他们巩固和扩大两党政治影响的手段。因为资产阶级对两党预选大肆渲染,早已把普通选民的政治注意力紧紧地吸引到两党总统候选人身上去了,这就使得两党以外的候选人都只不过成为两大资产阶级政党的陪衬。而且,资产阶级还宣称,选民通过直接预选,既然能就总统候选人提名表达自己的意见,当然也就能在两大党的总统候选人中选择,并对国家的经济政治问题表达看法,因而毋须在两大党之外进行政治活动,从而使选民们产生了幻想。有的美国学者已注意到,"比较易于运用预选制度在一个主要政党之内向现状挑战",是美国政治中第三政党未能发展的原因之一③。

在两党全国代表大会之后,美国总统选举就进入了第二阶段。根据美国宪法规定,总统不是由国会选举产生,也不是由普选产生,而是由选民选出的选举人投票选举产生,是一种间接选举④。因此,选举总统这个阶段又

①　哈罗德·F. 戈斯内尔、理查德·G. 斯莫尔卡:《美国政党和选举》,复旦大学国际政治系译,上海译文出版社 1980 年版,第 157—158 页。

②　直接预选制度是 1905 年首先在威斯康星州开始实行的,后又逐步推广到其他许多州并有一种普及的趋势,到 1972 年已有 21 个州实行直接预选,1976 年有 23 个州,1980 年又增加到 33 个州。

③　David H. Everson, *American Political Parties*, New Viewpoints, 1980, p.39.

④　各州选举人的名额与该州国会两院议员总数相等,此外,哥伦比亚特区没有国会议员,但有 3 名选举人,因此,全国现共有 538 名选举人(100+435+3=538)。参议员、众议员及在联邦政府任职的人不得成为选举人。

可以分为两大步：第一步由选民选举总统选举人，第二步由选举人选举总统。

从两党全国代表大会结束到选举选举人之间的三个月左右时间里，两大党之间要展开激烈的竞争。首先，两党的总统候选人要与一些垄断资本权势人物、政客、党棍磋商，组织竞选班子，募集竞选经费，制订竞选的策略和计划。到9、10月间，竞选运动形成高潮。这时，全国一切宣传机器都会围绕选举开动起来，两党掌握的报纸刊物、广播电视，连篇累牍，竞相自我吹嘘，攻击对方。两党的工作人员则到处奔走，组织集会，电话联络和登门拜访，以拉拢和督促选民投票。总统候选人本人则奔走于全国，发表竞选演说，与选民见面。而各个垄断资本集团则幕后紧张策划，台前推波助澜，他们操纵和控制的各个社会政治组织则纷纷发表声明，支持自己最满意的一方候选人，并为其提供大量竞选经费，有的甚至同时对双方下注。在这期间，五花八门的民意测验、光怪陆离的竞选广告、耸人听闻的内幕消息、难解难分的电视辩论，令人应接不暇，眼花缭乱，这实在是众多资产阶级代表人物经过淘汰后进行的最后一轮决赛，双方使出了全身的解数。由于两党垄断了各种舆论手段，占据了竞选的舞台，其他的总统候选人就无法插足其间，顶多是跑跑龙套而已。

正式选举选举人的这一天称为"选举日"，以州为单位组织投票选举选举人。① 各州选举人候选名单由两大政党分别提出，选举人将投哪个党的总统候选人的票事先就是明白的，所以，选民在选举选举人时实际上是对总统候选人投票，有的州在选票上干脆就只写上总统候选人的名字。选举选举人采用相对多数制和胜者得全票的原则，即如果一党获得一州内最多数选票，这个州的选举人就全部归这个党所得。因此，选举日一过，两党总统候选人分别拥有多少选举人，谁将成为下届总统，实际上已见分晓。

选举人产生后，并不立即选举总统，而要等到12月第二个星期三后的第一个星期一，在各州首府集合组成选举团，正式投票选举总统和副总统，选举人每人一票，挂号邮寄给参议院议长。然后，于次年1月6日下午1时，参

---

① 选举日日期由国会通过的法律规定为每次选举年11月第一个星期一之后的星期二，1980年的选举日是11月4日，1984年的选举日将是11月6日。

众两院全体议员在众议院集会,在参议院议长主持下开票唱票,获得过半数选举人票者当选为总统和副总统。当选者在 1 月 20 日中午宣誓就职。显然,选举团投票和国会开票完全是一种形式,实际上,两党之间的激烈竞争早已休止,两党共同承认了选举的结果,这时不过是两党携手合作,由两党的选举人和议员一起履行法定的手续而已。

在选举日确定了下届总统后,两党就开始酝酿和组织政府的活动。根据美国宪法,行政权属于总统,宪法并未具体规定联邦政府的组成,而把任命合众国高级官员的权力授予总统。由于总统不是由国会选举产生的,总统也不对国会负责,因此,联邦政府的内阁会议不是从国会中产生,不是由在国会中占多数席位的政党组织,而是由总统个人任命的各部部长组成;虽然任命在形式上要征得参议院同意,但他们并不对国会负责,不会因得不到国会多数议员的支持而辞职,而是向总统负责,接受总统的领导。而且,总统所属的政党并不一定是国会中的多数党,他在任命政府官员时也不必受政党关系的约束。一方面,总统可以优先保证最大的垄断资本集团的利益,把政府中最关键的职位分配给它们的代理人,并尽量满足在竞选中支持过他的垄断组织,酬谢为其立下功劳的人。另一方面,总统在挑选政府部长时,可以不是单纯从本党角度考虑,而可以同时从两党中选择最合适的人。事实上,每一届总统总是要与各垄断资本集团、与两党内的实力人物和头面人物,进行一系列紧张的磋商和讨价还价,逐个落实内阁的人选。一般来说,当选总统都要主动与另一党的领导人商讨组阁问题,并且还会邀请另一党的某些人物担任政府高级职务。两党领导人也总认真地对待这种商讨,支持和协助总统组织起一个忠实于资产阶级的、得力的政府班子。当然,当选总统一般总是更多地指派本党的人任职,但据统计,在政府要职中,约有8%是两党交叉的。[①] 例如,著名的共和党政客约翰·杜勒斯,1944 年、1948 年曾两度担任共和党总统候选人托马斯·杜威的外交政策顾问,但在杜威失败后,他却多次被民主党杜鲁门政府派任出席重要国际会议的代表,1950 年又担任了国务院高级顾问,后来,共和党艾森豪威尔政府上台后,他

---

① 托马斯·戴伊:《谁掌管美国——卡特年代(第二版)》,梅士、王殿宸译,世界知识出版社1980 年版,第 95 页。

又当上了国务卿。又如，著名的民主党人丹尼尔·莫伊尼汉不仅在肯尼迪、约翰逊政府中任过职，而且担任过尼克松总统的国内事务特别助理，后又先后任驻印度和联合国大使。尼克松第一届政府中期，还邀请过民主党重要人物康纳利入阁，担任财政部部长。这类例子在美国政治生活中并不少见，这说明：在竞选总统时，两党俨如仇敌，虚张声势；组织政府时，两党串通一气，界限近乎泯灭。艾森豪威尔在任命一位民主党人为部长时就是这样想的："他是一个民主党人，曾在竞选中积极支持我的对手；但如果他能符合我已确定的标准，这点并不使我介意。"[1]这充分说明了两党的一致。杜鲁门曾坦白地把美国两党制称为"两党合作制"。这一语道破了两党关系的实质。[2]

第三节　两党包办国会选举，共同操纵国会

美国国会实行两院制，由参议院和众议院组成。资产阶级国家的议会是资产阶级的代议机构，是在资产阶级革命中产生的。当时，议会是适应资本主义发展、新兴资产阶级要求法律上的平等而产生的，具有反对封建特权和等级制度的进步意义，是资产阶级民主的主要标志，后来成为资产阶级统治的主要手段之一。在封建主义时代，某些国家也实行过等级代议君主制，但是资产阶级议会与封建时期的代议机构不同，它不是供君主咨询的机构，而是国家的立法机关。美国宪法规定，立法权属于国会。同时，资产阶级议会的成员不是由君主指定，而是大部分由"公民选举"产生。在美国，除参议院议长由副总统担任外，国会的参议员和众议员全部由选举产生，没有任命、世袭和当然担任的议员。[3]　因此，美国资产阶级为了顺利地运用国家权力，实现本阶级的统治，必然通过两大资产阶级政党包办国会选举，操纵

---

① 德怀特·D.艾森豪威尔：《艾森豪威尔回忆录——白宫岁月（上）　受命变革（1953—1956年）》，复旦大学资本主义国家经济研究所译，生活·读书·新知三联书店1978年版，第109页。

② 哈里·杜鲁门：《杜鲁门回忆录　第二卷　考验和希望的年代　1046—1953》，李石译，生活·读书·新知三联书店1974年版，第513页。

③ 副总统作为参议院议长，在一般情况下无表决权，仅在参议员赞成票和反对票相等时有最后表决权。由于辞职、死亡或其他原因造成参议员缺额时，由派出该参议员的州补缺选举，在补缺选举之前，州议会可以授权州长任命一位临时参议员。

国会。

　　美国国会每届任期两年，1983—1984 年国会是第九十八届国会。不过，国会两院的议员任期不同。众议员每届任期两年，期满时全部改选；参议员任期六年，每两年改选三分之一。根据美国宪法，国会议员由各州选举产生，当选者应为该选出州的居民，但这里"居民"一词并无确切的含义，可以根据两党候选人的需要任意解释。例如，民主党人罗伯特·肯尼迪在纽约州竞选参议员，当时他就不是该州的法定居民，然而，他声称选举时他住在这个州，结果当选为参议员。①

　　美国宪法规定，年龄未满 25 岁、为美利坚合众国公民未满七年者，不能当选为众议员；年龄未满 35 岁、为合众国公民未满九年者，不能当选为参议员。但是，除了上述最一般的条件外，各州法律实际上为国会议员候选人规定了许多附加的苛刻条件。和总统候选人一样，国会议员候选人也必须在上次选举中获得一定数量或比例的选票，必须有相当数量的选民签名，同时，还要缴纳一笔竞选的申请费，等等。因此，在两党之外，其他人要想成为国会议员候选人是极为困难的。那些企图竞选国会议员的人，无非都是两党的活动分子，而且，他们要想竞选成功，都必须与两党党魁、两党的头面人物甚至总统勾搭，只有取得他们的支持，才能争取到两党的提名，进入国会议员候选人的名单。因此，每次国会选举，选民实际上是根据两大政党提出的候选人名单投票，仍然不过是"两害取其轻"而已。

　　为了给国会选举加上一点"民主"的气氛，两党之间照例要开动各种宣传机器，进行一番渲染的竞选，两党议员候选人互相攻击，竞相宣传自己的立法纲领。我们在本章第一节已经讲到，议员候选人在各州和地方上竞选时，其竞选纲领是独立于党的全国纲领的，为了争取当地选民，可以随意许下诺言，声称自己进入国会后将代表本地区的选民的利益，赞成和反对有关的立法。实际上，那些当选的议员在竞选时的声明是一回事，在国会里投票又是另一回事，他依据的主要仍是垄断资本的旨意和地方上权势人物的需要。

---

　　① 哈罗德·F. 戈斯内尔、理查德·G. 斯莫尔卡：《美国政党和选举》，复旦大学国际政治系译，上海译文出版社 1980 年版，第 124 页。

　　除了由两大党控制国会选举的候选人提名外,美国还有许多仅仅对两党有利的选举规则。首先,美国的众议员选举实行单一代表制和相对多数制,即在每一个众议员选区只选举一名众议员,候选人只需获得最多数选票就可以当选。这样,如果有新的政党或者独立候选人参加竞选,两大政党中任何一方的候选人只要得到最多数的选票,而不是一定要得到半数以上的选票就可以当选。由于两党长期操纵选举,控制了国家政治生活,新的政党候选人要想在一个选区里超过两大政党候选人是极其困难的,即使他们有时在个别选区里取胜,也只能占有个别议席,而不可能同时在一系列选区取胜。美国学者也承认,这种选举制度是"支持两党制的特殊的政治制度",它"势必使小党无法在国家立法机关中站稳脚跟"①。

　　其次,在选区划分时,两大政党控制的选举机构总是把选区划分得对两党有利,竭力排斥其他候选人。这就是所谓在划分选区时"僭取选举政治中的有利地位",其通常的手段有使不同选区的居民人数不相等和把某一区域不公正地划为选区。② 根据美国宪法,国会参议员每州 2 名,全国共 100 名参议员;众议员名额按各州人口的比例分配。1929 年,美国国会通过法案,众议员的总数固定为 435 名,不得随人口增加而增加,由国会根据政府人口调查部门提供的各州人口变动情况,每十年调整一次各州派出众议员的名额,但每州至少应有一名众议员。这样,如果根据普遍平等的原则,实行单一代表制的各众议员选区的人口就应该基本相等。然而,两党控制的选举机构总是破坏这一原则,不同众议员选区的人口常常相差数倍,例如,1962 年中期选举时③,得克萨斯州的一个选区人口有近 100 万人,而同一个州里另一个选区人口却不到 25 万人④。

　　除此之外,美国各州的法律对选民的资格有许多的限制。在美国历史上,各州制订的限制公民行使选举权的法律五花八门,多如牛毛,诸如财产

---

　　① 哈罗德·F. 戈斯内尔、理查德·G. 斯莫尔卡:《美国政党和选举》,复旦大学国际政治系译,上海译文出版社 1980 年版,第 19—20 页。

　　② Frank J. Sorauf, *Party Politics in America*, 4th edition, Little, Brown and Company, 1980, p.237.

　　③ 美国每逢偶数年份的 11 月选举国会议员和各州州长,这样在选举总统时同时也要选举国会议员。此外,在两次总统选举年之间还有一次国会选举,称为"中期选举"。

　　④ James Q. Wilson, *American Government: Institutions and Policies*, D.C. Heath, p.267.

状况、居住期限、文化程度、纳税数额、种族肤色等方面的规定,往往把劳动人民排斥在选举之外。例如,1960 年国会选举中,因在某一州或选区居住不满期限、不能用英文阅读和书写、缴纳不起选举税等原因被剥夺选举权的就多达 2 000 万人。由于美国人民群众不断进行争取民主权利的斗争,统治阶级被迫不时做一些政治改革,扩大选举权的范围,尤其是 20 世纪 60 年代以来,通过了一系列有关选举权利的法案,取消了在赋税、文字测验、种族等方面对选举权的限制。① 但是,在许多州仍然存在一些其他不合理的选举资格规定。例如,在联邦选举中的居住期限虽然一般已经降低,但大多数州仍规定必须在一州居住满一个月方能取得选民资格。而且,在某些地方选举中,甚至还保留着财产资格,例如,联邦最高法院 1973 年在一个案件的判决中竟裁定,加利福尼亚州可以限定只有土地所有者才有权选举地方官员,甚至可以按照土地所有者拥有财产的多少计算他的票数②。而在南部各州,黑人群众参加投票仍然遇到种种阻挠。同时,两党控制的选举机构还可以采用某些立法以外的巧妙手段,使选举结果对自己有利,例如,缩短选民登记的时间、减少办理登记的机构、规定非常费时和令人厌烦的手续、故意把投票地点设在标记不明的场所或者远离劳动群众居住区的地方、在劳动者及其家属下班前就提前让投票站关门,等等③。

除了上述合法的手段外,两党控制的选举机构还常常不顾资产阶级自己制订的法律,进行种种舞弊和欺骗,以达到垄断选举的目的,例如伪造选票申请书和选民登记册、搞"鬼投票"等。所谓"鬼投票",是常见的一种方法,由于美国大多数州的选民登记实行固定登记,选民一旦列入名单,终身不再登记,只在死亡或迁移时才从名单上除名,这就使登记机关可以对已经死亡或迁出的人不予除名,而让人冒名顶替去投票,这就是"鬼票"。此外,有些选民不得不把选票签上名字后送给他人,这或是为了取得贿赂,或是害怕遭受经济上的报复以及其他打击。1972 年选举时,美国就发生了大批舞弊的案件。④

---

① 这些法案主要有:1964 年生效的美国宪法第二十四条修正案、1965 年的《选举权法》及其 1970 年修正案、1971 生效的美国宪法第二十六条修正案。

② 哈罗德·F. 戈斯内尔、理查德·G. 斯莫尔卡:《美国政党和选举》,复旦大学国际政治系译,上海译文出版社 1980 年版,第 111 页。

③ 同上书,第 144—145 页。

④ 同上书,第 143、146 页。

应该着重指出的是,随着一系列选举权利法案的生效和实行①,所剩下的对选举权的法律限制毕竟不多了,现在的普通公民一般都有权参加投票,人民群众确实争得了较多的民主权利。在这种情况下,两党的选举机构有时不是阻止选民登记和投票,而是相反,积极鼓动选民登记,竭力动员和拉拢选民去参加投票。这种现象,并不能说明两党是在努力实现人民的民主权利,而不过是在两党相互竞争中,竞相为自己拉票,力图击败对方而已。事实上,两大资产阶级政党究竟是阻挠还是鼓动选民投票,完全是根据它们的政治需要决定的。当它们认为使更多的选民登记和投票可以使自己得到好处时,就会派人四处游说,兜售自己的候选人,进行拉票活动,所以,鼓动选民投票不过是一种资产阶级的民主活动,其目的是为资产阶级的代表们拉票。如果它们发现更多选民参加投票只会增加更多反对票时,它们就采取完全相反的做法,故意为登记和投票设置重重障碍。② 这就说明,在资产阶级的选举制度和两党制度下,在较大程度上实现了普选权,这虽然应被视为是历史的一种进步,但它并不能根本改变由资产阶级及其政党控制国家政治的局面,而不过是给资产阶级两党政治加涂了 层"民主"的油彩。正如恩格斯所指出的:"在现今的国家里,普选制不能而且永远不会提供更多的东西。"③劳动群众得以参加投票,顶多也就是在资产阶级两大政党的竞争中,在资产阶级内部不同集团的争斗中充当一个筹码罢了。事实说明,在实现普选权以后,由两大资产阶级政党垄断国会议席的情况依然如故。在两党的垄断下,国会中又总是由企业主、银行家、农场主、律师界人士占支配地位。例如 1969 年的众议院,在 435 名议员中,就有 90 人左右与银行界有联系,37 人是银行董事或董事长,有 56 人在任议员时仍作为律师挂牌营业,有 61 人在天然气、石油、无线电和电台等事业中拥有股份,其中有的还是大股东,此外,还有投资于电讯、铁路、航空和保险事业的。④ 十年以后,在 1978 年的众议院中,企业主和金融家就有 82 人,农场主 14 人,律师 213 人,

---

① 参见本书第 114 页注①。

② 哈罗德·F. 戈斯内尔、理查德·G. 斯莫尔卡:《美国政党和选举》,复旦大学国际政治系译,上海译文出版社 1980 年版,第 145 页。

③ 《马克思恩格斯选集》(第四卷),人民出版社 1972 年版,第 169 页。

④ 转引自复旦大学资本主义国家经济研究所编:《美国垄断财团》,上海人民出版社 1977 年版,第 54 页。

而工人工匠出身的众议员仅仅 6 人。① 由此可见,20 世纪 60 年代以来,美国国会议员的社会成分没有什么变化。

在国会选举中,两大资产阶级政党包办一切,而在国会活动中,两党则是协调合作,共同操纵国家的立法工作。

在两党几乎占有国会全部议席的情况下,国会中的所谓多数党和少数党总是由两大党轮流交替分别充当的,两党以外的其他政党或无党派人士,虽然偶尔占有零星的、个别的议席,但根本不能构成国会立法工作中的一支力量,实际上不成其为议会党团,完全是无足轻重的局外人。

如前所述,美国实行总统制,不是由国会中的多数党领袖担任行政首脑,政府的组成与国会中的多数党没有必然的联系,国会中多数党与少数党之间的关系也就不形成所谓执政党与反对党的关系,两党同时都可以有人参加政府。这样,两党的国会党团就能够更紧密地合作,通过立法活动集中表达垄断资产阶级的意志,为政府的行动制造法律依据。

为了有效地操纵立法活动,两党在国会两院中都建立了自己的组织。美国宪法并没有明确规定政党组织在国会中的地位和作用,但实际上他们操纵着国会的立法工作和各项人事任命。

两党在国会中都设有党团会议,即各自召集本党议员秘密开会,推选两院中党的领袖,讨论本党对重要议案的态度和策略。国会两院的两党领袖是最重要的人物,实际上是根据垄断资产阶级的意图,由两党内各方面的实力人物和垄断资本集团在幕后商定,形式上再经两党议员推选产生,通常是两党中具有丰富立法工作经验的、能对其他议员施加巨大影响和压力的资历较深的议员,他们起着左右立法活动方向的作用。除了两院的两党领袖外,两党还设有副领袖、督导和副督导等,其中督导的任务就是协助党的领袖控制议员的思想和行动。此外,两党还建立了两院的政策委员会(或称指导委员会,负责决定要优先通过和注意的议案,协助党的领袖安排事务)以及竞选委员会等机构。在国会系统,众议院设议长一名,形式上由全院大会推选,实际上是多数党党团会议推选;参议院设临时议长一名,其职责是在议长即副总统缺席时主持会议,一般也是由多数党议员中产生。此外,国会

---

① 《美国新闻与世界报道》,1978 年 1 月 30 日,第 32 页。

两院还设有若干常设委员会,各常设委员会主席一般由老资格的多数党议员担任。① 美国学者指出,在国会以及州的立法机关中,"政党组织了多数党和少数党的势力,立法机关领袖和委员会主席们是政党寡头"②。正是上述两党头目加上少数所谓"高级议员"构成了国会中的领导集团,共同监督和控制议员们的投票行动,往往以支持议员竞选连任、提供活动经费为条件,要求议员们根据垄断资产阶级的意图进行投票。尽管美国政党的组织比较松散、纪律比较松懈,议员们可以不按党的纲领投票,然而,他们这样做的时候仍然要"冒受到惩罚的风险",受到"非正式的压力"③。所以,有的美国学者称国会中两党的领导集团为"国会权势集团","它基本上决定了国会将要做的事情"④。

由于国会中两党之间并不构成执政党与反对党的关系,所以,在各项立法活动中,非总统所属的党的议会党团统一行动,攻击总统及其内阁,故意阻挠通过总统提出的法案,对政府的施政行动故意掣肘等现象极其少见。相反,两党在国会中的活动,主要是以党外联合、两党协调和超党派的形式进行的,两院议长、两院两党领袖以及一些著名的参、众议员就经常应总统的要求,举行联席会议,共同商讨,谋求两党一致行动,解决国内外重大事务的立法问题。美国国会通过的绝大多数法案,都是在两党之间毫无争执的情况下通过的。只有极少数法案,由于垄断资产阶级内部的矛盾和冲突或者出于转移人们视线的需要,经过一番激烈的争论后才通过的。由此可见,美国两大政党在竞选国会议席时,尽可以闹得不可开交,好似对头,然而国会一旦组成,他们就在其中携手合作,共同维护资产阶级的利益。

---

① 美国国会两院的常设委员会数目不等,重要的委员会有参议院外交委员会、众议院拨款委员会、众议院程序委员会、两院的军事、司法等委员会,其任务是草拟和审议向两院提出的一切有关议案。各委员会委员实际上是按两党议席比例分配后由两党权势人物指派。

② Frank J. Sorauf, *Party Politics in America*, 4th edition, Little, Brown and Company, 1980, p.329.

③ 同上书,第334—335页。

④ 托马斯·戴伊:《谁掌管美国——卡特年代(第二版)》,梅士、王殿宸译,世界知识出版社1980年版,第103页。

第四节　所谓"独立于党派之外"的法院

美国宪法规定,司法权属于法院。在形式上,美国实行司法独立的原则,即法院、法官独立行使司法审判权,不受行政机关和立法机关的干预,而只服从宪法和法律。应该承认,司法独立原则是资产阶级革命时期的一个创造,它是作为封建专制君主集行政、立法和司法大权于一身的对立物出现的,对于反对封建王权的专制与暴政、确保资本主义生产关系中的人身与私有财产的安全,无疑起过重要的进步作用。但是,资产阶级在取得统治权以后,就把法院变成了执行资产阶级的意志、保护和巩固资本主义经济关系、维护资产阶级利益、统治和压迫劳动人民的惩罚机关。这时,资产阶级仍然标榜和鼓吹"司法独立",除了有利于调整资产阶级内部的利益外,就只有掩盖法院的阶级本质、欺骗劳动人民的意义。

依据司法独立原则,美国宪法及其他有关法律规定了相应的法官制度,其内容主要有:法官不可更换和免职、法官不可兼任他职、法官享受高薪待遇等。资产阶级宣称,实行了这些制度,就可以实现法院不受任何机关的势力左右,摆脱党派和集团的影响,保证法院公正无私,不偏不倚,因此有所谓法院超越党派、超越阶级之说。

法院和法官真的是超越党派吗? 其实不然。

从美国法官的产生来看,有两种方式,一种是由行政长官任命产生,联邦法院法官全部是经国会同意由总统任命的,少数州法院的法官是由州长任命的①。表面上看,任命法官不是由两大政党提出候选人名单,但是,既然总统和国会都是由两党轮流控制的,毫无疑问,法官的任命必然是有党派背景的。总统在任命法官时,除了要求法官受过严格的资产阶级法学教育、经过长期的法律工作的考验外,总是考虑到任命对象与总统所属的政党利益

---

① 美国法院有联邦法院和州法院两大系统,后者对前者无从属关系,仅在司法管辖范围上有分工。美国宪法规定,联邦性质的问题即所有涉及合众国宪法、联邦法律、国际关系、海事关系、州际商务、州际争执和以联邦政府为一方的诉讼,均属联邦法院的管辖范围。凡属未经宪法指明归联邦法院管辖的案件,联邦法院不予受理,均归州法院管辖。

的关系。因为联邦法院法官是"终身任职,他们如何任命,他们带到这个机构中的态度,显然是重要的",所以,"总统几乎总是将他自己政党的成员提名为联邦法官"①。据统计,从克利夫兰到卡特共 17 位总统中,就有 13 位总统任命其本党成员为联邦法官,占他们所任命的联邦法官总数的 90％以上,而其余四位总统也在 80％以上②。1902 年,老罗斯福总统在任命霍姆斯为最高法院法官前曾写信给亨利·洛奇参议员说,"在我觉得任命他是正确的之前","我想要知道霍姆斯法官是否完全同情我们的观点"③。这就充分说明,一位总统在任命法官时必然带着强烈的党派意识,把最符合资产阶级需要的人扶上法官职位。事实上,美国的法官一般都曾经作为挂牌律师从事过活动,显示了他们为资产阶级服务的才干;同时,美国律师传统上都是卷入政治活动的,因此,当上法官的人通常都有过积极的政党活动经历,有的甚至在两党的政府中任过要职。例如,20 世纪二三十年代以保守著称的最高法院法官范·德万特,是由塔夫脱总统任命的,他本人早年做过铁路公司的律师,曾担任过怀俄明州的共和党主席;同时期的乔治·萨瑟兰法官曾任过犹他州共和党参议员,是由哈定总统任命为最高法院法官的;而当时的首席法官查尔斯·休斯早年做过纽约州的州长,1910 年被塔夫脱总统任命为最高法院法官,1916 年因充当共和党总统候选人而离开最高法院,后又出任过哈定政府的国务卿,1930 年由胡佛总统任命为最高法院首席法官;更有甚者,1921 年,哈定总统还把前任总统塔夫脱任命为最高法院首席法官,主持最高法院长达十年之久。④ 这些事例说明,由任命而产生的法官虽然在形式上不是由两党提出候选人,但实际上是受两大资产阶级政党左右的。应该指出的是,一位总统任命的法官即使不是本党的人,也会是两党中另一党的人,而不会让法官这样重要的职务落到其他人之手。这样,联邦的司法权终究是由两大党共同垄断的。

　　产生法官的另一种方式是:大多数州的州法院法官经选举产生并定期

---

① 　James Q. Wilson, *American Government: Institutions and Policies*, D.C. Heath, p.385.

② 　同上。

③ 　Frank J. Sorauf, *Party Politics in America*, 4th edition, Little, Brown and Company, 1980, p.366.

④ 　G. Edward White, *The American Judicial Tradition: Profiles of Leading American Judges*, Oxford University Press, 1976, pp.181-184, 190, 206.

改选,这种选举就更只能操纵在两党的党魁和领导人手里。在有些州,竞选州法官的人并不以党派候选人身份出现,谓之"非党派选举"。尽管如此,美国学者仍然注意到,在"党派选举"的州里,"法官是作为一个政党的成员或候选人选出的",而在"非党派选举"的州里,"不管选举过程和政治如何,法官仍然可以带着一个政党所主张的社会准则来到这个机构(指司法机关——引者)"①。由此可见,法官无论由任命产生还是由选举产生,都不可能摆脱两大资产阶级政党的操纵和控制。

从法官的任期来看,依照美国宪法,联邦法院的法官一旦被任命,只要忠于职守,就可以终身任职。这样,法官不因总统的更换而更换,总统也不能随意任命新的法官,因而,法官就似乎脱离了党派的争斗。在名义上,总统确实不能随心所欲地根据政党需要任命法官,实际上他却总是能通过各种手段来达到自己的目的。首先,任何一位总统在其任期内总有联邦法官死亡、退休、辞职的机会可以利用,借此任命自己看中的人。其次,如果某一法官的政见违背了两党政治的要求,总统可以对其施加压力让他及早地退休或体面地辞职,甚至通过两党操纵的国会对其进行弹劾,然后任命一位新的法官。据统计,每届总统在一届任期的四年里,平均可以任命三名最高法院法官和50—100名联邦法官。② 何况每一位新总统就任时,联邦法院的现任法官都是以前历届总统任命后继续任职的,而并非其他什么人任命的,因此,即使一位总统在其任期内不曾任命一位法官,法院仍然是在两大政党的控制下。一位总统之所以总是力图任命一些他本党的成员和他亲自看中的人占据法官之职,不过是为了更加得心应手地与司法部门协调一致,维护和加强资产阶级的统治罢了。

此外,美国法官大都享受很高的薪金待遇,最高法院首席法官与副总统相同,年薪达6.25万美元,其他法官年薪也达6万美元,联邦上诉法院和地区法院法官为4万—4.25万美元,各州州法院法官则从1.4万—4万美元。

① Frank J. Sorauf, *Party Politics in America*, 4th edition, Little, Brown and Company, 1980, p.367.
② 美国联邦法院系统包括最高法院、上诉法院即巡回法院和地区法院。最高法院自1869年以来由1名首席法官和8名法官共9人组成;全国设11个上诉法院,各管辖一个巡回区,共97名法官;全国共有地区法院93所,约有法官400名。此外,还有联邦税务法院等若干联邦特别法院。

同时,联邦法院法官在年满 70 岁、任职满 10 年或年满 65 岁、任职满 15 年时,可以领全薪退休。资产阶级声称,这样就可以使法官生活安定富裕,避免贿赂、营私、舞弊等现象,保证审判公正无私。显然,把司法中发生的腐败现象归根于法官个人生活富裕与否是荒唐的。资产阶级国家的法官,并不是代表个人而是代表资产阶级执行其意志的。任何一个法官的司法活动,都不是以个人的利益需要为转移,而是要受资产阶级的利益和需要支配的。实际上,资产阶级国家的法官,都不能不受到资产阶级政党、资产阶级内部各个集团的控制和干预,不能不为资产阶级一个阶级、一个集团和一党一派而谋私利。在这里,法官是资本的奴仆,给法官付以高薪,本身就是用金钱对法官进行收买,不过这是由整个资产阶级通过国家进行的;资产阶级为了巩固自己的统治,自然不会吝惜这点代价。至于某个资本家或资本家集团对法官进行贿赂(这种贿赂有时也是通过某个政党或派别组织进行的),不过是资产阶级内部分赃的一种表现而已。在各州州法院系统,一般有州最高法院、县法院和地方法庭。地方法庭是最低一级的司法机关,其法官大都选举产生,不领薪金,全靠诉讼费的收入,因此,营私舞弊,贪赃枉法之风公开盛行。

在两大资产阶级政党共同控制法院的前提下,各党各派之间也进行着激烈的争夺,尤其是争夺对最高法院的控制权,这主要是因为最高法院拥有司法审查权[1],在美国政治舞台上常常具有举足轻重的地位。这样,在最高法院的法官任命问题上,各个垄断资本集团、两大党及两党内各派之间一向进行尖锐的争斗。罗斯福总统与最高法院的冲突就是最突出的例证。为了摆脱经济危机,罗斯福在上台后实行"新政",由国会通过了一系列改革法案,结果引起了垄断资产阶级内部的尖锐矛盾,一部分人不满和反对"新政",最高法院判决"新政"的几个主要法案违宪。当时,最高法院没有空额可供罗斯福任命符合自己主张的新法官,为了继续推行"新政",罗斯福于1937 年连任总统后,向国会提出了改组最高法院、将其人数增加到 15 名的法案,在美国政治中掀起轩然大波。由于共和党议员和民主党南方派议员的坚决反对和阻挠,罗斯福的提案遭到否决。但最高法院终究作了让步,相

---

[1] 司法审查即判决国会法律和政府法令是否符合宪法,是一种宪法监督权。美国宪法上并未规定法院拥有此项权力,而是从 1803 年最高法院判决"马伯里诉麦迪逊案"开始确立的。该项权力由联邦法院(主要是最高法院)行使。

继承认了"新政"的几个新的立法,随后,由于几位法官退休,罗斯福在1937—1945 年共任命 7 名法官并提升 1 名为首席法官。在美国历史上,这类事件是屡见不鲜的,这说明,在资产阶级内部,法院也不是超越派别争斗的。前参议院共和党领袖埃弗雷特·德克森在谈到林肯、杜鲁门、肯尼迪等几位总统任命自己的朋友为法官时坦然地说:"你决不会偏偏去找来一个敌人,把他安插在最高法院里。"德克森说这番话时,约翰逊总统就正在为把自己的人塞进最高法院而紧张地争斗。①

无数事实说明,在两大资产阶级政党控制下,美国的法院完全是垄断资产阶级统治的又一得力工具,其中,最高法院尤其完全被垄断资产阶级的代表所直接掌握。据美国学者统计,1789—1962 年,最高法院法官 90%以上都出身于社会地位显赫、有政治影响的上等阶级家庭。② 正因为如此,在美国历史上,最高法院一向被公认为资产阶级保守派的堡垒,充当竭力维护垄断组织的利益和严厉镇压工人和群众运动、阻挠任何改革的角色。例如,1894 年,迫于国内人民群众的强烈抗议和舆论压力,国会通过所得税法,对资本家的高额利润稍加限制,但不到一年,这项法律就因最高法院的判决而被废弃。而对那些敌视劳动人民、反对民主运动的法律,最高法院则总是极力加以维护,如 1947 年国会通过的《塔夫脱-哈特莱法》,是一项极端反劳工、反民主的法律,遭到国内的广泛谴责,然而最高法院在 1950 年 5 月判决"产联美国交通协会诉杜茨"一案时,裁决《塔夫脱-哈特莱法》为"符合宪法"。在推行种族歧视、压迫黑人方面,最高法院也起过恶劣的作用。根据南北战争后通过的美国宪法第十四条修正案,任何公民均应享受"法律上的平等保护",但是,在 1896 年"普莱塞诉弗拉森"一案裁决中,最高法院公然宣称:"如果一个种族在社会上低于另一个种族,美国宪法就不可能把他们放在平等的地位上",同时提出所谓"隔离但平等"的荒谬原则,为对黑人推行残酷的种族隔离制造了法律根据③。直到 20 世纪 50 年代以后,由于黑人群众反对

---

① 威廉·曼切斯特:《光荣与梦想——1932—1972 年美国实录》(第四册),朱协译,商务印书馆1980 年版,第 1598 页。

② 托马斯·戴伊:《谁掌管美国——卡特年代(第二版)》,梅士、王殿宸译,世界知识出版社1980 年版,第 110 页。

③ 美国实行判例法制度,经最高法院判决的案例具有法律效力,对以后的判决和下级法院的活动均有约束力。

种族歧视、争取平等权利的斗争的发展,美国统治阶级被迫改变统治手段,最高法院才承认"种族隔离违反宪法"的原则。人们知道,美国最高法院大厦的正面大理石墙上写着"依法审理,公正平等"几个大字。然而历史却雄辩地证明,在存在阶级差别和由之产生的阶级偏见的条件下,要实现"依法审理,公正平等",那完全是不可能的。资产阶级国家的法官是由资产阶级挑选的,就不能不依照资产阶级的偏见来进行判决,判决的结果一般总是有利于资产阶级。那些迫于人民群众斗争的压力而作出的某些判决,虽然也可能承认这些斗争的某种成果,但从根本上来说,它体现的还是资产阶级的长远的和根本的利益。

　　资产阶级鼓吹"宪法至上""法律至上",法官的活动不受党派的影响和干预。但是,资产阶级不可能真正做到这一点。如前所述,资产阶级各政党对法院活动的影响是采用多种形式进行的,而更重要的是,资产阶级政党、垄断资本对法院的控制,首先就表现在宪法和法律本身。宪法是资产阶级国家的根本法,美利坚合众国宪法最初是由当时的资产阶级与奴隶制种植园主阶级的代表们共同制订的,后来历次通过的宪法修正案,则是由资产阶级国家的立法机关即两党控制的国会制订通过的,其他各项具体法律也是如此。由于立法权掌握在资产阶级手里,所以,所谓"宪法至上""法律至上"和"依法审判",依的正是资产阶级的法,执行的正是资产阶级的意志,法律本身就是根据资产阶级在不同时期的需要制订、修改或废止的。马克思深刻地指出:"如果认为在立法者偏私的情况下可以有公正的法官,那简直是愚蠢而不切实际的幻想! 既然法律是自私自利的,那么大公无私的判决还能有什么意义呢? 法官只能丝毫不苟地表达法律的自私自利,只能够无条件地执行它。在这种情形下,公正是判决的形式,但不是它的内容。内容早被法律所规定。"[①]从这个意义上说,资产阶级标榜"宪法至上""法律至上",倒也似一句真话,因为在他们看来,资产阶级的宪法以及普通法律作为资产阶级制度下人们行为规则的总和,理所当然地应该具有至高无上的强制执行的权威。不过,资产阶级为了统治的需要,把解释和适用法律的权力授予了法院和法官,又使他们享有随意地解释法律的某种权力,以便在不同的场

———————————

① 《马克思恩格斯全集》(第一卷),人民出版社 1956 年版,第 178 页。

合,根据阶级斗争不同形势的需要,对宪法和法律作不同的解释和运用。法律至高无上的权威性也好,解释法律的主观随意性也好,都是统治阶级所需要的,它们各有各的用处。

第五节　两党制下总统、国会和法院的一致

在资产阶级的政治思想中,有一条重要的原则即"三权分立",它是在资产阶级革命初期提出来的。法国的资产阶级启蒙学者孟德斯鸠,首先把国家权力分成立法权、行政权和司法权,并主张由三个不同的机关分别掌握这三种权力,让它们互相制约。他认为,这样就能防止专横与暴政,保障公民的个人安全和政治自由。当时,"三权分立"原则的提出,反映了资产阶级运用已经取得的部分立法权去限制尚掌握在封建贵族手中的行政机关和审判机关的权力,反对封建王权的专横的要求,具有革命的积极意义。但是,从根本上说,作为统治阶级的统治权,国家权力是一个统一的整体,是不可分割的。在资产阶级全面取得政权以后,一切国家权力就都集中在资产阶级手里,一切国家机关都是资产阶级的统治机器。这时,资产阶级虽然仍然设立了立法、行政和司法三大权力机关,让它们各自掌握一个方面的国家权力,鼎足而立,但在实质上它们却合作一致,共同实现着加强和巩固资产阶级统治的任务,相互保证任何一个机关都不会偏离和破坏资产阶级统治;同时也便于调整资产阶级内部的矛盾,掩盖资产阶级统治的实质。正如恩格斯指出,"这种分权只不过是为了简化和监督国家机构而实行的日常事务上的分工罢了"[①]。

美国也是一个最早确立并实行"三权分立"的典型资产阶级国家,美国宪法规定,联邦的立法权、行政权和司法权分别属于国会、总统和联邦法院。三者之间的关系有如下几个特点。第一,总统不对国会负责,国会没有要求政府辞职的权力;国会也不对总统负责,总统无权解散国会。可是,总统有权批准或否决国会通过的法案,国会则可以推翻总统的否决,拥有批准总统

---

① 《马克思恩格斯全集》(第五卷),人民出版社1958年版,第224—225页。

任命的高级官员、批准总统与外国缔结的条约的权力,并且在一定条件下可以弹劾总统。第二,联邦法院法官由总统经国会同意后任命,而法官一经任命如无失职行为就终身任职,总统和国会均无权将其免职或撤职。最高法院有权判决国会通过的法律和政府的行政命令为违反宪法;但国会可以以宪法修正案的形式肯定被法院宣判无效的法律内容,并有权弹劾法官,控制对联邦法院的拨款;总统则可以通过政府司法部掌握司法行政权,并且可以提出变更最高法院组成人数的法案请国会通过。此外,法院的裁决还必须由行政机关执行。所以,从形式上看,美国的总统、国会和法院三者之间确实各自拥有不同的权力,并且互相牵制。然而,由于总统、国会和法院这三大机关都被两大资产阶级政党控制和操纵,这就使它们联结成一体,从根本上保证了垄断资产阶级掌握全部国家权力,使总统、国会和法院在服从于垄断资本利益上是一致的。除了总统和国会议员都由两大政党提名并操纵选举产生、联邦法官都有政党背景外,在政府、国会和法院的机关里,从上自国务卿和各部部长、国会议长和常设委员会主席,下至各政府部门的下级官员、国会的秘书、法院的书记官等,无不来自两党,或者由两大党的头目充任,或者经两党推荐委派。所以,形式上"三权分立",实际上是由两大政党把政府的三个分支联结在一起由垄断资本操纵。美国学者也不讳言,对于联邦和州分权,行政、立法、司法三权分立所造成的众多分支,两大政党是一种"使之一体化的向心力量,它们由于给所有分支带来类似的传统、利益、信条和问题,有助于把政府的互不联系的分支集合起来"①。

从三大国家机关的实际活动来看,由于两大党的勾通,它们一向能够合作一致。三个机关的首要人物之间经常磋商、协调,以便统一行动,尤其是总统与国会之间的会商更为频繁。总统和国会的两党领袖及两党重要议员经常举行会议,就政府的重大立法问题和政府行动交换意见,作出决定,使国会能和总统配合行动。正如有的学者所说,"由国会、行政机构以及私营工商界的杰出人物组成的联盟决定着在他们有关范围内的大部分政府政策"②。

---

① Frank J. Sorauf, *Party Politics in America*, 4th edition, Little, Brown and Company, 1980, p.14.

② 托马斯・戴伊:《谁掌管美国——卡特年代(第二版)》,梅士、王殿宸译,世界知识出版社1980年版,第103—104页。

当然,总统、国会和法院三者之间毕竟是有分工的,在实现垄断资产阶级的统治权力时,它们各自发挥着不同的作用。美国总统作为国家元首兼政府首脑,是国家最高权力的象征和对外关系中的最高代表,以总统为首的政府是资产阶级统治权力的执行机关,拥有政治、经济、军事、外交等方面的广泛权力,并掌握着军队、警察、监狱等暴力机关,是资产阶级统治权力中最重要的环节,也是国家的实权机关。国会作为立法机关,集中表达资产阶级的意志,并且将它提升和概括为法律,使之具有普遍的和强制的权威和约束力。同时,国会作为资产阶级的代议机构,集合了各个垄断资本集团以及其他有产者的代表,为他们提供了就各自的利益讨价还价和协议的场所,以便调整他们之间的冲突和矛盾。因此,仅仅说国会是资产阶级专政的装饰品是不够的,除了制造"民主"的表象、造成劳动人民的幻想外,对资产阶级内部来说,议会民主仍是实在的、不可少的。法院作为司法机关,则通过判决和其他活动,具体体现资产阶级的意志,实现资产阶级法律的权威,强迫人们服从法律并宣布相应的强制措施。同时,法院运用司法审查权,在一定情况下对政府和国会进行监督,保证它们的活动不会违背和破坏资产阶级的根本利益,并在总统和国会解决某些矛盾遇到障碍时进行调节。

由于资产阶级内部存在着众多具有不同经济利益的集团及代表他们的政治派别,这些派别往往在三大国家机关中占着不同的地位,因此,他们之间的矛盾反映到国家政治生活中来,总统、国会和法院之间会不时发生一些分歧和摩擦。资产阶级的理论家们往往抓住这些摩擦的现象,加以夸大和渲染,把三者的关系说成是对立的,掩盖国家政权的实质,他们声称:"议会自己的本能和内在的倾向,就是在所有环境中反对总统","政府和国会之间的矛盾是传统性的,而且根据美国传统,这种矛盾是有利于民主发展的"。① 这种说法显然是荒谬的,国会和总统、法院都是资产阶级的工具,如果他们总是互相反对,就会使国家机器瘫痪,资产阶级的统治就不能实现,这是资产阶级不能允许的。事实也并非如此。总统、国会、法院之间即使发

---

① 哈罗德·拉斯基:《美国总统制》,何子恒译,上海人民出版社 1959 年版,第 90 页;《英国政治季刊》1957 年第 1 期。

生一些分歧,也仅仅属于统治阶级内部的矛盾,属于统治策略和方法上的分歧。例如,罗斯福实行"新政"时,曾遭到国会中不少议员的反对,一系列"新政"立法又被最高法院判决违宪,而罗斯福要求改组最高法院又遭到国会的抵制而未能成功。表面看来,当时美国经历了一场宪法危机,这一事例也经常为资产阶级学者所引证,借以说明三权之间如何地相互对立。其实仅是表面文章而已,这场争斗最后还是在维护资产阶级统治这个前提下由各方妥协解决的。罗斯福改组最高法院的计划虽未能实现,但就在国会激烈辩论改组法案时,首席法官休斯及时地指示另一名法官欧文·罗伯茨改变投票态度,从而使得几个新的"新政"立法被判决有效①。随后,经过垄断资本各集团的幕后策划,几名法官退休,使罗斯福得以任命新的法官,从而结束了这一场争斗。

资产阶级内部的矛盾有时也以两党之间、两党内不同派别之间的分歧和争吵表现出来,并与总统、国会、法院之间的矛盾交织在一起,尤其是当总统职位和国会分别由两大政党控制时,这些矛盾就显得更加错综复杂。某些资产阶级学者就又抓住这些现象,把两党说成是对立的,把总统与国会说成是互相对立的。例如,第二次世界大战后,曾数度出现共和党人担任总统、而国会中由民主党占有多数议席的情况,资产阶级学者就把这说成是"民主党控制的国会与一位共和党总统"形成一个"分裂的政府"。这种说法既无宪法根据也无事实根据。首先,这里讲的所谓"政府"不是仅仅指行政机关,而是指整个国家机器。既然国会和总统都掌握在两大资产阶级政党手里,那么国家机器都是被资产阶级一手垄断的,而不是分裂的。从本质上讲,任何一个阶级的国家机器也不可能是分裂的。其次,根据美国宪法,总统并不由国会选举产生,国会中的非总统所属的党并不成为总统的反对党,因此,无论这个党是少数党还是多数党,都不能要求政府辞职,不会造成宪法危机。第三,在几届共和党总统任内,民主党控制着的国会事实上都是积极与总统合作的。例如,艾森豪威尔任总统时,从 1955 至 1960 年国会均由民主党议员占多数,但在民主党的参议院领袖约翰逊和众议院领袖塞缪

---

① 　美国最高法院的判决,由法官投票表决,以简单多数通过,但必须有 6 名法官参加投票才能开庭审判。

尔·雷伯恩操纵下,国会与艾森豪威尔政府却合作得很好,这两位民主党领袖"都扮演了与艾森豪威尔政府合作一致的政治形象"①。当时的副总统尼克松后来回忆这种合作关系时,就把艾森豪威尔和约翰逊的关系比作"国王与首相的关系",并且认为这种做法值得推荐。而约翰逊在艾森豪威尔刚上台时则表示得更加明白,他说,"我从来就不赞成这个论调,说什么'反对党就是专提反对意见的'。我不相信,美国人民派我们到这里来(指国会——引者),只是为了要我们起阻挠作用"②。约翰逊说的这番话是有一定道理的。历史事实证明,在美国的国会制度下,非总统的党,无论是否控制着国会,总是会在许多重大问题上与现任总统合作的,资产阶级的共同利益要求它们这样做。

至于司法方面,法院历来积极支持总统和国会的活动,虽然法院拥有司法审查权,但它实际运用这项权力推翻国会和总统的决定的情况并不多见。据统计,从1830年美国最高法院取得司法审查权以来,它所判决的违宪的联邦法律在它审理的全部案件中所占的比例还不到1%③。而且,最高法院宣布某些法律无效,根据的仍然是资产阶级的利益,而不是别的什么东西。

在国内外阶级斗争的某种形势下,美国总统、国会和最高法院之间的分歧也可能显得十分尖锐,演出三权相互扯皮的闹剧,其原因或者是由于垄断资产阶级内部的矛盾需要费些周折加以调整,或者是出于掩盖资产阶级统治的本质,更加有利地统治劳动人民的需要。这种情况一般发生在阶级斗争比较激烈、统治阶级内部出现严重分歧的时候。除了前述罗斯福与最高法院的冲突外,这类例子也并非罕见。例如,第二次世界大战结束后,美国国内出现了工人运动高涨的形势,而在民主党杜鲁门政府任内,第八十届国会(1947—1948年)由共和党占了多数,1947年6月,这一届国会通过了反劳工、反民主的《塔夫脱-哈特莱法》。当时,杜鲁门为了缓和政府与工会组织

① Richard Bolling, *Power in the House; a History of the Leadership of the House of Representatives*, Capricorn Books, 1974, p.188.
② 小阿瑟·施莱辛格主编:《美国共和党史》,复旦大学国际政治系编译,上海人民出版社1977年版,第380页;小阿瑟·施莱辛格主编:《美国民主党史》,复旦大学国际政治系编译,上海人民出版社1977年版,第365页。
③ 《国际百科全书》(美),1978年版,第17卷第386页。

之间已经弄得很僵的关系,虽然明知国会中赞成这项法案的议员占了压倒多数,还是装模作样地否决了这项法案。可是,国会两院随即就推翻了杜鲁门的否决。① 到 1950 年 5 月,该法又经最高法院判决符合宪法。对此杜鲁门曾发了不少议论,在 1948 年竞选时他还一再许诺要修改和废除这项法律,把反劳工的罪责推到共和党身上。然而,正是杜鲁门本人,一次又一次地运用这项法律对付和镇压工人运动。以后的历届民主党政府在运用这项法律方面丝毫不比共和党逊色。这就充分说明,三权分立和两党争吵只不过是形式上的东西,它们的合作才是真实的本质。

应该指出的是,随着垄断资本主义的发展,垄断组织不断加强了它们在经济上的统治地位和对国家政治生活的控制。与经济上的垄断相适应的一个必然结果,就是国家权力的高度集中。经济上居于垄断地位的金融寡头在垄断国家机器时,必然要在政治上实行寡头统治。这种寡头统治表现在国家制度上,就是建立更加庞大的军事官僚机器,加强总统的权力,并日益削弱国会的权力。自 20 世纪以来,尤其是 20 世纪 30 年代大危机和第二次世界大战以来,国家权力集中的趋势不断加强。一小撮最大的金融寡头,为了有效地运用国家机器,强化垄断资本的统治,就在垄断国会中的重要职位的同时,不断扩张总统的权力,将国家权力日益集中到总统身上,使非垄断资本家及一般的垄断资本家听命于金融寡头。

美国总统权力的加强,并不是像某些资本主义国家那样主要通过修改宪法表现出来,而是主要通过历届总统扩张权力的行为逐步实现的。目前,美国总统的权力已经远远地超过了宪法所规定的范围,形成惯例,这主要表现在以下几方面。第一,利用宪法中某些规定的含糊和笼统,肆意扩大总统的权力,美国总统采取这种手段就攫取到罢免政府官员权、与外国签订行政协定权、对他国开战权等项重要权力。② 第二,通过建立总统办事机构,直接控制和领导国家政策的决定,并攫取了某些本来属于国会的权利,其中最突

① 美国宪法规定,总统否决国会通过的法案后,国会两院如以三分之二多数重新通过,该法案即自行生效。

② 美国宪法规定,总统与外国缔结条约需经参议院三分之二多数通过,但未规定签订行政协定的法律手续,总统就用签订行政协定来代替条约。宪法还规定宣战权属于国会,但总统利用他作为陆海空三军统率军队的军事指挥权,经常自行发布命令对外发动侵略战争。

出的就是编制预算权。第三,总统通过频繁地使用否决权,滥用立法创议权,夺走了国会的相当一部分立法权,同时,总统还可以发布与法律具有同等效力的行政命令。①

值得我们在这里强调的是,除了上述法律和行政手段外,美国总统往往通过两大政党的作用来扩大他的权力并巩固他的地位,尤其是在控制和干预立法方面,政党成为总统经常使用的工具。第一,总统作为他的党的实际领袖,控制着国会中党的领袖和各常设委员会主席的任命以及各委员会的组成,直接操纵党的组织和议会党团,借以控制国会的立法程序、表决过程和结果。在通过或否决一项法案时,总统总是在国会里两党领袖的支持和配合下,对两党议员进行种种劝说并施加影响,使他们服从总统的意图,进行有利于垄断资本的表决。而总统在运用否决权和立法创议权时,也要得到两党领袖和高级议员们的配合和默契。美国学者在谈到国会中政党领袖的作用时指出,国会领袖和党的权势人物经常广泛磋商,"如果他们属于总统的党,他们的行动和决定就受到总统的立法纲领和他在国会内的影响的限制",总统经常"充分地掌握着立法机关的党,使之为政府中的党讲话"②。第二,总统利用他的权力和对党的影响,直接干预国会议员的选举。历史上,美国总统亲自干预本党国会候选人的提名,借以阻止自己不中意的人,把自己所看中的人拉入国会,扩大自己的支持者的阵营,尤其是在中期选举中,这种情况更为常见。例如,1938 年中期选举时,罗斯福总统就亲自进行游说,支持几名他的追随者争取提名,并对党内的反对派进行清洗③。艾森豪威尔总统在回忆他的立法活动时则说得更明白:"我经常警告我的共和党同事们说,凡在重要的内政问题上,特别是在卡住不必要的政府开支的斗争中反对我的人,我决不为其竞选出力。"④由此可见,总统不仅可以干预国会

① 立法创议权即提出立法建议和法律草案的权力,美国总统主要通过宪法关于总统有责任向国会报告国情的规定,每年提出大批各种咨文,使之成为立法的内容和根据。

② Frank J. Sorauf, *Party Politics in America*, 4th edition, Little, Brown and Company, 1980, pp.331, 357.

③ 小阿瑟·施莱辛格主编:《美国民主党史》,复旦大学国际政治系编译,上海人民出版社1977 年版,第 296 页。

④ 德怀特·D. 艾森豪威尔:《艾森豪威尔回忆录——白宫岁月(下) 缔造和平(1956—1961 年)》,静海译,生活·读书·新知三联书店 1977 年版,第 726 页。

选举,而且可以运用这种干预的能力对国会施加影响,迫使他们按自己的意图投票。正如有的学者所说,在立法斗争中,总统"还运用他们的政党身份和影响未来选举的能力","由于沾了总统的光在过去得到好处的议员更倾向于支持总统的计划"①。第三,总统可以通过控制全国委员会及党的全国组织其他机构,操纵党的事务如议员候选人的提名、竞选经费的使用和分配、党的规则的修改、党的官员的任命等,从而影响国会选举和国会议员的态度。例如,罗斯福总统为了加强自己对党的控制,削弱党内反对派的力量,在1936年操纵党的代表大会取消了"三分之二规则",结果,这一年国会选举后,南方众议员在民主党议员中的比例大大下降,而当时南方议员一般是反对罗斯福的政策的②。总统还完全控制着党的全国委员会主席的任命,实际上是总统亲自选择后由全国委员会选举,并且总统可以根据自己的需要随时撤换全国委员会主席,任意改变和调整全国委员会的地位和工作内容。因此,全国委员会主席作为党的全国常设机关的负责人实际上是从属于总统的,他必须听命于总统,按总统的意图办事,"在总统的党内,他或她(指全国委员会主席——引者)必须投合总统的志趣,代表总统的思想态度,并且愿意主要忠于总统"③。此外,总统为了影响和干预司法活动,如前所述主要是通过任命联邦法官来达到目的,在这方面,总统也需要与两党领袖和垄断资本集团磋商和策划。由此可见,美国总统权力的扩张,最终表现为两大政党的党务与国家的行政、立法和司法联结为一体,总统通过两大资产阶级政党的操纵作用,扩大了自己的权力,干预着立法和司法机关的活动。所以,美国学者认为,可以不夸张地把美国政党说成是"以行政长官为中心的联盟","如果存在一个全国性的党,几乎唯一就是政府中的党,我们有一切理由正确地称之为总统的党"④。

---

① Frank J. Sorauf, *Party Politics in America*, 4th edition, Little, Brown and Company, 1980, p.359.
② 小阿瑟·施莱辛格主编:《美国民主党史》,复旦大学国际政治系编译,上海人民出版社1977年版,第292—293页。"三分之二规则"即总统候选人提名必须经党代表大会三分之二代表通过,这样,南部代表容易控制提名过程和对政纲讨价还价。
③ Frank J. Sorauf, *Party Politics in America*, 4th edition, Little, Brown and Company, 1980, pp.113.
④ 同上书,第300页。

第三章　两党制是实现资产
阶级统治的一种方法

第一节　美国两党都是资产阶级政党

美国两党制之所以是实现资产阶级统治的一种方法,首先是由于轮流执政的两大政党都是资产阶级政党。

许多资产阶级的政治家和政治学家,总是想方设法否认美国共和党和民主党都是代表资产阶级利益的。前总统、民主党人约翰逊就宣称:民主党一向是一个伟大的全国性的政党,它是由各界、各阶层、各宗教、各种族的人士组成的。曾两次充当共和党总统候选人的杜威也说过:美国两党中的每一个党实际上都代表有大致相同的利益组成的混合体。《美国政党和选举》的作者哈罗德·F.戈斯内尔、理查德·G.斯莫尔卡认为,"两大政党争夺决策机关的权力,选民则分别属于这两个党"①,"各大政党都是由许多不同成分组成","都力求制订旨在最大限度地满足大多数人民的需要而疏远最少数人的政策"②。上述种种说法的一个共同特点,就是把两大政党都说成是其党员利益的代表者,而两党党员就是广大选民。这样,两党就被说成是选民的党,从而抹杀了两党的阶级性质。这些说法还掩盖了下述事实:美国的广大普通选民(自然,他们确实分布在社会各阶级、阶层、各行业之中)都是在受到种种限制,没有别的选择,只能在垄断资产阶级操纵两大政党提出的公职候选人及其政策间来确定取舍。在这种政党制度下,广大普通选民常

---

① 哈罗德·F.戈斯内尔、理查德·G.斯莫尔卡:《美国政党和选举》,复旦大学国际政治系译,上海译文出版社1980年版,第17页。

② 同上书,第8—9页。

常只是个投票党员而已，实际上不过是两党领袖们竞选的工具和筹码。而且，在垄断资产阶级操纵的强大舆论影响下，一般选民也难以真正理解自己的根本目标和根本利益。

根据两党的党员是广大选民，就推论两党是社会各阶级、各阶层的代表，是选民的党，这种推论显然是错误的。因为政党是一定阶级的政治组织，是一个阶级部署和进行阶级斗争、实行阶级统治的重要工具。因此，我们分析一个政党，必须用阶级分析的方法，即根据这个党的领袖集团的组成、它的行动和政治路线的内容来判断这个党的阶级性质。

就两党的领袖集团而言，美国两大党的实际最高领袖由总统本人或落选的总统候选人担任，以他们为中心，两党的国会领袖和高级议员、政府重要部门的部长一起形成党的领袖集团①。从这些人的社会背景看，他们大致可以分为两大类型，一类本人就是大垄断资本家，一类是由最大的垄断资本集团经过长期考察和培养推举出来的政治人物。

美国历史上的总统或总统候选人以及两党的其他领袖人物，出身自名门望族、直接来自大垄断资本家者不乏其人。例如，著名的肯尼迪家族三兄弟，都是当代美国政治中的风云人物，在民主党的领袖集团中起着举足轻重的作用，他们的祖父帕特里克·肯尼迪就是美国波士顿的民主党头目，父亲约瑟夫·肯尼迪由于在证券和房地产投机中发了横财，在 20 世纪 20 年代成为美国 75 个大富翁之一，肯尼迪家族也就成为美国少数最富有的家族之一。约瑟夫·肯尼迪本人很早就与政治结下密切关系并与罗斯福总统交上了朋友，曾任罗斯福政府的驻英大使，他立下大志要将他的几个儿子都培养成总统，为此他倾注了大量财力和心血。约翰·肯尼迪是他的二子，曾就读于美国资产阶级培养政治领袖的最重要学府哈佛大学，1946 年成为众议员，1952 年又成为参议员，逐步在理论和实践上具备了作为一个资产阶级领袖的资格，因此于 1960 年在波士顿财团和洛克菲勒财团等支持下登上了总统宝座。约翰的两个弟弟罗伯特和爱德华也先后做了参议员，并积极争取过民主党的总统候选人的提名。出身于富豪家族的两党领袖人物还有许多，

---

① 两党的全国委员会并不是党的权力和决策机构，而是仅仅在总统或总统候选人的指使下主持党的事务性活动，如筹集资金、组织竞选，召开全国代表大会等，一般不掌握党的主要权力。不过，在个别情况下全国委员会主席可能具有较大影响。

如富兰克林·罗斯福、亨利·洛奇及其孙子小亨利·洛奇、安德鲁·梅隆、威廉·哈里曼、乔治·汉弗莱、赫伯特·莱曼、纳尔逊·洛克菲勒等。[①] 正如美国学者指出："一些高级有名望的政治家继承了家庭的大量财富"，一些富有家族"都利用他们的财富和家庭关系来支持他们的政治事业"[②]。还有一些两党领袖虽然不是出身自豪门世家，但本人已经发迹成为大垄断资本家，例如20世纪初的共和党参议院领袖奥尔德里奇，原出身低下，发迹后成为罗得岛州的金融家，后又与洛克菲勒家族联姻，充当该家族在政界的主要代表之一。再如，1964年的共和党总统候选人、参议员戈德华特，也是亚利桑那州的一位新富翁。

另外一类两党领袖人物，本人并非豪门子弟或大富翁，但是经过长期从事政治、军事、外交活动，与垄断资本结下深厚的关系，得到他们的支持，成为他们的代言人。例如，前总统艾森豪威尔就是垄断资产阶级看中后培养成为总统的。艾森豪威尔出身贫苦，1911年入美国西点军校后成为一名普通军官，20世纪30年代初曾任陆军参谋长麦克阿瑟的助手，胡佛政府武装镇压进军华盛顿的失业退伍军人时，他直接参与了这一事件的指挥工作；第二次世界大战中艾森豪威尔迅速提升，担任了欧洲盟军最高司令，战争结束后任美国驻德国占领军司令。在长期的军事生涯中，艾森豪威尔为美国垄断资产阶级建立了功勋，获得了很高的声望。早在1948年选举时，两党就企图利用艾森豪威尔的名声，争取他做本党总统候选人。由于缺乏在政界活动的经验，艾森豪威尔本人对出马竞选犹豫观望。于是，摩根财团的头目之

---

① 富兰克林·罗斯福，民主党人，出身于纽约州一个老的富豪家族，曾就读于哈佛大学，1932—1945年任美国总统。亨利·洛奇，出身自波士顿财团的洛奇家族，曾任参议院共和党领袖和外交委员会主席，为第一次世界大战前后共和党头目之一。小亨利·洛奇曾任参议员，并为1960年共和党副总统候选人。安德鲁·梅隆属于梅隆家族，这个家族控制的梅隆财团现仍为美国的十大财团之一，安德鲁·梅隆曾任哈定、柯立芝、胡佛三届政府的财政部部长达12年之久，并在1928年争夺过共和党总统候选人的提名。哈里曼家族是纽约的一个大富豪，威廉·哈里曼原为共和党人，1928年后转入民主党，从事政治、外交活动长达40年，是民主党的实力人物。莱曼家族是纽约的犹太资本家，赫伯特·莱曼是民主党的著名政客，是罗斯福总统的主要支持者之一，先后任过纽约州州长和参议员。乔治·汉弗莱出自克利夫兰财团的汉弗莱家族，曾任艾森豪威尔政府的财政部部长，控制和操纵过俄亥俄州的共和党组织。纳尔逊·洛克菲勒是美国最大的垄断资本家之一洛克菲勒家族的"政治明星"，曾是共和党的权势人物和实际领袖，曾任纽约州州长和福特政府的副总统，并多次争夺过党的总统候选人提名。

② 托马斯·戴伊：《谁掌管美国——卡特年代（第二版）》，梅士、王殿宸译，世界知识出版社1980年版，第70页。

一托马斯·沃森就利用自己担任哥伦比亚大学董事长的职权,在 1948 年安排艾森豪威尔担任了该校校长,让他广泛参与教育、财政、公共政策等方面的活动。1952 年,小亨利·洛奇又代表一些垄断资本集团的愿望,亲自动员艾森豪威尔争取做共和党的总统候选人,并担任了艾森豪威尔竞选运动的总管,结果,艾森豪威尔终于在 1953 年上台。除了艾森豪威尔外,美国总统以及国会议员和政府高级官员中,本人并非大资本家,而靠在政界、军界活动,讨得垄断资本的支持和资助,成为政治上的红人,进入两党的领袖集团的一类人物是不少的。总之,两党领袖集团都是由垄断资产阶级的代表人物组成的,即使本人不是垄断资本家,也是被垄断资产阶级承认和接受的政客或军人。

就两党的政治路线而言,无论两党的领袖集团如何更替,两党的路线都是严格遵循着垄断资产阶级的利益的,两党在组织政府时所起用的人选,两党政府所执行的内外政策,都代表了垄断资产阶级的要求。从两党政府的组成来看,两党历次组阁都把政府中重要的职务交给了垄断资本家,尤其是国务院、国防部和财政部这几个最重要的部门,明显地都是由全国最有权势的垄断资本集团的人垄断的。我们统计了从 1953 年到 1980 年的美国历届政府,其中四届共和党政府和五届民主党政府,国务院、国防部和财政部这三大部的负责官员共有 23 人,按其原先从事的职业分,有 10 人做过大公司董事或高级合伙人,有 8 人做过大公司的董事长或总经理,有 5 人在华盛顿或纽约做过高级律师,有 3 人做过垄断资本的基金会主席,有 2 人做过垄断资本家的智囊机构高级研究人员。[①] 由此可见,这三个重要部门在大多数情况下都是由垄断资本家亲自掌握,少数人则是垄断资本所需要的专家。至于其他部门的官职,同样都被两大党分配给各垄断资本集团的资本家、大公司的高级职员或与它们有密切关系的律师、政客。据统计,杜鲁门在就任总统的头两年里,任命了 125 名重要政府官员,其中,有 49 位银行家和实业家,

---

①　统计数字有重复,因为有的人既做过大公司的董事或董事长,又做过高级律师、基金会主席等。参见 Philip H. Burch, Jr. *Elites in American History: The New Deal to the Carter Administration*, Holmes & Meier, 1980, pp.434-508;托马斯·戴伊:《谁掌管美国——卡特年代(第二版)》,梅士、王殿宸译,世界知识出版社 1980 年版,第 82—85 页;《当代国际人物词典》,上海辞书出版社 1980 年版,第 219、485、552、918、957、1261 页。

另外 31 位军人和 17 名律师则多半与大企业有联系。① 艾森豪威尔第一届政府中,共有 272 名高级官员,150 人是大企业主,其余 122 名则是与垄断资本有联系的人,其内阁阁员共在 86 家大公司中担任董事。② 这些政府高级官员中,不少人在任政府职务之前是某个大公司的董事、经理,而在结束政府工作后又回到大公司去任职;有些高级律师也是由律师到部长再到律师。因此,美国学者称他们为"进进出出者",即"在联邦政府和私人部门之间交替任职的人"③。例如,小托马斯·盖茨原为一家煤炭公司的董事和副经理,20 世纪 50 年代进入国防部任职,1959—1961 年任国防部部长,后出任摩根保证信托公司的董事长兼总经理,1976—1977 年又再次担任公职,被派任美国驻中国联络处主任。正如列宁曾经指出的:这些人"今天是部长,明天是银行家;今天是银行家,明天是部长"④。

美国两大政党都是资产阶级政党,还在于它们的对内对外政策在实质上同样都是为了巩固和扩大垄断资产阶级的统治,为了保证垄断组织获得最大限度的利润。我们从两党轮流执政的历史中已经看到了,自从美国两党制形成以来,通过这两大政党控制国会和组织政府,把资产阶级的主张变为行动,使之成为国家的政策,直接为垄断资产阶级的利益服务。

从意识形态上看,美国两大政党都信奉资本主义的基本原则,把私有财产制度、自由竞争原则、"三权分立"等资产阶级的经济政治思想奉为经典。正如美国学者所承认的,"美国两大党在根本的政治、经济和社会问题上意见一致","两党都强烈地保证执行宪法民主的原则和我们的自由企业的根本经济制度"⑤。同时,从垄断资产阶级的需要出发,两党都积极宣传并实践资产阶级的各种经济政治学说,如实用主义、凯恩斯主义、"人民资本主义"、"福利国家"、货币主义、供给学派等,凡此种种,虽然两党各有侧重,各种学

① 戴维·霍罗威茨:《美国冷战时期的外交政策:从雅尔塔到越南》,上海市"五·七"干校六连翻译组译编,上海人民出版社 1974 年版,第 30 页。
② 转引自复旦大学资本主义国家经济研究所编:《美国垄断财团》,上海人民出版社 1977 年版,第 51 页。
③ James Q. Wilson, *American Government: Institutions and Policies*, D.C. Heath, p.325.
④ 《列宁全集》(第二十四卷),人民出版社 1957 年版,第 97 页。
⑤ Albert B. Saye, John F. Allums, Merritt B. Pound, *Principles of American Government*, Prentice-Hall, p.143.

说又形形色色,互相标异,但都属于垄断资产阶级思想的范畴。为此,两党都与垄断资本集团的各种基金会结合起来,搜罗了一批包括经济学、政治学、历史学、国际关系学在内的各种不同领域的著名资产阶级学者,以便研究和运用垄断资产阶级所需要的治国理论,研究和制订符合垄断资本利益的政策,有的学者就直接充当了两党领袖、总统的高级顾问,并在两党政府中担任高级职务。

从具体政策上看,由于各届政府所处的国际国内经济政治形势不同,因而任何两届美国政府的政策也不可能完全相同,然而,这种政策上的不同只是反映了形势的变化和垄断资产阶级需要的变化,并不是指导思想的基本原则的变化。政策虽有一些变化,但原则依旧。对此,两党在实质上是一样的。有时,两党虽然展开一些争论,但双方的意见和主张并没有本质的区别,而只是策略和方法上的分歧,其根本目的都是为了保护和扩大美国垄断资产阶级在本国和世界的利益。例如,从 20 世纪 30 年代经济危机以来,两党虽然经常围绕财政问题互相争吵,但实际上两党都根据凯恩斯主义,实行通货膨胀和赤字财政政策,大量征收赋税和发行国债,以便保证垄断资本得到更多的利润。同时,为了扩张美国在世界上的利益,两党政府都实行扩充军备、国民经济军事化的政策。在对外政策上,两党尤其强调"两党一致"的外交政策,以保证垄断资本主义的利益。由于发动侵朝、侵越战争遭到失败,两党都曾互相指责对方,把战争的罪责推给对方。例如,1960 年约翰逊与戈德华特竞选,民主党攻击戈德华特是和平的威胁,民主党的政纲声称:"今天,世界比 1960 年更接近和平";它警告说:"一次鲁莽的行动,一次轻率的决定,一次任性的反应,城市就能在硝烟中成为废墟,农场就能夷为荒地。"[1]然而,使侵越战争逐步升级的正是约翰逊政府。到 1968 年,尼克松在与汉弗莱竞选时,指责民主党政府把美国拖入了侵略越南的战争;可是,尼克松上台后又把对越的侵略战争升级,他在整个印度支那使用了史无前例的军事暴力。第二次世界大战以来,美国的世界战略先后出现了杜鲁门主义、艾森豪威尔-杜勒斯主义、肯尼迪-约翰逊主义、尼克松主义,每一位总统

---

① 小阿瑟·施莱辛格主编:《美国民主党史》,复旦大学国际政治系编译,上海人民出版社 1977 年版,第 406 页。

都有一个主义,每一个主义都是对前一个主义的修改,而每一个主义又是继承前一个主义的,本质、目标没有不同,反映的都是各个时期垄断资产阶级的要求。

总之,美国的民主党和共和党没有哪一个不是由垄断资产阶级的政治领袖领导和控制的,没有哪一个不是根据垄断资产阶级的旨意制订和实行某种政策的。美国学者曾公开承认,美国两大政党的"政纲、政党演说人的讲话、竞选的文献、政党在各种立法机构提出的议案、政党中担任公职的人员拟定的文件,都反映了美国的传统"。两大党都声称"他们的党是坚持真正的美国传统的政党"①。不言而喻,所谓美国的传统,就是资本主义和帝国主义的原则。对于这一点,美国两党的领袖人物也是公开表示过的,共和党人、前总统尼克松曾经说过,如果两党原则分歧很大,以致从一政党执政转到另一政党执政,就意味着根本的转变,那就太危险了。

第二节　美国两党制下的利益集团

在美国,除了两大政党外,还有许多从事政治活动的社会组织,谓之"利益集团"。这些社会组织一般由在某个具体的社会、经济或政治问题上有相同利害和目标的人们组成,它们采取各种手段影响国会立法、政府决策和选举结果。这些社会组织又被称为"压力集团",这是因为它们为了促使或阻止通过有关的法律和实行有关的政策,常常对国会议员和政府官员施加某种压力,干预立法过程和行政部门的工作。不过,这些组织进行得最多的活动还是影响国会议员的投票表决,它们派出人员常驻华盛顿,设立办事机构,其代表出入议员宅邸和社交场所,在国会讨论和表决议案时他们就在议会走廊里窜来窜去,缠绕在议员周围进行游说,因此,这些代表得到了"院外活动家"称号,俗称"走廊议员",而利益集团又被称为"院外活动集团"。正是这些"走廊议员"们组成了美国政治中特有的"第三院",他们不仅有计划、

---

① 哈罗德·F. 戈斯内尔、理查德·G. 斯莫尔卡:《美国政党和选举》,复旦大学国际政治系译,上海译文出版社 1980 年版,第 5—6 页。

有目标地进行活动,介入立法,而且向国会登记,有法定的手续,构成美国政治制度的重要组成部分。

现在需要我们着重分析的是利益集团与美国两党和两党制的关系。

利益集团的活动具有很强的政治性质,它们在国家政治生活中的作用与政党颇相似,但又毕竟不同于政党。从组织上看,美国的两大政党作为全国性政党,是把代表全国不同经济区域资本家集团的政治派别统统联合起来,组成一个松懈的联盟。有的学者认为,"政党按地理区域组织起来,主要关心在各个地理区域取得胜利"[1]。一般的利益集团通常则不是按地区而是根据某一特定的社会背景(如经济地位、职业、行业、宗教、民族等)组织和集合起来的。从政治纲领上看,两大政党四年一次的政纲,中心目标就是夺取联邦选举的胜利,从这个意义上讲,两大政党也是一种全国性的利益集团,其利益所在就是在提名和竞选联邦政府的官职时进行妥协和合作,实现垄断和控制全国政权这一最高目标。利益集团虽然也干预选举活动,但它们更多的是致力于影响选举后组成的政府和国会,达到某一特定的社会、经济和政治目的。"如果一个人希望支持某个特定的目标并只是这个目标,他就不可能通过政党",而要通过利益集团。[2] 由此可见,两大政党集合的是资产阶级的整体力量,执行一个阶级的政治使命,利益集团集合的则是资产阶级内部的各个部分的力量,主要调节资产阶级不同集团之间的关系。利益集团的成员可以分布在两大政党之中,两党也常常以各利益集团的力量作为自己的基础。美国学者称利益集团是作为政党的一种"政治表达的替换形式"发展起来的,两者"彼此互相啮合,相辅相成"[3]。实质上,政党是阶级组织的最高形式,美国两党都是资产阶级的阶级组织,而利益集团则是在两党控制国家政治生活、垄断国家权力的情况下活动的资产阶级内部的集团组织,两者不能等同,后者不能代替前者。总之,利益集团是美国垄断资产阶级运用两大政党实现统治的辅助手段,利益集团制度是对两党制的一种

　　① Samuel P. Hays, *American Political History as Social Analysis*, University of Tennessee Press, 1980, p.254.

　　② 同上。

　　③ 同上书,第 255 页;斯提芬・K. 贝尼编:《美国政治与政府》,宾龙译,今日世界出版社1975 年版,第 146 页。

补充。

在美国的政治学著作中,多把利益集团制度看成是民主政治的表现,认为利益集团的活动实现了宪法第一条修正案中所谓"向政府请愿要求申冤之权",具有"符合宪法的合法基础",称利益集团"大大地增加了政治表达的机会"①。然而,这些学者同时也承认,利益集团的活动遭到广大公众的不满和批评,认为它们"在政治制度中构成不合理的影响,为了有利于比较有限的'私人利益'而对普遍的'公共利益'进行歪曲"②。正因为这样,美国统治阶级才不得不着手制订法律,对利益集团的院外活动加以管制。经过半个世纪的争吵,美国国会在1946年终于制订了一个院外活动法,要求从集团或个人得到报酬而从事影响国会立法的活动者,必须向国会登记,定期报告院外活动的费用。就是这个漏洞百出的法律,因最高法院在1954年的一次判决中对它所作的解释,使院外活动极易逃避这项法律。所以,这项法律在后来就等于虚设。尽管几十年来美国国会仍不断有人鼓吹制订一项新的院外活动法,但他们所提的方案"没有一个是认真地削弱院外活动的,它们只是强调以这种或那种方式公开院外活动"③。

早在19世纪初期,某些企业家的组织就作为利益集团出现并活跃在美国政治舞台上。本世纪以来尤其是战后以来,形形色色的利益集团越来越多,活动范围也越来越广,据统计,目前仅汇编登记的全国一级利益集团组织就大大超过了1万个,至于在州和地方的分支机构就更多了。

在所有利益集团中,最有权势的就是直接由金融寡头资本家组成的企业界圆桌会议。该组织成立于1972年,由全国约200家最大的公司的董事长和总经理们组成,其中包括全国三家最大的银行、七家最大的石油公司和三家最大的汽车公司及其他主要的钢铁、采矿、百货业和公用事业的垄断组织,其核心成员都是美国垄断资产阶级中的首要人物。企业界圆桌会议的

① 诺曼·杰·奥恩斯坦、雪利·埃尔德:《利益集团、院外活动和政策制订》,潘同文、陈永易、吴艾美译,世界知识出版社1981年版,第69页;Samuel P. Hays, *American Political History as Social Analysis*, University of Tennessee Press, 1980, p.255.
② Samuel P. Hays, *American Political History as Social Analysis*, University of Tennessee Press, 1980, p.254.
③ 诺曼·杰·奥恩斯坦、雪利·埃尔德:《利益集团、院外活动和政策制订》,潘同文、陈永易、吴艾美译,世界知识出版社1981年版,第132页。

成员们经常在一起开会讨论国内的经济政治形势,确定战略策略,并往往由董事长和总经理们亲自出马,向政府官员和国会议员施加压力,而后者对他们不敢避而不见。因此,美国报刊评论说,企业界圆桌会议是企业界在"华盛顿最强大的院外活动集团",它拥有一批"引人注目的""老练的""见过一切世面的"院外活动家[1]。企业界圆桌会议还在华盛顿设有办事处,它在院外活动登记表上声称,它的目的就是"设法加强经济和弄清楚企业在我们社会中的作用"[2]。事实上,美国政府和国会的一系列重大决策,都是在企业界圆桌会议的直接干预和策划下作出的。

除了企业界圆桌会议外,美国企业家的组织遍及各种部门、各个行业、各个地区,在全国范围内影响较大者有以下一些:美国银行家协会、美国石油协会、全国制造商协会、美国商会、全国独立企业联合会、全国小企业协会、全国农场主联盟等。全国制造商协会和美国商会曾经在美国政治中起过重要的作用,但它们后来逐渐成为主要代表非垄断的中小企业的组织,自从"新政"以后其影响已经逐步削弱,与企业界圆桌会议等大垄断资本的组织相比大为逊色。此外,还有些大企业、大公司常常单独地进行院外活动,这时它们就可以被看成一个独立的利益集团。

尽管企业家的利益集团形形色色,但它们进行政治活动的目的总是与某一个或某几个垄断资本集团的利益有关,如争取国会立法降低对某一部门、行业的税收标准,减少或取消对某一部门的生产的限制和规章,争取政府给某一部门更多的财政补贴和政府订货,提高这些订货的议定价格等,最终则总是让这些有关的垄断组织获得更多的利润。例如,1977年,美国的通用、福特、克莱斯勒三大汽车公司就和机车车辆制造商协会、全国汽车销售商协会等联合起来,进行院外活动,争取降低空气净化法案中的汽车排气污染标准。又如,一位资本家在1975年积极推动国会通过了一项税收改革法案修正案,结果,这位资本家应交的税款就减少了1 500万美元[3]。正如美

① 劳伦斯·肖普:《卡特总统与美国政坛内幕——八十年代的权利和政治》,冬梅译,时事出版社1980年版,第169页。
② 诺曼·杰·奥恩斯坦、雪利·埃尔德:《利益集团、院外活动和政策制订》,潘同文、陈永易、吴艾美译,世界知识出版社1981年版,第46页。
③ 同上书,第250页。

国学者所说,利益集团进行院外活动需要花钱,而人们"把他们的财力交给一个集团,是希望从自己的投资中得到经济上的回报"①。

为了实现本集团的经济利益,各企业家集团进行政治活动时总是不择手段的,最常见的就是用金钱对国会议员和政府官员进行贿赂,其交换条件自然是根据利益集团的要求,通过对议案投票,制订或改变有关政策。1976年,美国银行家集团就曾经向众议院主管银行和金融机构的小组委员会的17名委员中的15人以"捐款"的名义行贿,数额达9万多美元②。由于利益集团林立,贿赂不断,所以美国政治生活中经常发生政府要员和国会议员受贿的丑闻,据统计,每十年中就要发生好几起重大丑闻,洛克希德飞机公司通过其代理人向美国政府及外国政府官员行贿,就是20世纪70年代一起轰动一时的行贿案件,曾在美国及日本等国政坛上引起轩然大波。除此以外,请国会议员参加社交宴会、乘坐利益集团的飞机旅行、付给议员讲演费和酬金、赠送节日和生日礼物甚至使用"女院外活动人员"进行拉拢等,都是一些利益集团和大公司可能采用的手段,美国历史上的著名院外活动家萨姆·沃德就曾经宣称:"得到一个人的赞成票的办法是通过他的胃。"③

在影响选举结果方面,利益集团虽然不像政党那样直接提出候选人和竞选,但它们通常是两大政党竞选时依靠的重要力量,利益集团组织的政治行动委员会积极为两大政党制造舆论,为两党候选人提供选票,动员本集团成员投票,尤其是为两大党及其候选人提供大量的竞选经费。随着美国各种竞选活动中的宣传工作越来越复杂,竞选经费也越来越高,据估计,1956年美国的全部竞选费用为1亿5500万美元,到1976年已增加到5亿4000万美元④。在这种情况下,竞选人就越来越依赖于各种利益集团的捐款,因为"争夺重要公职的候选人,如果没有充实的财力,他(或她)是不能有

---

① 诺曼·杰·奥恩斯坦,雪利·埃尔德:《利益集团、院外活动和政策制订》,潘同文、陈永易、吴艾美译,世界知识出版社1981年版,第37页。
② 同上书,第82页。
③ 同上书,第113页。
④ Frank J. Sorauf, *Party Politics in America*, 4th edition, Little, Brown and Company, 1980, p.304.

信心地进行竞争的"①。而各个利益集团也理所当然地把提供竞选费用作为实现自己的目标的重要手段，以便日后容易与国会议员和政府打交道，促使捐款接受者采取有利于自己的态度和行动。美国学者也承认，企业界的巨额捐助者中相当多的人是有个人打算的，"有些企业界人士把给政党竞选运动捐款看作是便于他们接近政府，至少会给他们以公平待遇的一种保险措施"②。

　　为了有效地影响国会和政府的工作，利益集团还经常请来已经离职的两党议员、政府官员，让他充当院外活动人员，因为这些人熟悉政府和国会的内幕，在政府和国会中有广泛的人事联系。例如，尼克松政府的重要官员查尔斯·沃克曾经充当美国银行家协会的院外活动家，后来又充当了数家大公司的代表，他利用与卡特政府能源部长施莱辛格的关系，影响了1978年的能源法案。另一个重要企业家组织美国石油协会会长弗兰克·伊卡德，曾经是国会众议员，在离开国会后就投入了院外活动。③

　　值得注意的是，在企业界之外，还有许多有着各种不同社会背景的利益集团组织，如全国已届退休年龄公民理事会、僧侣和俗人协会、全国纳税人协会、美国消费者联合会等；以某种相同社会身份的人为成员的组织，如美国律师协会、美国医学协会、美国大学教授协会等职业性的组织；等等。这些名目繁多、五花八门的社会组织，同样具有"压力集团"和"院外活动集团"的某些功能，他们颇为热闹的政治活动，也确实给美国两党制下的政治生活增添了不少"民主"的色彩。但是，仔细分析一下这些集团的活动，就会发现它们并不是独立地对国会和政府施加"压力"和"影响"的，它们不可能脱离垄断资本集团的控制和操纵。第一，这些团体的政治活动终究没有脱出资产阶级议会制度和两党制的轨道，它们没有独立的最高政治目标，只不过是在两党和垄断资本利益集团商定的政策和立法方案中进行选择，表示一下自己的意愿或者要求作一些不大的调整而已。第二，就这些团体的性质和

　　① 哈罗德·F. 戈斯内尔、理查德·G. 斯莫尔卡：《美国政党和选举》，复旦大学国际政治系译，上海译文出版社1980年版，第256页。
　　② 同上书，第259页。
　　③ 诺曼·杰·奥恩斯坦、雪利·埃尔德：《利益集团、院外活动和政策制订》，潘同文、陈永易、吴艾美译，世界知识出版社1981年版，第48、251页。

分类来看,某些团体本来就是资产阶级的一部分,其成员就是资产阶级中的某一个特殊的成分,例如美国律师协会。第三,这些集团大多财力不足,不可能拥有企业界圆桌会议、美国银行家协会、美国石油协会一类组织所拥有的巨大金钱资本,因而往往在院外活动中要依仗后者。在 20 世纪六七十年代,美国出现不少所谓追求"公共利益"的利益集团,如环境保护组织、消费者组织、退休人员组织,这些组织在金钱上就严重依赖于垄断资本家所设立的各种基金会。据统计,一半活动经费要靠基金会捐助的就占了这类组织的三分之一,十分之一的这类组织甚至靠基金会提供活动经费的 90%。而各基金会为了控制政治生活,扩大自己的政治影响,也不惜慷慨解囊,为"公共利益"组织提供捐助。例如,1970—1974 年,福特基金会就为进行立法活动的政治组织提供了 1 000 万美元以上的捐款。① 第四,有些利益集团组织似乎是以某种社会信仰、宗教意识、道德观念、民族心理为号召建立起来的,然而,这些意识形态范畴的东西最终总要为经济利益服务的,必然要被垄断资本的经济集团所利用,只不过表现得更曲折而已。有的学者注意到,"当一个利益集团为了经济上的目的,或者为了要促进一个组织的自身利益,而直接(和单独地)采取行动时,它至少要有意识形态方面的理由,或者具有一种道义上的号召力"②。例如,全国步枪协会是一个反对控制步枪的组织,它声称信仰这样的主张,即主张美国公民有佩带武器而不受限制的权利,但该协会实际上受到枪支制造商的操纵。此外,有的团体本来就直接与某些大企业、大公司合谋行动,例如,在 20 世纪 70 年代关于生产 B−1 轰炸机的立法辩论中,一个退伍军人组织空军协会积极参加了支持生产这种轰炸机的院外活动,其口号是"为国防谈判争取时间""提供防止战争的机会"等,而这个组织就有一批重要的"工业方面的合伙人",这就是那些承包国防合同的主要公司,它们为空军协会提供大量活动经费。

美国的政治学者还把劳工和民权组织看成是利益集团,如劳联-产联等工会组织和全国有色人种协进会等黑人组织。诚然,这些组织也进行院外活动,企图争取通过有利于自己的立法,但它们的院外活动同样被限制在资

---

① James Q. Wilson, *American Government: Institutions and Policies*, D.C. Heath, p.215.

② 诺曼·杰·奥恩斯坦,雪利·埃尔德:《利益集团、院外活动和政策制订》,潘同文、陈永易、吴艾美译,世界知识出版社 1981 年版,第 39 页。

产阶级议会活动的范围内。而且,在涉及工人权利、黑人权利的斗争中,它们在国会中并没有自己的真正代表,在垄断资本强大的院外活动面前,工会组织的院外活动往往是失败的。在另外一些立法活动中,某些工会组织甚至成为垄断资本集团的利用对象,充当垄断资本实现自己立法目标的工具和筹码。例如,汽车制造商们一向把联合汽车工人工会视为眼中钉,然而在关于降低汽车排气污染标准的立法斗争中,三大汽车公司却把这个工会拉到自己一边,结成一个"异乎寻常的联盟"①。在 B-1 轰炸机的承包商罗克韦尔国际公司争取国会通过生产计划时,美国汽车、航空航天和农业机械工人国际联合会竟完全站在承包商一边,劳联-产联也发表声明完全支持。② 显然,这些工会组织以为,军火制造商们得到了军事订货,取得了丰厚的利润,军工厂的工人们就有了就业机会,也能跟着资本家分到一点利益。企图从垄断资本的盛宴中分得一点残羹,这实在是一种幼稚的、可悲的思想。自然,美国政府和国会有时也通过一些增加社会福利、提高最低工资限额的法律和政策,看起来这似乎是工会院外活动的结果,然而,正如我们在下面将要分析到的,这时工会不过充当了资产阶级自由派的附庸。

第三节　美国两党制中的跨党派别

如前所述,美国两大资产阶级政党的组织极其松散,纪律十分松懈。本来,没有严格的组织和纪律,是所有资产阶级政党的共同特点,不过,与欧洲各国政党相比,美国两党的这一特点尤其突出,两党都实行"权力分散制","全国性的党是各州的党松散的联盟","各州的党又是各个候选人组织的松散的联盟"③。造成这一情况的原因是多方面的。从政治制度上看,美国实行联邦制,联邦政权和各州政权之间存在某种分权关系,虽然各州政府的权

---

① 诺曼·杰·奥恩斯坦、雪利·埃尔德:《利益集团、院外活动和政策制订》,潘同文、陈永易、吴艾美译,世界知识出版社 1981 年版,第 185 页。

② 同上书,第 216 页。

③ 杰伊·西格勒、罗伯特·盖茨:《现代美国政府:问题与前景》,载小阿瑟·施莱辛格主编《美国民主党史》,复旦大学国际政治系编译,上海人民出版社 1977 年版,第 1、12 页。

力现在已经大大削弱,但各州政府的官员和州议员仍是由各州根据相互独立的选举制度选举产生的,而且,关于联邦政府官员和国会议员选举的规则也由各州的法律规定,选举事务由各州和地方政府主管。这样,两党在各州的组织就不尽相同,具有较大的独立性。

从历史上看,美国在其资本主义的发展过程中形成了若干不同的经济区域,从而在资产阶级内部形成了带有明显的地理界线的、经济利益各不相同的若干集团,这些集团之间的争斗反映到政治上,就是在两大政党内部形成了派别林立的局面。由于美国总统选举中实行选举人制度和各州胜者得全票的原则,因此,资产阶级内各集团为了争夺对联邦政府的控制就纵横捭阖,结成竞选联盟,便于夺得尽可能多的州的选举人票。这样,在美国政党史上,同一个派别往往在两大党中都插上一手,两大党也注意兼收并蓄,容纳各派,因此,跨党派别的存在就成为美国两党制度的又一个重要特点。

早在两党制形成以前,美国的政党活动中就存在跨党派别的现象。正如马克思所指出的,南北战争前的民主党分为北部民主党和南部民主党,前者代表工业资本家的利益,后者代表奴隶主的利益。马克思有时称后者为蓄奴党。辉格党也是如此。南北战争前夕两党都分裂,南部辉格党人转向了民主党,而北部民主党人与北部辉格党人及其他反奴隶制的政党和派别组成了共和党,于是,就形成了新的共和党和民主党。

南北战争后,北部的资本主义工业加快了发展速度,南部的农业逐步资本主义化,西部新开拓土地上的农业资本主义更快地发展,这样,就形成了东北部的资本主义工业区域和西部、南部的资本主义农业区域,资产阶级内部形成了工业资本家和农业资本家两大集团。从南北战争结束到十九世纪末,主要由共和党掌握联邦政府,推行工业资本家所要求的保护关税和使用金币的紧缩政策,民主党则主要反映农业资本家和西部银矿主的利益,主张降低关税、扩大纸币发行和实行自由铸造廉价银币的膨胀政策。① 但与此同时,共和党和民主党内都有相反的派别,即共和党内的低关税派和银币派、民主党内的高关税派和金币派,如前面说到的克利夫兰总统,就是一位著名

---

① 在银块价值下降的条件下,金银法定比价不变,就必然发生银币排斥金币的现象,一如前述。这时,如果自由铸造银币,货币必将贬值,其结果同纸币贬值一样,是有利于债务人的。这就是所谓的膨胀政策。

的"金民主党人"。所以,恩格斯当时就指出:美国"两个大党中的任何一个党的内部,人们都因地区的不同而代表着完全不同的集团和利益,而且几乎有产阶级的每个阶层在两党内都有自己的代表"①。这里所说"因地区的不同"指的正是分别以工业和农业为主要经济部门的不同经济区域,高关税派和金币派主要在东部,低关税派和银币派主要在西部和南部。

应该指出,跨党派别的现象固然有其历史原因,但它对维护资产阶级统治是有利的。一方面,跨党派别有利于资产阶级挑选自己的政治代表人物,跨越两大党的界限,把最合意的人抬上总统宝座和送进国会,尤其是资产阶级中最有权势的集团,可以在两党无论怎样更替时,保持对国家权力的控制。如当时虽然民主人曾两次取代共和党人上台,但民主党政府实行的政策依然反映了东北部大工业家和大银行家的利益,这样,无论是共和党还是民主党掌握政权,政权都控制在东北部工业资本家集团的手里。另一方面,跨党派别更加混乱了阶级阵线,模糊了广大工人群众和劳动人民的阶级意识。由于两党的派别与一定经济区域相联系,这样一来,政治中的界限就似乎不是决定于阶级的利益,而是决定于所谓地区的利益。资产阶级的不同集团,往往把他们狭隘的集团利益夸大为某一区域里全体选民的利益,从而吸引广大普通选民跟着他们走。例如当时的高关税派就宣传说"高关税等于就业加高工资",把东部的工人群众拉到自己一边,而西部的广大小农和其他劳动者也曾盲目地接受过西部农业资本家关于低关税和银矿主关于自由铸造银币的主张。恩格斯在谈到跨党派别现象时就指出:"这种看来是偶然的杂乱的混合,恰恰为美国那大肆猖獗的营私舞弊和盘剥国家的行为准备了肥沃土壤。"②正因为如此,从那时以来,美国资产阶级就有意造成和维持跨党派别的局面。

南北战争后不久,美国就开始了向垄断资本主义过渡的过程,到19世纪末就发展为垄断组织的完全统治。那时,美国东北部以外的广大区域也在逐步工业化。美国工业发展大体上走过了如下的地理路线:从新英格兰开始至中部大西洋沿岸,到以五大湖为中心的中西部,然后越过洛基山脉,到

① 《马克思恩格斯全集》(第三十八卷),人民出版社1972年版,第245页。
② 同上。

沿太平洋的西部,再到临墨西哥湾的南部。这样,在垄断资产阶级内部就相继形成了东部财团,中西部财团,西部财团和南部财团。以这些财团之间的争斗为背景,不仅美国两大党内部存在着不同的派别,而且还存在着两大跨党派别。

第一次世界大战前及两次世界大战之间,围绕美国是否应积极介入欧洲事务的问题,美国统治阶级内部形成了所谓国际派和孤立派。这两派分别以东部老财团和中西部财团为背景。而国际派和孤立派同时在两党中都有自己的代表人物,虽然在两次世界大战中引导美国参战的都是当时的民主党政府,但他们都得到共和党内国际派的有力支持。如第一次世界大战时,老罗斯福就是共和党内国际派的著名代表,他一向认为应采取使美国在世界上占显要地位的政策,大战爆发后他甚至比威尔逊更积极地主张美国应及早地参加协约国作战。而来自中西部和西部的参议员拉福莱特、乔治·诺里斯、威廉·波拉、海勒姆·约翰逊等,则是共和党内的孤立派的代表人物,他们竭力反对备战计划,反对参战。在民主党内,孤立派则以布莱恩为代表,他虽任威尔逊的国务卿,但并不赞成威尔逊的外交方针,他反对扩军备战,后来终于因与威尔逊意见不合而辞去国务卿的职务。第一次世界大战结束后,在关于美国是否参加国联的争论中,因美国的利益未能从《凡尔赛和约》中得到满足,东部财团及其原国际派的一些重要人物都不赞成美国在和约上签字,不赞成美国参加国联。在这种情况下,孤立派的势力一度发展较快,并在共和党内拥有很大势力。但到第二次世界大战时,共和党内仍出现了不少国际派头面人物,支持民主党罗斯福介入直至参加战争,如1940年的共和党总统候选人威尔基、曾任国务卿的亨利·史汀生等,而在民主党内则有前副总统加纳这样的孤立主义者。

20世纪30年代,围绕"新政"的实施问题,在美国统治阶级内形成了两大派:赞成"新政"的自由派和反对"新政"的保守派。如前所述,资产阶级内的不同部分和集团从"新政"中得到利益和受到损害的程度不同,农业、食品加工业及其他轻工业部门,建筑材料和机械的生产部门以及零售百货业的垄断资本家得利于"新政"较多,而借贷资本家、军火生产资本家却得不到什么利益,技术水平比较落后、严重依赖廉价劳动力的中小企业尤其是南部的工业资本家则由于"新政"通过的最高工时、最低工资等法律而受到较大损害。这样,中西部、西部的农业、农产品加工业,承包政府公共工程的建筑和建筑材料、建筑机械业,新英格兰地区的轻纺、服装业的垄断资本家,控制零售商业的纽约犹太垄断资本集团等,一般就成为"新政"的支持者。军火工业在当时主要是由东部的某些垄断资本家经营的,加上东部的借贷资本比较集中,他们就坚决反对"新政",南部资本家也对"新政"极为不满。以垄断资产阶级内上述矛盾为背景,在民主党内形成了以罗斯福为代表的"新政"派(自由派),其支持者如参议员华格纳、副总统亨利·华莱士、纽约州州长利曼、资本家兼政客哈里曼等。共和党内,那些在外交上持孤立派立场的中西部和西部议员,往往成了"新政"的支持者,如参议员小拉福莱特、约翰逊、诺里斯等,但当时共和党的许多头面人物都反对"新政",成为保守派的主要力量,如前总统胡佛、1936 年总统候选人兰登等。与此同时,罗斯福"新政"在党内受到了保守派尤其是南方派的强烈抵制,其代表人物如前总统候选人史密斯、副总统加纳和来自南部的某些民主党国会议员。对当时跨党派别的情况,罗斯福本人就忧心忡忡地说过:"现在的情况是,每一个党都被持不同意见的人分裂了。"①

　　第二次世界大战期间和战后,美国的西部和南部以军火、航天工业和石油工业为中心迅速工业化,在此基础上发展起来的西部和南部垄断资本家逐步形成以经营军火生产和石油开采提炼为主的新财团。在侵略印度支那战争期间,由于得到大量国防订货,西部财团和南部财团的经济政治实力继续增强,并与东部老财团相抗衡。与此同时,中西部的某些财团如芝加哥财团也渗入石油和新的军火工业,因而与西部、南部财团走向联合;而中西部的克利夫兰财团仍以基本工业为主要阵地,因此与基本物质资料生产占较大比重的东部老财团相接近。在上述两大类型的财团内部,自然又都有分别以生产军火、石油和基本物质资料为主的垄断组织、大公司和大企业,于是,垄断资产阶级内部的矛盾和争斗就出现了互相渗透、错综复杂的情况。以上述矛盾为背景,美国两大党内就逐步形成了新的两大跨党派别:新自由派和新保守派,这种格局大约是在 20 世纪 60 年代末 70 年代初出现的,当时

---

① 小阿瑟·施莱辛格主编:《美国民主党史》,复旦大学国际政治系编译,上海人民出版社1977 年版,第 318 页。

正值美国侵略印度支那战争走向失败，国内阶级矛盾、社会矛盾严重激化，统治阶级急于重新评估和调整政策的时候。

十多年来，新保守派和新自由派一直都竭力在两大党中抓住控制权。一般来说，新保守派由原来的中西部和西部某些派别演变而来，在共和党内势力甚强。一般由原来的"新政"自由派发展而来的新自由派则在民主党内势力颇强；但新保守派在该党内也有一定的势力，尤其是由原来的南方保守派演变而来的新保守派，还组织了"民主党多数联盟"，以便协调行动。在共和党内，新自由派通常以"温和派"的面目出现，往往能对党的纲领施加相当的影响。为了扩大自己的影响，两大跨党派别在两党内外和国会都建立有自己的组织，积极影响国家政治方向，干预国会和政府的活动，直接参与对选举的控制。如美国人争取民主行动组织和美国人争取宪法行动组织，就是两个分别反映自由派和保守派观点的全国性组织，它们不仅进行竞选活动，而且有自己的院外活动人员并根据各自的标准给国会议员评分。[①] 在国会内，两党自由派议员的组织主要是"民主党研究小组"和共和党"星期三小组"；两党保守派议员的组织则主要是"民主党调查组织"和"共和党研究委员会"；它们都是作为国会中的非正式组织活动的，在必要的时候协调对某些议案的立场和态度。[②]

新保守派与新自由派的争斗，主要表现在以下几个问题上。

第一，在靠国家实行财政赤字、扩大政府开支刺激经济的基础上，自由派主张增加社会福利开支、限制国防费用，保守派则主张增加军费开支、压缩社会福利费用；在实行通货膨胀政策的前提下，自由派希望对通货膨胀程度适当限制，保守派则对通货膨胀程度无所顾忌，为了增加国防费用、减税和鼓励私人企业投资，甚至不惜冒巨额财政赤字和通货膨胀程度提高的风险。关于这个问题，前面有关章节已有分析，这里不再细述。

第二，在能源问题上，20世纪70年代以来，由于美国石油消费量的激增、石油输出国进行的斗争，同时，美国石油垄断组织长期以来从联邦政府

---

① 诺曼·杰·奥恩斯坦、雪利·埃尔德：《利益集团、院外活动和政策制订》，潘同文、陈永易、吴艾美译，世界知识出版社1981年版，第57—58页。

② James Q. Wilson, *American Government: Institutions and Policies*, D. C. Heath, pp. 275-277.

的政策中得到很多照顾,引起其他垄断资本集团的不满,因此,统治阶级内部围绕能源政策问题展开了激烈的争论。一般来说,保守派中多数人认为,为了解决能源问题,主要应靠开源即增加国内石油生产,要求取消对汽油价格的限制,降低石油公司的税收,鼓励石油投资和生产,达到减少对国外石油依赖的目的。自由派中多数人则主张积极采取措施,减少石油消费量,如限制汽车时速、对耗油多的汽车征税、鼓励发电厂改用煤或其他燃料、鼓励节能设备等,总之强调靠节流,以解决能源问题。在如何开源问题上,自由派又主张积极开辟新能源,减少对石油的依赖,如努力发展能源工程、研制合成燃料等,而保守派则对此不以为然,反对在这上面花太多的钱,而把钱主要用来对石油公司实行补贴和税收优惠。

第三,在外交政策问题上,两派的分歧实际上是国内政策分歧的继续。在美苏两国争霸的总格局下,美国外交政策是以对苏政策为轴心的。保守派主张对苏强硬,认为苏联在军事上已经赶上甚至超过了美国,削弱了美国的战略地位,因此要求增加国防开支,加速扩充军备。而自由派则主张对苏缓和,希望积极推动限制和削减军备的谈判。这就是美国所谓"鹰派"与"鸽派"的由来。

由于两大派别跨越两党界限,美国的两党争斗呈现出极为复杂的状况。在两党内,两大派一方面竭力争取总统候选人的提名,影响党的政纲和路线,而在总统候选人确定后,为了争取最后的胜利,一党内的两大派别又往往妥协结成联盟,同时对总统候选人施加尽可能大的影响,压他多接受各自的主张。在总统选出后,两派则又在分配政府官职时激烈争夺,对总统的施政施加影响。所以,当选的总统通常要在两大派之间逢迎,平衡和照顾两派的利益。但是,当两大派争斗激烈时,某一党内的两派公开分裂也是常有的事。例如,1968年选举时,民主党的乔治·华莱士因争取预选提名失败,就纠集一批人组织美国独立党参加竞选,这些人就是民主党内的保守派,他们的这一行动实际上就拆了该党总统候选人、自由派代表人物汉弗莱的台。有时,两党内的同一派别则暗中串通,甚至公开联合谋求自己这一派的人当选。例如,1960年,民主党总统候选人肯尼迪就得到了共和党内权势人物洛克菲勒的支持,后者向来以共和党"温和派"领袖著称,因保守派代表尼克松做了那年共和党的总统候选人,洛克菲勒就转而赞助肯尼迪竞选,后来肯尼迪终于做了总统。而 1972 年的"民主党人支持尼克松委员会",就是民主党的一批保守派搞起来的,为首者即康纳利等人。两大派别跨党联合行动的情况,在国会活动中表现得也很明显,美国前国务卿腊斯克说过,"我参加国会委员会和小组委员会的几百次会议,哪一次我也没有看到意见的分歧是按党的界线来划分的"①。为此,有的美国学者就指出,"政党在国会两院所扮演的角色不很重要","投票时两党对立界限分明的现象并不常有"②。

第四节 两党的所谓"平民政治家"

在美国两大党的领袖集团中即历届的总统、国会议员和内阁部长们,有不少人并非出身富有家族,倒是出自社会中下层的普通家庭,他们在进入政治领袖队伍之前甚至有过一段艰苦的经历,因此,资产阶级的宣传机器常常给予他们一个颇为吸引人的称号:"平民政治家"。应该看到,在美国的统治集团中,这一类"平民政治家"占有相当大的比例,而像肯尼迪那样出身富有家族的反而不太多。对此,资产阶级的政治学者常常津津乐道,大肆渲染,并以此来证明资产阶级两党制的民主性,为资产阶级两党制唱赞歌,认为"政党为公共领域吸收领导人起着非常重要的作用"③。

其实,社会中下层的某些人物进入统治阶层的权贵之列,并不是资产阶级政治生活中才有的现象,历史上一些能干的统治者都懂得要以一定的方式从被统治阶级中吸收一些人参加统治集团,借以巩固自己的统治,麻痹被统治者的意志。在资本主义条件下,资产阶级不仅继承了历史上统治阶级的上述经验,而且充分地、广泛地运用并发展了这一经验,这与资本主义经济关系,即商品生产的竞争制度和货币经济的信用制度是分不开的。在这种条件下,一个在竞争中崭露头角的人,可以利用别人的资本来进行经营。这样,一个出身并不富有甚至一贫如洗的人,经过个人奋斗和冒险,也可能

---

① 美新处 1976 年 5 月 21 日电。
② 斯提芬·K. 贝尼编:《美国政治与政府》,宾龙译,今日世界出版社 1975 年版,第 77 页。
③ Albert B. Saye, John F. Allums, Merritt B. Pound, *Principles of American Government*, Prentice-Hall, p.136.

上升为资本家。马克思在分析借贷资本和生息资本时曾经指出,即使一个没有财产的人,只要他能够把借到的钱当作资本去使用,就可以得到信用,并用借到的资本去占有剩余价值,这时,他已经是一个"可能的资本家"。"一个没有财产,但有能力、有信誉、有本事、有营业知识的人,也能由这个方法变为一个资本家,因此,总的说来,在资本主义生产方式中,每一个人的商业价值,都会得到相当正确的评价——虽然会在某些现有的资本家面前,不断把一系列不受欢迎的新的幸运冒险家召唤到战场上来,但也巩固了资本本身的统治权,扩大了它的基础,使它能够由社会下层,用不断更新的力量来补充自己。"[1]

经济的竞争反映到政治上,就是一个出身虽然低下、卑贱的人,也有可能通过冒险和奋斗,登上政治高位,跻身于统治集团之列。美国的政治制度和选举制度,也确实为虽无财产但有能力、有本事、能忠实地为资本主义制度效力、有钻营之术的杰出人物敞开进身仕途、取得高官的大门,两党制度以及形形色色的社会政治活动团体,则又为这些幸运的政治冒险家提供了大有作为、发展才干的广阔活动舞台。然而,允许所谓"平民政治家"成长、允许他们通过竞争当上国会议员、政府部长甚至总统,这对资产阶级并非不幸,相反是有利于资产阶级扩大自己的基础,补充自己的政治队伍,巩固并发展其政治统治的。正如马克思所说:"一个统治阶级越是能把被统治阶级中的优秀分子吸收进来,它的统治就会越是巩固,越是险恶。"[2]有的美国学者也公开承认,"为下等阶级的优秀分子提供进入上层的机会,就能有力地杜绝革命领袖的产生。一旦具有才能、雄心勃勃的人进入最上层职位,这种掌权人物的体制就会实际上得到加强","正是由于存在这种稀有的机会,才能鼓励有才华的人相信他们能够升到上层,使该制度在所有的社会阶级中得到更多的支持"[3]。

从"平民政治家"们的发迹道路来看,他们无不是在资本主义的残酷竞争中经过一番冒险,才成为统治集团的一员的。他们一般都受过系统的资

---

① 马克思:《资本论》(第三卷),郭大力、王亚南译,人民出版社 1966 年版,第 704 页。

② 同上。

③ 托马斯·戴伊:《谁掌管美国——卡特年代(第二版)》,梅士、王殿宸译,世界知识出版社 1980 年版,第 204 页。

产阶级教育,又经过实际的政治锻炼即政治竞争,因而形成了完整的资产阶级政治思想,也积累了在资产阶级国家中搞政治的丰富经验。所以,尽管他们出身卑微,无财无势,但他们凭着自己的才干和奋斗,在长期的政治生涯中早已领悟了资本主义的原则,学到了资产阶级的政客手腕,完全资产阶级化了。现在,就让我们来考察一下某些所谓平民政治家的经历:

哈里·杜鲁门,美国的第三十三位总统,"喜欢人家把他看作一个普通人,他有着一般平民的风度"①。那么他是怎样一个普通人呢? 1884 年,杜鲁门出生于美国密苏里州的一个小城镇,青年时期因家境贫寒,经济拮据,没有上大学,16 岁时他在民主党堪萨斯城代表大会上当过听差。后来,为了谋生,杜鲁门曾在铁路和银行混事,在乡下帮父亲料理农场。第一次世界大战时,杜鲁门应征入伍,不过混上个上尉。战后,杜鲁门在堪萨斯城开了个夫妻服装店,却因为生意不佳,债务压头,店铺倒闭。然而,就在这穷困潦倒的时候,杜鲁门决定转向政治碰碰运气,与堪萨斯城的民主党党魁彭德格斯特挂上了钩。从此,杜鲁门时来运转,开始了冒险家式的政治生涯。40 岁时,杜鲁门居然还上了两年堪萨斯市法学院,由于他对该市的民主党核心组织忠心耿耿,彭德格斯特帮助他竞选,当上了县法院的法官。1934 年,正是罗斯福"新政"初始的年头,50 岁的杜鲁门为谋求再次晋升,在彭德格斯特的支持下,他以"新政"支持者的面孔出现,竞选当上了国会参议员,从而挤进了政治生活的最高层。但是,在那些老资格的国会同僚眼里,这时的杜鲁门不过是个"土里土气的政治家"。显然,他们小看了这个人,因为杜鲁门并非等闲之辈,而是有本事、有能力的。在国会里,他由于支持"新政"的大部分立法纲领,得到了罗斯福政府要员们的信任。同时,他又开始在民主党内建立广泛的联系,培植自己的势力。1940 年,他正是凭着这种关系竞选连任,获得成功。这时,彭德格斯特由于犯罪行为败露而锒铛入狱,杜鲁门虽然一直与他过从甚密,却逃避揭发,佯装不知,并且与密苏里州的另一位党魁汉尼根拉上了关系。不久,美国参加了第二次世界大战,杜鲁门又活跃起来,发起对备战不力的情况进行调查,当上了参议院调查国防计划特别委员会

---

① 小阿瑟·施莱辛格主编:《美国民主党史》,复旦大学国际政治系编译,上海人民出版社1977 年版,第 323 页。

主席,成为国会中一位引人注目的人物。由于杜鲁门工作积极,颇得大垄断资本家们的赏识和重视,被认为是除了罗斯福以外"对美国的胜利贡献最多"的人。1944年,民主党全国委员会主席一职出缺,汉尼根被任命补职。这样,这一年总统选举时汉尼根为杜鲁门又一次出力,由于汉尼根的推荐和垄断资本家的活动,杜鲁门成为民主党的副总统候选人。其实,这是垄断资产阶级的有意安排,因为当时知情人心里都明白,罗斯福长年劳累,健康状况已经明显不佳。果然,杜鲁门跟着罗斯福竞选成功就职不久,罗斯福就因病去世,杜鲁门继任总统,一下子登上了统治阶级权力的顶峰。

看完杜鲁门的经历,人们能说杜鲁门这位"平民总统"是代表平民的吗?显然不能。事实上,在经过垄断资产阶级的长期培养和考察后,杜鲁门做了总统,为在国际国内实现垄断资产阶级所要求的经济和政治秩序不遗余力,完全是一个垄断资产阶级的政治代表。一位美国作者在评论那些出身底层却在企业界飞黄腾达的人物时指出,"向上爬的职业家只要继续干下去,就不得不接受那种势必是官僚主义的办事方法和一个庞大组织内大家共同信仰的东西。他必须乐于遵守既定的办事手续和行为准则。……总之,他必须适应环境"①。这些道理同样适用于政界飞黄腾达的人物。资产阶级国家的任何一位总统、国会议员和政府部长,不管他原来是出身富翁还是平民,都是在资产阶级的思想体系下受到熏陶,在资产阶级的政治经济体制中得到锻炼才爬上高位的。他既已做了政治家,就不会再是平民和平民的政治家,而只能是富翁们的政治代表和资本主义制度的卫道士。

值得注意的是,在"平民政治家"中,不少人都是通过律师这种行当跻身仕途的。据美国学者统计,政界的最上层人物中,有一半以上是由从事法律事务的人当中产生的。美国是一个资本主义法制高度发展的国家,各种法律、政府条例、法令和法院判例多如牛毛,庞杂繁琐,律师业就成为美国社会中极为兴旺的行业,并对美国社会、经济和政治发生重要的影响。美国律师的一项重要业务,就是充当大公司、大银行、大企业的法律顾问,接受他们的委托处理涉及法律的事务,代表他们调解争议,进行案件诉讼。这样,律师

① 转引自托马斯·戴伊:《谁掌管美国——卡特年代(第二版)》,梅士、王殿宸译,世界知识出版社1980年版,第43页。

们往往经常出入豪门,成为垄断资本家的座上客,有的就得到他们的赏识和资助,进入政界,做上高官。例如,前国务卿杜勒斯、罗杰斯、万斯都曾经是华尔街最大律师事务所的高级合伙人,曾任国防部长的克利福德则是一位著名的"超级律师"。前总统尼克松则可以说是一个通过律师途径谋取官职的典型。尼克松同样出身下层,24 岁时开始做律师,后历任众议员、参议员、副总统,1960 年成为共和党的总统候选人,由于与东部垄断资本的头面人物洛克菲勒发生对峙,这次竞选遭遇失败,尼克松就跑到纽约重操律师业务,与东部的垄断资本权势集团拉上了关系,终于争取到他们的支持和认可,在 1968 年再次出马竞选当上总统。这些由律师入政的平民政治家,由于熟谙国家法律,懂得国家政治,了解上层内情,善于排解纠纷,因而往往成为垄断资产阶级的得力代表。

我们从杜鲁门等人的经历中还可以看到,所谓"平民政治家"被吸收到统治集团中,确实有赖于两大政党组织的活动。杜鲁门从政是靠了地方党的核心小集团的支持,另外一些人则是直接靠本人从事党务活动起家。例如前副总统、参议员、1968 年民主党总统候选人汉弗莱,出身于一个普通的杂货店老板家庭,早年曾做政府机构的一般行政人员,后来担任了明尼阿波利斯市的市长。在此期间,他建立了民主党农工联盟,后来又充当了自由派组织美国人争取民主行动的发起人之一,获得了民主党自由派的声望,在党内建立了政治基础。现任总统里根曾经做过广播员、演员,他是从搞工会活动开始转搞政治的,任总统前,曾任加利福尼亚州州长。加州是美国在第二次世界大战中及战后垄断资本发展最快的一个州,可以说,他也是经过垄断资产阶级长期考验过的人物。因此,从这个意义上说,美国资产阶级在吸收社会中下层的杰出人物,把他们拉到统治阶层一边,培养成政治领导人,以便巩固资产阶级的统治方面,两党制以及两党制下的形形色色活动团体确实起着重要的作用。

总之,美国资产阶级为了顺利地实现自己的统治,需要众多的政治人才;为了巩固这种统治,又需要扩大政治基础,形成一支强大的政治队伍。出于这两方面的需要,美国资产阶级一般并不排斥平民出身的政治家,而是为他们的奋斗晋升敞开大门,采取各种积极有效的措施,把他们培养和造就成为资产阶级的政治领袖,接纳他们进入领袖集团;同时他们又建立和完善了一套选举制度和政党制度,使得被他们选中的人必然是经过证明确实忠于资产阶级利益、已经资产阶级化了。而且,资产阶级还通过一整套监督、弹劾和司法审查等手段,有效地约束着自己的政治领袖和领袖集团,使他们不至于背离或破坏有产者的利益。这就是所谓"平民政治家"的实质所在。

第五节　两党制体现和装饰着资产阶级民主共和制

美国成为一个典型的资产阶级两党制国家,其中一个重要原因就是美国是一个典型的资产阶级民主共和国。马克思主义的经典作家们一向把美国看成"现代国家的最完善的例子"[①]。

在本章前面几节里,我们从不同侧面分析介绍了美国两党制的若干特点,这一节我们就着重分析两党制与民主共和制的联系。

关于民主共和制,列宁曾经指出,它是"资本主义所能采用的最好的政治外壳"[②]。这就是说,只有民主共和制这种政治形式,才最适合资本主义生产方式,为资本主义生产方式服务。虽然资本主义也可以有其他的政治形式,例如君主立宪制、法西斯独裁制,但它们都不是"最好的",不是最适合资本主义生产方式的。为什么呢? 总的来说,是由资本主义生产方式的基本特点决定的。

首先,资本主义生产是最发达的商品生产,是商品生产的最高形式。在资本主义社会里,商品生产已经发展成为普遍的、占统治地位的生产形式,在那里,一切都成了商品,不仅生产资料、劳动产品和劳动力都成了商品,甚至实业家的本事、政治家的才干、人们的知识和信誉、社会的公共权力都可以作为买卖的对象。在那里,资本家与劳动者、厂主与官吏、银行与政府……都是以买主和卖主的身份出现的。"政治同其他一切一样,只不过是一种买卖"[③]。在这里,通行的是等价交换的原则,都要受价值规律的制约。

---

① 《马克思恩格斯全集》(第三卷),人民出版社 1960 年版,第 70 页。
② 《列宁选集》(第三卷),人民出版社 1972 年版,第 181 页。
③ 《马克思恩格斯全集》(第三十八卷),人民出版社 1972 年版,第 561 页。

诚如马克思所说,"商品是天生的平等派"①,换句话说,平等思想是商品生产制度的一种反映。商品生产者为了推销其商品,可以尽力宣传其商品如何的好,借以争夺买主、争夺市场;商品购买者则根据自身的需要和前者的宣传加以选择,可以竞争地购买;而且商品生产者与商品购买者之间都可以互相讨价还价。综上可见,在资本主义条件下,商品生产者之间、商品购买者之间以及商品生产者和商品购买者之间存在着残酷的竞争。这种经济生活反映在政治上就要求实行民主制,它的具体表现就是在资本主义选举制度下的竞选。参加竞选的人,就像商品生产者宣传其商品的优点一样,竞相宣传自己的纲领;参加选举的人,就像商品购买者根据广告选购商品一样,根据竞选人的纲领进行投票;而竞选者与选举者及选举者集团之间,也可以讨价还价,达成某种交易。

其次,在资本主义制度下,古老的行会制度不复存在了,竞争的原则充分地发挥了它的作用。这个原则允许新的资本家、新的公司不断地加入现有资本家和公司的行列,进入角逐和争斗的战场;同时,竞争作为一种外在的压力,促使和推动每一个资本家和公司改进技术、扩大生产,维持自己的地位,阻止新的竞争对手崛起。在那里,每一个人都可以是"可能的资本家",每一个资本家都是一个"可能的"破产户;每一个企业都可以是一个"可能的"更大的企业,同时也都是一个"可能的"被吞并的对象。在政治上,任何一个集团都可能运用其经济政治实力夺取权力,也可能被夺走权力;每一个人都是一个可能的议员、部长乃至总统,唯一的条件就是以金钱为后盾的政治能力和冒险精神,在这个前提条件下,人们是平等的。因此,资本主义的竞争原则,同样要求政治上的民主制,反对世袭的、终身的权力。

美国的资本主义生产方式是在自由移民垦殖土地上发展起来的,彻底地实现了商品生产原则和自由竞争原则,因此,美利坚合众国一经诞生,就确立了民主共和国的基本制度。200年来,美国资产阶级使民主共和制不断完备,并积累了在这种政治外壳下实现自身统治的一整套方法和经验,两党制就是其中的一个重要方面。

一般来说,资产阶级民主共和制是必然产生两党制或多党制的。在民

---

① 《马克思恩格斯全集》(第二十三卷),人民出版社1972年版,第103页。

主制下,通常有一个议会形式的资产阶级代议机构,资产阶级不同集团的代表们在这个机构中活动,形成各自的议员集团,这就是政党的开始。从历史上看,美国的党派活动最初就是在国会中发展起来的,当时,统治阶级不同集团在国会里的代表们分别集合起来,形成了政党。为何美国只是出现两党相争的局面呢?除了政治制度和选举规则外,一个重要原因就是美国政党活动的开始是以美国经济中存在两个大的集团为背景的,即北部的资本主义工业集团和南部奴隶制种植业集团。后来,资产阶级就把原先出现的政党加以改造,从而形成了两党制。至于资产阶级内部存在着复杂的矛盾,这个问题在美国是通过两党制下的利益集团及两党内的不同派别的活动解决的。西方政治学者通常把民主共和制的特征说成是"多元的",这不过表明,民主共和制在资产阶级内部是民主的,它允许各个资本家集团组织自己的社会组织,借以影响政府的政策和方针。

两党制是民主共和制的产物,同时它又对民主共和制的正常运转起着重要的作用。民主共和制否定了世袭制,国家公职人员均由选举产生,两党制的作用首先就表现在组织选举,使选举过程规范化。选举的过程,就是资产阶级各集团激烈地争夺行政权和立法权的过程,总统职位和国会议席以及州和地方的公共职位都是争夺的目标。正因为如此,选举又被称为"竞选",它是资产阶级国家政治活动的重要形式。在选举过程中,不是由唯一的政党而是由两党和两党内各派分别提出候选人,相互之间展开竞争,如前所述,美国两大政党都是选举的组织,是为竞选的目的存在的。同时,两党竞选要靠各垄断资本集团的财政支持,在许多场合,这种财政支持是通过利益集团的活动进行的。这样,两大政党组织的竞选就成为一个有条理、有权威性的过程,竞选的结果为整个资产阶级所承认和保障。

两党制的另一个作用是能使国家机关顺利地调节资产阶级内部各个集团的矛盾。在资本主义工业已经取得绝对统治地位以后,直至垄断组织占了统治地位以后,美国统治阶级都没有干脆改变两党制转而实行一党制,一个重要原因就是因为在资产阶级内部,尤其是在垄断资产阶级内部存在着若干经济利益不尽相同的集团,它们需要两大政党以及两党下的众多利益集团和派别来代表其利益,代表它们在国家机关中讨价还价,促使国家机关所采取的政策能平衡各方的利益,避免过于偏颇的政策。某些美国学者声称:"政党的领袖审查各集团提出的各种建议,并决定是否予以支持、修改或拒绝","在美国的政党制度下,明智的政党领袖们总是按照中间路线办事"①。这里的描述应该说反映了垄断资产阶级内部的民主情况。在维护资本主义剥削、巩固资产阶级统治、扩张美国在世界的利益这个总目标下,让两大政党和各派别充分讨论政策,提出各种意见,在此基础上,美国国家机关所抉择和推行的政策基本上能为各集团和各派别所接受。

如果说两党制对于资产阶级的意义是体现民主共和制,那么它对于工人阶级和劳动群众来说就是一种装饰,由于这一装饰,造成了工人和劳动群众对资产阶级议会制度和选举制度的幻想。

第一,垄断资产阶级交替使用两只手,让两大党轮流主持政府和掌握国会,造成普通群众的错觉,转移他们的政治视线。在帝国主义时期,资本主义制度的固有矛盾更加尖锐化、深刻化,社会危机频繁发生,引起工人和劳动群众的强烈不满。每当危机严重,人民的不满和反政府情绪高涨时,美国政治生活中就出现两大政党之间、两大跨党派别之间的激烈争吵。资产阶级总是把这种争吵宣传为民主的体现,他们说,由于有两个而不是一个政党,选民就有选择的权利,他们能够自由地实现"政治表达",可以通过投票赞成在台下的政党(或派别)来表示对当时的政府的不满。这样,资产阶级就可以把造成危机的责任推给正在主持政府的政党(或派别),似乎是这个党不好,这个派别不好,而不是这个制度、这个阶级的统治不好。然后,换一个政党上台,于是新的总统、新的国会,加上一点新的口号、新的策略,造成了一片刷新政治的气氛,似乎一切问题都解决了。这种事例在美国历史上是屡见不鲜的,例如,20世纪30年代大危机时罗斯福民主党政府取代胡佛共和党政府,侵朝战争和侵略印度支那战争失败时共和党政府两次取代民主党,都是很典型的例子。

第二,垄断资产阶级通过两党之间、各派之间颇为热闹的竞选,使劳动群众相信能够运用自己的民主权利对两党的候选人和它们的纲领发表意见。而且现实情况也是,由于广大人民群众长期进行争取民主权利的斗争,

① 哈罗德·F.戈斯内尔、理查德·G.斯莫尔卡:《美国政党和选举》,复旦大学国际政治系译,上海译文出版社1980年版,第9—10页。

当今美国对选举资格的法律限制已大部分取消,两党内候选人提名趋向于直接预选,民主的范围确是扩大了。然而,由资产阶级两党制装饰的民主,无论其范围多么广泛,都只能是资产阶级的民主,从根本上来说,对劳动群众是毫无意义的。恩格斯在分析选举资格问题时指出,早期资产阶级国家对选举资格的限制"决不是本质的东西。相反地,它标志着国家发展的低级阶段"。民主共和国才是"国家的最高形式",在民主共和国里,"财富是间接地但也是更可靠地运用它的权力的"①。列宁曾经指出:"在资本家的政权还存在、资本家的生产工具所有制还存在的时候,民主可能是比较狭窄的,也可能是比较广泛的、文明的等,但实际上始终是资产阶级专政。"②实际上,工人群众和劳动者在获得普选权后,由于无论选谁都不能解决国家的重大问题,改变自己受压迫的命运,因此往往对选举感到厌倦。不少美国资产阶级学者都注意到选民投票率下降的问题。20世纪60年代以来,美国相继通过并实施了民权法案和选举权利法,选举资格限制进一步减少,选民人数大大增加,然而投票率却持续下降,据统计,1960年以来的所有选举中,美国的平均投票率仅为59.1%,是西方国家中最低的③。

第三,两党制下的利益集团制度,也造成劳动群众的幻想,使他们以为可以实现资产阶级宪法中规定的所谓"结社"自由。从表面上看,各个行业、各个部门的劳动群众都可以组织自己的社会活动团体,并进行所谓"院外活动"。然而,在政府和国会都被资产阶级政党控制和操纵的情况下,这些劳工利益集团是很难真正在国会立法和政府决策方面发生影响的,因为院外活动本身就是花钱的事情,是各利益集团运用自己的财政力量对政府官员和国会议员施加压力和影响。而在众多情况下,普通群众组织的社会团体在财政上依赖垄断资本基金会的资助,就不能不受到垄断资本的操纵,有时就直接成为某一个垄断资本集团的工具和附庸,前述联合汽车工人工会、美国汽车、航空航天和农业机械工人国际联合会的有关行动,就是明显的例子。而且,由于不同部门、不同地区、不同职业和行业、不同民族、不同宗教信仰的利益集团往往把工人和劳动群众吸引过去,使他们为了本集团的利

---

①　《马克思恩格斯选集》(第四卷),人民出版社1972年版,第169页。
②　《列宁全集》(第二十八卷),人民出版社1956年版,第395页。
③　James Q. Wilson, *American Government: Institutions and Policies*, D.C. Heath, p.166.

益而忘记工人阶级的根本利益,从而造成了美国工人阶级队伍的严重分裂。

第四,由于两党吸收了一些出身下层的人成为所谓"平民政治家",这就使得某些群众迷信自由竞争,相信他们能够升到上层,以为凭着个人的本事和奋斗,就可以在政治领域向上爬,提高自己的社会和政治地位。然而,正如美国学者看到的,这种上升机会是"稀有的",而"上层领导人中只有少数人来自下等阶级这个事实,是无关紧要的"①。这个问题的实质在于,资产阶级的民主制度中,可以允许劳动阶级中的某些个别分子进入统治阶层,演变成为统治阶级的一员,而绝不会让劳动者作为一个阶级上升为统治阶级。

总之,对资产阶级来说,两党制是民主共和制的具体实现,资产阶级中的不同个人和集团通过自由选择政党、自由组织利益集团,实现了自己的民主和自由权利;而对于工人和广大劳动群众来说,两党制则是一种装饰,给国家的政治生活涂上了一层"民主"的色彩,它起着掩盖资产阶级民主制度的阶级实质,模糊工人阶级的阶级意识和政治视线的作用。

---

① 托马斯·戴伊:《谁掌管美国——卡特年代(第二版)》,梅士、王殿宸译,世界知识出版社1980年版,第204页。

第四章　美国两党制与"第三党运动"

第一节　不发展的美国社会主义运动

　　1892 年,恩格斯在分析美国阶级斗争和政党斗争的特点后,曾明确地指出,"在美国,我觉得还没有第三党存在的余地","只有当再也不能指望从投机活动中得到任何东西的一代美国本地工人出现时","成立第三党的时机才会到来"①。恩格斯所说的"第三党"指的不是别的,而是美国的社会主义运动和工人政党。在这里,恩格斯尖锐地指出了美国社会主义运动发展遇到的困难。

　　在美国两党制形成以前,美国工人运动已有所发展,并且屡次试图建立工人组织或政党。早在 19 世纪二三十年代,北部工业地区就出现过一些工人政治组织。1828 年,第一个工人政治组织在费城成立,随后在纽约、波士顿、匹兹堡、辛辛拉提、布法罗等 61 个城镇都先后建立了工人政治组织,这期间出版的各种工人周刊有 50 余种②。可是,那时美国的工业革命刚刚开始,现代工业无产阶级正处于成长过程中,还没有形成为一个独立的阶级。尽管在南北战争前,美国北部的工业已经实现了向机器大工业过渡的技术改造,基本上确立了工厂制度,但由于南部还是奴隶制种植园经济,因而稳定的、统一的全国性市场就迟迟不能形成,工业革命不能在全国范围内取得胜利。在上述这种社会经济条件下,工人组织或政党当然就难以独立地、长久地活动。最初建立的一些工人政治组织都是地方性的、仅在某一城市中活

---

　　①　《马克思恩格斯全集》(第三十八卷),人民出版社 1972 年版,第 245—246 页。
　　②　方纳:《美国工人运动史》(第一卷),黄雨石等译,生活·读书·新知三联书店 1956 年版,第 194—195 页。

动的工人团体,还没能联合起来组成一个全国性的政党,而且这些工人政治组织往往只存在很短的时间就消失了。虽然它们是作为工人政治组织出现的,但它们很少能独立地提出自己的政治主张和纲领,更谈不上有无产阶级的科学的政治理论,通常只是重复美国建国初期比较激进的资产阶级革命口号,例如,1829 年费城工人政治组织就是以共和主义作为自己的行动纲领,其名称为"费城工人共和主义政治协会"。① 这些工人组织的活动目标,一般都局限于争取扩大资产阶级民主的范围,促使现政府进行某些民主改革,实现公民权利,例如要求实行十小时工作日制,实现初级义务教育制,实现白种人范围内男子的普选权,废止穷人因欠债而被处监禁的法令,等等。这些工人组织也缺少独立的政治行动,往往只是在地方、市政和联邦的选举中进行鼓动,支持它们所拥护的某一大党的候选人。那时工人运动一般是处在民主党的影响下,工人群众常常自认为是"彻头彻尾的杰弗逊派",他们把杰克逊在 1828 年当选总统看成是"自己的胜利",在后来反对合众国银行的斗争中②,他们也和杰克逊站在一起,在费城、纽约等地,工人组织都积极地支持杰克逊的政策和他在 1832 年的连任竞选。③

南北战争前后,美国开始发生社会主义运动。在 1837 年美国经济危机及其后的长达 12 年的萧条期间,工人运动曾一度削弱。而在 19 世纪 50 年代,随着资本主义工业在美国的迅速发展,工人阶级的队伍也壮大起来,因此工人运动又重趋活跃,出现了一些按行业建立的全国性工会组织。正在那时,出现了一次新的向美国移民的高潮,科学社会主义也随之传到了美国。这次劳工移民高潮发生于 19 世纪 40—50 年代,40 年代的移民人数为170 余万人,50 年代增加到 260 万人,在北部的许多工业城市中,在国外出生的人数接近甚至超过该城市人口总数的一半。④ 在这批移民中,有不少欧洲

① 方纳:《美国工人运动史》(第一卷),黄雨石等译,生活·读书·新知三联书店 1956 年版,第 203 页。

② 这种斗争的主要内容是:掌握联邦政权的大资产阶级主张成立一个全国性的私营银行,中小资产阶级则反对这样做,主张建立地方的即各州的私营银行。1913 年通过的联邦储备条例是调和矛盾的产物。根据此条例,全国分为 12 个区,每个区成立一个储备银行,由联邦储备局统一管理。这个制度,沿用至今。

③ 方纳:《美国工人运动史》(第一卷),黄雨石等译,生活·读书·新知三联书店 1956 年版,第 225—239 页。

④ 同上书,第 345 页。

1848年革命中的积极分子,他们在革命失败后避居到美国,其中有马克思的战友约瑟夫·魏德迈等。这些欧洲革命者来到美国后,就开始传播科学社会主义理论,把欧洲各国革命斗争的经验介绍给正在兴起的美国工人运动。这样,一系列社会主义的工人团体就相继成立了,如无产者同盟、纽约共产主义者会社、芝加哥工人协会等。后来,又在这些团体的基础上,建立了第一国际美国支部。

美国的工人运动和社会主义运动开展起来以后,虽曾进行了多次具有重大影响的斗争,却始终没有得到很大的发展。这是由于美国的许多特殊的经济、社会和历史条件造成的。

美国的资本主义生产关系,是在南北战争以后才最终在全国范围内确立的。由于工业革命的全面完成较晚,美国的现代工业无产阶级的形成也晚于欧洲老的资本主义国家。而且,美国无产阶级在发展过程还有一个重要特点,就是它的阶级队伍在一个很长的时期内不固定。造成这种特殊状况的主要原因是:美国是由一个自由移民、掠夺土著居民的殖民地经独立后发展起来的资本主义国家,由于辽阔的北美大陆存在着大量肥沃而又极易获得的土地,工资劳动者就很容易离开工厂变成小生产者。这种情况一直持续到19世纪末西部土地开拓完毕。尔后,由于西部和南部还处在逐步工业化的过程中,大量新的移民又提供了新的雇佣劳动力,因此当地的工资劳动者就很容易转向产业和商业投机。马克思和恩格斯都注意到美国工人阶级的这一特点,他们在19世纪50年代就指出,在美国,"阶级冲突每一次都由于把过剩的无产阶级人口遣送到西方而得到平息","过剩的人口很容易流入农业地区,国家正在不可避免地迅速而且日益加快地繁荣,因此他们认为资产阶级制度是美好的理想"①。到了19世纪八九十年代,恩格斯进一步指出,私人容易买到廉价土地和移民的大批流入,是美国"防止无产者形成一个固定阶级的大安全阀",因为"大多数的美国本地居民在年青力壮的时候就'退出'雇佣劳动,变成农场主、商人或雇主,而沉重的雇佣劳动,当一辈子无产者的境遇,多半落到移民的身上";"美国的投机狂和投机的可能性本

---

① 《马克思恩格斯全集》(第七卷),人民出版社1959年版,第339页;《马克思恩格斯全集》(第二十七卷),人民出版社1972年版,第592页。

身,是把美国本地工人控制在资产阶级的影响下的主要手段"①。以上的论述说明,当时美国的工人阶级是一支极不固定的队伍,其成员经常更换,存有离开雇佣劳动上升为雇主的希望,因而存有迷信资本主义制度的思想。在这种情况下,科学社会主义虽然经过移民工人中优秀分子的介绍,在美国一定的范围内传播着,但终究没有可能在美国工人阶级中扎下根来,因此,要形成一个有广大工人群众积极参加和追随的强大的社会主义运动是极为艰难的。事实上,在美国工人群众中流行的往往是形形色色的资产阶级、小资产阶级思想。

并且,由于美国经济长期处于向上发展时期,资本主义工业在广阔的地域里稳步发展,对劳动力的需求量大,虽然大量移民提供了大批廉价劳动力,但劳动力仍长期处于供不应求的状态,工资劳动者极容易另谋生活出路,因此,美国的工资水平一般高于欧洲。这种情况削弱了美国工人阶级的革命要求和斗争精神。

所以,总的说来,美国的工人运动比欧洲差不多晚了一代人的时间,直到1886年,才有美国本地工人参加争取八小时工作日的斗争。恩格斯曾赞扬这一斗争是这一年"最重大的事件之一"。但他还强调指出,这时的美国工人运动还仅仅处于欧洲工人运动"1848年以前所处的那种阶段",在理论上"远远落后",不懂得把消灭雇佣劳动制度、实现无产阶级的阶级统治作为自己的最终目标②。

相反,美国的垄断资本主义却发展得比较早、比较快。在美国,虽然工业革命的完成比老的资本主义国家要晚,但在工业革命完成以后,就立即开始了生产和资本迅速集中的过程。因为美国的工业较少受到旧固定资本的拖累,能直接采用新技术,而新兴部门又能吸引大量资本,这样,在矿源丰富的地区,重工业得到了迅速发展并且高度集中,垄断组织首先就在石油以及钢铁、铁路等部门中出现。同时,南北战争期间,银行资本又恰恰得到了急剧扩张的机会,大银行家、工业家在买卖公债中发了横财,一批金融寡头出

---

① 《马克思恩格斯全集》(第二十一卷),人民出版社1965年版,第296页;《马克思恩格斯全集》(第三十八卷),人民出版社1972年版,第245页。
② 《马克思恩格斯选集》(第四卷),人民出版社1972年版,第455、457页。

现了。他们积累大量资本,用来经营垄断企业。这样,美国的资本主义在起初经过了一段缓慢的艰难发展,在工业革命完成以后,又以比老的资本主义国家更快的速度向垄断资本主义过渡。

于是,美国工人运动的迟发与垄断资本主义早发遇到了一起,两者几乎是同时进行的。垄断组织从丰厚的垄断利润中拿出一部分来对工人阶级上层进行收买,这是垄断资本主义时期,各发达资本主义国家工人运动、社会主义运动中机会主义泛滥的社会经济根源,是工人贵族的经济基础。在欧洲,当这个问题出现时,各国工人运动已发展到普遍建立社会主义政党的阶段;而在美国,工人运动才刚刚兴起,就遇到了这个严重的问题。

此外,美国的工人运动和社会主义运动还有一些自身的问题。首先,当年的大规模劳工移民,固然给美国送来了一批科学社会主义的传播者,但同时也把欧洲工人运动中形形色色的机会主义思潮带到了美国,如拉萨尔主义、无政府主义、工团主义等,这些机会主义思潮与美国工人群众中的资产阶级、小资产阶级思想相结合,就形成了一股强大的势力,在美国工人运动中取得重要的地位和产生重要的影响。而且,许多移民中的社会主义者本身也是很不成熟、很不清醒的,尤其是所谓"德国社会主义者"带着严重的宗派主义倾向,他们不懂得如何宣传和组织美国的工人群众,不善于在现成的工人团体中开展活动,改造和争取这些团体,有的甚至不愿意学习英语,不愿意研究美国的实际,企图把他们从欧洲带来的现成经验硬塞给美国工人运动,因此脱离美国的特殊条件,脱离广大工人群众,当然难以在美国工人阶级中扎下根。

其次,美利坚民族是一个由各国移民组成的新民族(来自各国的移民工人),相互之间语言不通,在很长的一个时期内不同程度地保持着母族的民族心理和宗教习惯,组成各种小团体。这些小团体往往被各民族中的资产阶级所操纵,成为两党制下的利益集团。同时,工人被分成本地的和外国出生的,虽然美国本地的工人终于参加了工人运动,但他们毕竟长期处于"贵族式的地位",而外国出生的工人则只能从事技术较低、工资较低的工作。因此,美国的工人阶级难以形成一个统一的政治力量。

由于上述种种原因,美国的社会主义运动自发生后100多年来,走过了极为曲折和起伏的道路,它常常处于停滞或消沉的状态,没有发展成为能够影响全国政治的、大规模的运动,至今没有产生一个统一的、具有广泛群众基础的、强大的社会主义工人政党,恩格斯所期望的"成立第三党的时机"至今还没有到来。

第二节　两党制是阻止独立的工人政党产生和发展的工具

美国的工人运动和社会主义运动,在其发展过程中,除了有上一节所说的社会和经济上的困难外,还有一个重要的障碍,这就是资产阶级两党制本身。列宁曾经指出,美国的和英国的两党制,"是阻止独立的工人政党即真正的社会主义政党产生的最强大的工具之一"[①]。

南北战争后,在早先建立工人政治组织、传播科学社会主义的基础上,美国开始有了全国性的工人社团,一些社会主义团体联合建立了社会主义的政党。这些活动主要有:1866 年成立了全国劳工同盟,19 世纪六七十年代出现了劳动骑士团的活动,1867 年成立了第一国际美国支部,后来,国际支部解散,建立了美国社会主义工党。工人运动和社会主义运动的发展说明,随着工业革命的完成,现代意义的阶级斗争(工业无产阶级与工业资产阶级之间的斗争)已在全国范围内展开。在 1886 年争取八小时工作日的大规模罢工斗争中,全国所有的大城市都爆发了总罢工和示威,组织了新的工人政党,从而把阶级斗争推到了一个新的阶段,美国的工人群众已经意识到,"他们构成了美国社会的一个新的、特殊的阶级,一个实际上多少是血统的雇佣工人即无产者的阶级"[②]。

然而,也正是在这个时候,美国的资产阶级两党制也正式形成了。内战后的第一个民主党政府残酷地镇压 1886 年的工人运动,原先存在于两个旧政党之间的区别愈来愈小,它们走到一起,协调一致,对付正在兴起的工人运动和社会主义运动。历史事实证明,资产阶级两党制从它形成时起,就

①　《列宁全集》(第十八卷),人民出版社 1959 年版,第 398 页。
②　《马克思恩格斯选集》(第四卷),人民出版社 1972 年版,第 256 页。

是作为独立的工人阶级政党的对立物存在的;同时,历史事实又说明,美国资产阶级运用两党制,成功地阻止和破坏了独立的工人政党的产生和发展。

两党制对独立工人政党的破坏,是采用灵活的、多种的手段,主要有如下表现。

第一,当工人运动起来要求建立自己的政党时,两大资产阶级政党就虚张声势地互相反对,着力渲染他们之间的分歧,极力把自己打扮成也是代表工人群众利益的,似乎两党中总有一个是为工人说话的,力图让工人相信,他们可以通过现有政党来表达和实现自己的要求,根本没有必要再建立新的政党。例如,民主党在鼓吹低关税政策时,就说这是为了降低消费品价格,有利于工人、农民的利益;共和党在鼓吹高关税时,就声称这会带来高就业和高工资。两党都极力影响工人群众,把工人群众吸引到自己一边。两党的这一类宣传,确实收到了相当好的效果。又如,全国劳工同盟曾经强调必须建立一个由劳工组成的新政党,但由于它迷信资产阶级选举制度,认为"政治问题是一个在投票箱上决定的问题"[1]。全国劳工同盟的领导人企图通过组织生产合作社实现工人的利益,而组织合作社就需要资金和信贷,因此,它就支持当时民主党提出的纸币主张,指望扩大纸币发行能降低利息。所以,这个组织仅活动了六年时间就逐步瓦解,并入了民主党[2]。

第二,垄断组织对工人运动的上层进行收买,使工人组织的领袖蜕变为依附于两大政党的政客和工会官僚,使已经成立的工人组织追随某一个资产阶级政党,把它们的经济和政治斗争纳入资产阶级两党制的轨道。例如,在1886年罢工浪潮中诞生的美国劳工联合会,初期在组织工人争取八小时工作日的罢工斗争中曾起到积极作用。但其领导者冈珀斯等人,在资产阶级的威吓和收买两手政策面前,都逐渐堕落为工人贵族。这种收买的一个重要表现,就是两大资产阶级政党在它们相互争夺政治职位的竞选运动中,直接出钱贿赂工会领袖,把他们拉到自己一边,要他们影响工会会员投票。

---

① 希尔奎特:《美国社会主义史》,朱立人译,商务印书馆1974年版,第150页。
② 美国劳工部劳工统计局编:《美国劳工运动简史》,邢一译,工人出版社1980年版,第8—9页。

例如,1913年,共和党全国委员会就曾经通过代理人花了几十万美元收买劳联的工会干部,雇用他们帮助竞选。[1] 劳联和后来的产联等工会组织的领导人都先后走上了这条道路,成为两党竞选的帮办。

第三,两党中的资产阶级政客直接混入工人组织和社会主义团体,篡夺了领导权,从而把这些团体当作自己进行政治活动的资本,借此在资产阶级政客之间进行讨价还价。例如,当第一国际美国支部成立后,就有一些资产阶级分子混入并控制了若干支部,把这些支部篡改为资产阶级自由主义的团体。希尔奎特在《美国社会主义史》一书中也曾注意到这一点,他在谈到全国劳工同盟及其他劳工政党时指出,当时工人们建立的一切独立政党的共同命运就是:"它一获得相当可观的力量,就遭到职业政客的侵袭,他们使它卷入到同其他政党联合的纠葛中去;它的纲领渐渐被冲淡,它的阶级性被湮没,它的本来面目被弄得模糊不清,它终于消失在一个占优势的政党之中。"[2]

第四,对那些正在发展壮大、富有革命性的工人政党,两大资产阶级控制的政府就竭力压制,甚至公开进行镇压和强行解散。例如,被列宁称为"美国无产阶级最敬爱的领袖之一"的美国社会党领导人尤金·德布斯就曾被威尔逊政府逮捕入狱。1905年成立的世界产业工人同盟,开始时以科学社会主义为指导,反对劳联的机会主义政策,积极领导了工人阶级的罢工斗争,引起资产阶级的憎恨。资产阶级就先后将同盟的优秀领导人比尔·海伍德等人秘密逮捕,老罗斯福总统甚至公开举行记者招待会,宣布海伍德是"讨厌的公民"。第二次世界大战以后,美国的工人运动出现了新的高涨,美国共产党在清算了厄尔·白劳德的修正主义路线以后,在福斯特同志领导下也有了很大发展。这时,资产阶级两党又操纵国会和政府,迫不及待地接连颁布和通过了《联邦忠诚法》《麦卡伦法》,宣布共产党是所谓"阴谋破坏性"组织,禁止共产党员在政府任职,规定共产党员必须向法院登记,共产党员的宣传品必须经政府审查,等等。1954年,国会又专门通过了《共产党管制法》,重申上述法令,并宣布共产党"非法"。这期间,美国政府大批逮捕美

① 威廉·福斯特:《世界工会运动史纲》,李华、赵松、史仁译,生活·读书·新知三联书店1961年版,第265页。
② 希尔奎特:《美国社会主义史》,朱立人译,商务印书馆1974年版,第159页。

国共产党领导人和干部,监视共产党的办事处,对共产党和其他进步团体进行种种迫害和破坏。

第五,两大资产阶级政党通过其党内的派别斗争和形形色色的社会团体转移工人群众的视线,削弱了真正社会主义政党的影响。如前所述,美国两党制下的利益集团、跨党派别吸引了广大工人群众,使他们只去注意狭隘的、民族的、行业的、职业的、宗教的、地区的利益,等等,这样,既分裂了工人阶级队伍,又使工人阶级把两党、两派和利益集团作为自己的理想寄托,造成了全国性的独立工人政党发展的困难。美国学者注意到,"利益集团、影响广泛的宣传工具、有影响的个人和大党内的派别,可以发挥鼓动作用,往往比小党更加有效"[1]。这一现象,正好从侧面说明了两党制阻碍着真正社会主义政党的建立和发展。

第六,当社会主义政党已经取得相当大的发展并拥有较多的群众和广泛影响时,两大资产阶级政党中的某些政客,常常故意从原来的政党中分裂出来,或者成立新党投入总统竞选,或者以独立总统候选人的名义竞选总统,以便抵消社会主义政党的影响。这些新政党往往接过工人和其他劳动群众要求政治、经济改革的某些口号,装饰一下自己的政纲,冒充代表人民的利益,攻击和反对原来的两党,借以把社会主义政党影响下的群众吸引到自己一边去。例如,美国社会党就是 19 世纪末 20 世纪初,由一些美国社会主义者仿效欧洲社会民主党建立的新的社会主义政党,初期,该党领导权掌握在德布斯、海伍德、鲁登堡等左派分子手里,影响迅速扩大,并促进了这个时期工人运动的高涨。社会党还把参加总统竞选作为政治斗争的手段之一,到 1908 年,社会党总统候选人获得了 42 万多张选票,1912 年,又增加到90 万张。[2] 社会党在选举中的成绩曾被列宁称为具有"世界意义"的事件。可是,就是在 1912 年总统选举时,以前总统西奥多·罗斯福为首的一批共和党政客退出共和党,组织所谓"进步党",提出一些资产阶级改良主义纲领,民主党也接过了某些改良主义主张。它们这样做的结果,正是破坏了社会党的发展。正如列宁在评论这次总统选举时所说:"美国选举的世界意义不

---

① Frank J. Sorauf, *Party Politics in America*, 4th edition, Little, Brown and Company, 1980, p.48.

② 威廉·福斯特:《美国共产党史》,梅豪士译,世界知识出版社 1957 年版,第 116 页。

仅在于社会党的选票激增；美国选举的意义还在于资产阶级政党经受最大的危机，在于它们急剧地瓦解；最后，选举的意义在于非常明显地出现了作为反对社会主义的工具的资产阶级改良主义。"[1]

第三节　两党制下的"第三党运动"

在美国的政治学著作中，常常提到另外一些"第三党"[2]，它们是在某一次总统选举中出现并迅速发展和膨胀起来的新的政党。这些政党起初具有较大的声势和规模，然而兴之过速，消之亦快，存在的时间都很短，一般经过一两次总统选举就消失了。例如1912年的进步党、1968年的独立党。这类"第三党"的出现，一般是在社会矛盾、阶级矛盾激化、统治阶级内部发生严重分歧的时候，因此具有某些共同的特点。现将美国历史上的几个这种类型的"第三党"列举如下。

1. 1892年的平民党

19世纪后期，美国正处于向垄断资本主义过渡的过程中，垄断组织迅速发展，小生产受到大生产的排挤，广大农民受到银行资本家、铁路公司的剥削和掠夺，纷纷破产，境况十分艰难。在这种背景下，从19世纪60年代末起，广大农民就一再掀起反抗垄断组织压迫的斗争，先后出现过农民协进会运动、绿背纸币运动、农民联盟运动[3]。这些运动发展的一个重要结果，就是农民的政治意识加强了。到1890年，许多州出现了农民建立的政党，次年，两个最大的农民联盟决定建立一个新的统一的政党。这样，以西部、南部农

---

[1]　《列宁全集》(第十八卷)，人民出版社1959年版，第397页。

[2]　美国政治学术语中，除"第三党"外，还有"小党"一词，它们都可以用来通称两大政党以外的所有其他政党。不过，"小党"有时用来专指那些虽然长期存在但政治影响极其弱小的党，如禁酒党就是一个从19世纪以来就一直存在的党，但在美国政治生活中影响甚微。社会主义工人党等往往也被看成是"小党"。

[3]　农民协进会，即格兰运动，发生于19世纪60年代末70年代初，主要目标是要求政府管制铁路的运费价格。绿背纸币党成立于1875年，以反对政府的货币政策为主要宗旨，指望通过扩大发行一种绿色背面的纸币，达到减轻农民债务的目的，因而得名。这两个运动持续的时间都很短。农民联盟运动贯穿整个19世纪80年代，并为后来平民党的成立直接准备了组织基础。

民群众和其他城乡小生产者为基本群众的、得到一些工人组织支持和参加的平民党,于1892年正式成立,不久就投入当年的总统竞选,推举原绿背纸币党的领袖詹姆斯·韦弗为总统候选人。平民党的成立,说明广大农民离开两大政党,企图建立一个独立的政党来实现自己的经济和政治要求。因为这时共和党和民主党都已先后执掌过政权,暴露了自己的阶级性质和政治面目,引起广大农民的失望和对两党统治的不满。平民党的政纲就宣称:"二三十年来,我们亲眼看到了两大政党争权夺利,而人民却遭受苦难,命运悲惨。"①平民党的成立,标志着这个时期农民运动发展的顶点,成为美国两党制形成以后第一次全国性的、规模较大、影响深远的"第三党"运动。平民党的纲领包括:无限制地自由铸造银币,征收累进所得税,成立邮政储蓄银行,电报、电话、铁路归国家所有和由政府经营,没收铁路及其他公司占有的超过实际需要的土地并重新分配,实行八小时工作日、直接选举参议员、限制总统任期为一届,等等。平民党的纲领集中了几十年来各种工人和农民团体关于社会改革要求之大成,在相当大程度上反映了当时工农群众的直接愿望。这是该纲领的优点方面。它的缺点方面就在于没有科学理论的指导。一般农民与农业资本家由于同是经营农业生产,都要向东部资本家举借债款,所以,在全国性的经济问题上,他们极易受民主党的影响,接受低关税、自由铸造银币的主张。平民党认为,通过自由铸造银币,就可以解决农民的经济困难,根本不懂得农民贫困的根源在于垄断资本的压迫。而且,平民党的活动也局限于资产阶级的议会制度和政党制度的范围。尽管平民党的产生体现了人民群众——主要是农民——对两大旧政党的不满,但它本身并没有脱出旧政党的格式。所以,平民党一开始就被农业资本家和银矿资本家利用来作为限制和抗衡东部资产阶级的一支力量,而且不少资产阶级政客钻进了平民党的领导集团,并在实际上操纵和控制了平民党。在1892年选举中,虽然平民党取得了少数国会议席和一些州政府的职位,但严格地说平民党并不是独立地进行政治活动的,而是与民主党掺和在一起,西部各州尤其如此。1894年,大批选民在中期选举中转向平民党,这引起了两

---

① John D. Hicks, *The Populist Revolt: A History of the Farmers' Alliance and the People's Party*, University of Nebraska Press, 1961, p.440.

大资产阶级政党特别是民主党的担心。于是,民主党在1896年选举时,就推出极力鼓吹自由铸造银币的布莱恩作总统候选人,而且还采纳了一些改良主义的主张,吸引平民党与之合作。结果,在一些政客操纵下,平民党接受了布莱恩为两党共同总统候选人。此后,平民党作为一个独立的政党就消失了。平民党的议员或者落选,或者转入民主党,其大批群众也只好转向两大资产阶级政党。

2. 1912年和1924年的进步党

进步党成立的直接原因,是美国统治集团内部的激烈争吵。如前所述,早在19世纪80年代,美国的工业就已要求用自由贸易政策来代替保护关税政策。可是,由于经济发展的不平衡,一些工业部门或者由于生产水平相对较低,或者由于对进出口贸易依赖程度较少,就仍然不赞成自由贸易;某些垄断组织企图支配国内市场,保持垄断优势,也主张维持保护关税政策。到20世纪初,美国经济有了进一步的发展,尤其是对外贸易发展到了新的水平,于是,那些有重大外贸利益的资本家就更加迫切地力主改革关税制度。西部农业州的资本家也是要求降低关税的。他们接过原先农民运动中要求降低关税的口号,打起反垄断的旗号,发起所谓进步运动,并形成一个政治派别即进步派。1909年,美国国会围绕《潘恩-奥尔德里奇关税法案》进行了一场大辩论①,由于降低关税的努力遭到失败,对此深怀不满的一批西部共和党人,以威斯康星州参议员罗伯特·拉福莱特为首在1911年组成共和党全国进步联盟,与反对降低关税的塔夫脱总统分庭抗礼,企图在次年的总统选举中把拉福莱特推举为总统候选人。这时,前总统老罗斯福也加入了该联盟。由于老罗斯福曾在总统任内搞过一些资产阶级改良主义的立法,做过一些反垄断的姿态,因此他在人民群众中有不小的影响。一些大垄断资本家也支持他。在1912年6月共和党全国代表大会上,党内各派激烈争吵后,塔夫脱仍被提名为总统候选人。于是,进步派就退出共和党公开另组新党,于这一年8月召开进步党全国代表大会,以老罗斯福为进步党总统候选

---

① 众议员潘恩提出的这个法案,最初是要降低关税的,但转到参议院,经共和党参议员奥尔德里奇的修正后,不仅维持了高关税税率,甚至某些项目的税率还有所提高。最后的法案实际上是根据这个修正案通过的。

人,该党以一种公鹿为标记,因此又称为"雄麋运动"。实际上,进步党代表了当时美国资产阶级内部的两类集团的利益。一类是中西部、西部的资本家,其利益在于有一个广大的国内市场,同东部的垄断资本家有矛盾,其政治代表除拉福莱特外,还有内布拉斯加州参议员诺里斯、加利福尼亚州州长海勒姆·约翰逊等(约翰逊为进步党副总统候选人)。另一类则是某些大垄断资本家,他们从自身利益出发,要求改变和调整几十年来共和党所执行的、已经过时的传统政策,并主张采取某些资产阶级改良主义措施,应付当时美国的社会危机,因此积极赞成老罗斯福。由于平民党的纲领过去在工农群众中有一定影响,它又不反对资本主义的根本制度,所以,进步党就移植了一些平民党的主张,打起了反东部、反垄断的旗号。1913年民主党的威尔逊就任总统以后,进步党就很快消失了,其成员又大都回到共和党。

1924年的进步党是前一个进步党的继续。在20世纪20年代,美国的工人运动有了新的发展,许多大城市里出现了地方性的工人政党,但这些工人政党组织中充满了中、小资产阶级分子。因为在这个美国经济"繁荣"时期,生产和资本继续集中,企业吞并事件层出不穷,中小企业主和小农场主大批破产,为了维护自己的经济利益和社会地位,他们就联合起来,企图抵抗垄断资本的压迫。同时,中西部的垄断资本家集团为了与东部垄断财团相抗衡,推出一向鼓吹社会改革的拉福莱特充当他们的政治代言人,他们吸引了不满现状的中小资产阶级和部分工农群众的代表,于1922年建立了"进步政治行动委员会",筹组进步党,由拉福莱特出任总统候选人参加1924年竞选。已经被机会主义分子控制的美国社会党和劳联,都派代表参加了进步党的组织工作。拉福莱特进步党的纲领包括提高巨额收入的所得税、减低贷款利息、降低铁路运费、承认农工有集体谈判权利、禁止使用童工等,在很大程度上继承了平民党的思想,是一个资产阶级改良主义的纲领。在选举中,拉福莱特得到了13张选举人票。第二年拉福莱特就死去了,那时的进步党运动也随之消失了。

3. 1948 年的进步党

第二次世界大战结束后,美国国内出现了紧张而尖锐的阶级斗争形势。一方面,经过反法西斯战争,人民群众争取民主权利的斗争不断高涨;另一方面,垄断资产阶级为了巩固自己的统治,建立战后的国内外新秩序,就通过一系列反劳工、反民主的立法,向工人运动和民主运动进攻,同时,对外积极推行冷战政策,采取经济的、政治的和军事的手段,夺取"世界的领导地位"。美国统治集团的反动政策,引起了广大人民群众的强烈不满和反对,同时加剧了统治阶级内部围绕内外政策所进行的激烈争吵,这就是1948年进步党产生的背景。1947年,一些资产阶级自由主义的团体就酝酿建立一个"第三党",1948年这些团体在费城召开代表大会,成立了进步党,通过了竞选政纲。这个政纲的主要内容包括:执行和平的外交政策,与苏联进行友好合作,禁止使用原子、化学等大规模杀伤性武器,在金融、铁路、电力、煤矿、飞机制造等重要经济部门实行国有化,拟订国家经济发展计划,改善经济生活,废除《塔夫脱-哈特莱法》,取消对黑人的歧视等。这个纲领坚持凯恩斯的经济学说,鼓吹"有计划的资本主义""福利国家"等资产阶级改良主义的货色,根本没有触及资本主义制度,是一个资产阶级自由派的纲领。进步党在资产阶级自由主义知识分子中有很多拥护者,也得到产联所属的一些工会的支持。该党总统候选人是罗斯福"新政"自由派的著名人物亨利·华莱士,他曾任罗斯福的农业部长,为罗斯福第三任时的副总统,因此,在罗斯福之后,他就成为"新政的象征"[①]。1946年,华莱士因指责杜鲁门的外交政策而辞去了商务部长的职务。显然,1948年进步党运动及其政纲,尽管在一定程度上接受了当时人民群众的某些民主要求,但它仍然被资产阶级中的一个派别所控制和利用。结果,华莱士的竞选自然是失败了,连一张选举人票也没有得到。在美国政府发动侵朝战争之后,华莱士就和两大资产阶级政党站到一起,为政府的政策辩护,并且脱离了进步党。自此以后,虽然仍有些进步人士通过进步党来进行活动,但不久进步党也不复存在了。

4. 1968年美国独立党

这个"第三党"与前述几个"第三党"的特点有所不同,它是在20世纪60年代美国人民运动蓬勃发展的背景下出现的,它对群众运动尤其是黑人运动持公开仇视的极端态度,鼓吹种族主义,强调资产阶级的"法律和秩序"。

---

① Harbert S. Parmet, *The Democrats: The Years after FDR*, Macmillan, 1976, p.15.

美国独立党又是与 1948 年的州权民主党一脉相承的,它们都以美国南部各州为主要活动基地,以坚持种族隔离和歧视为特征。1948 年,由于民主党自由派在党的政纲中写进了一些主张黑人公平就业的条文,南部的保守派就退出了党的全国代表大会,另组州权党,以南卡罗来纳州州长瑟蒙德为总统候选人。1968 年美国独立党的总统候选人乔治·华莱士,也是一名狂热的种族主义者,他在任亚拉巴马州州长期间,顽固维护种族隔离政策,强烈抵制 20 世纪 60 年代通过的民权立法。由于对肯尼迪、约翰逊政府在种族问题上的某些缓和政策极为不满,乔治·华莱士在某些资本家的支持下,于 1964 年就出马争取民主党的总统候选人提名,但未能成功,于是,华莱士在 1968 年就纠集了一批种族主义、保守主义分子,公开打出"美国独立党"的旗号,并在种族主义势力强大的南部五州取得了 46 张选举人票。1972 年华莱士再次在民主党内竞争提名,但在预选中遇刺,受重伤,下肢瘫痪,被迫退出竞选。

综上所述,随着资产阶级两党制越来越暴露出它的阶级本质,人民群众对两大政党日益不满和失望,采取种种办法抵制和反对两党控制选举。当阶级斗争、政治斗争发展到一定程度时,资产阶级两大政党中的某些政客就会利用这种形势,趁机另外建立一个新党,与原来的两大政党相抗衡,参加竞选,企图执掌政权,这就是上述几个"第三党"的共同特点。虽然每一次"第三党"曾经一时显得声势浩大,发生过较大的政治影响,并直接引起过两大政党中某一个的分裂和危机,但是,它们都没有能够取代两大政党的地位,没有对两党制造成任何实际的威胁和破坏。这几个"第三党"中,只有 1912 年的进步党在选举中超过了原有的一个党,它得到的选票比塔夫脱的共和党还多,然而就连这个党也是竞选结束后就消失了,回归老党,没有任何成就。美国学者也看到了这一点,他们认为"美国政党制度一向被恰当地称为两党制,因为两大政党控制了总统的职位和国会,任何一个小党向它们挑战,从来都是无所成就的"①。

---

① 哈罗德·F. 戈斯内尔、理查德·G. 斯莫尔卡:《美国政党和选举》,复旦大学国际政治系译,上海译文出版社 1980 年版,第 22 页。

第四节　两种"第三党"运动的总结

到现在为止,我们实际上遇到了两种不同的"第三党":一种是恩格斯所提到并期望的"第三党";另一种是美国资产阶级学者所说的"第三党"。对这两者,应该认真地加以区别。前者是指独立的工人政党即真正的社会主义政党,它宣传并实践科学社会主义的理论,有独立的政治纲领和目标,其最终目标应是使工人阶级成为统治阶级,实现由整个社会直接占有一切生产资料,消灭剥削,用社会主义代替资本主义。总之,这个党应该是独立的,有自己的纲领、路线和方针政策的党,它是一种同一切资产阶级旧政党根本对立的新型的政党。这个新型政党不是昙花一现,而是坚持奋斗,直至实现社会主义和共产主义,所以它不仅反对现有的两党,而且反对包括两党制度在内的整个资产阶级制度,是两党制以外的"第三党"。

后一种"第三党",它并不独立于两大资产阶级政党,而是融合于两党政治之中,仅仅在某一两次总统选举时临时从两大政党中拉出一支队伍,选举后就又重新回归到两党中去。它实质上只是资产阶级中的一个派别,这个派别一般都包括两个基本支流:一个是组成该党领导集团的资产阶级领袖和政客;另一个是被该党吸引的对资产阶级社会现状不满、但又对资产阶级制度抱有幻想的群众。它们实质上仍是资产阶级的政党,它们的政治纲领和目标,与两大政党没有根本的不同,只有某些具体政策的分歧,其最终目标则是以某种方式(保守的或改良的、强硬的或和缓的)维护和挽救资本主义制度,而不是反对资本主义;它们只是在某些问题上暂时与现有两大政党有斗争,并不否定资产阶级两党制,而是企图取代两党中的某一个,在两党制中充当一个新角色,因此可以说它是资产阶级的"预备"政党或"候补"政党。总之,这类"第三党"是新的政党,但不是新型的党,是老政党的对立物,而不是旧政党的对立物,是新的旧式政党,是两党制下的"第三党"。

许多美国政党问题分析家也从不同角度研究过"第三党"的不同类型,其中,索罗夫在《美国政党政治》一书中的分析值得注意。他从各小党的起源上区别了三种类型:由于欧洲1848年革命失败来到美国的理想主义者建立的社会主义政党,主要以农业地区对社会不满的个体农民为基础的平民党,分裂自某一大党的新党。① 当然,索罗夫并没有提到"第三党"与两党制的关系,但他毕竟注意到了各小党的不同社会背景,把由于科学社会主义的传播而产生的社会主义政党与其他"第三党"区别开来了。

把两党制以外的"第三党"与两党制下的"第三党"、新型政党与新的旧式政党加以区别,是有重要意义的,这样有助于我们分析美国两党制的特点和作用,总结美国"第三党"运动的历史。

首先,我们注意到,资产阶级及其两大政党对上述两种类型的"第三党"采取了不同的态度和政策。如前所述,对两党制以外的社会主义的工人政党,资产阶级先是竭力阻止其产生,而当这种政党不可避免地产生后,资产阶级就采取经济的与政治的、暴力的与和平的、强硬的与缓和的种种手段,阻止社会主义工人政党的发展,削弱和抵消它的影响。

对两党制下的"第三党",就整个资产阶级而言,是根据某一时期的政治需要,允许甚至鼓励它们存在和发展,利用它们的活动,牵制和破坏两党制以外的"第三党",同时,也调节资产阶级内部的矛盾、调节资产阶级与工人阶级及其他社会集团的矛盾。本来,在资产阶级民主共和制下,两党制是具有调节这些矛盾的功能和作用的,可是,每当阶级矛盾、社会矛盾尖锐化、激烈化,统治集团内部矛盾严重的时候,单靠两党来调节上述矛盾已经不够,于是这类"第三党"就应运而起了。

在调节统治阶级与人民群众的矛盾方面,由于一批资产阶级政客出面,组织一个新党,根据紧张的阶级斗争形势下所出现的问题,提出一些不便于由两大老政党提出的口号,把对现状严重不满的群众吸引过去,使这种不满不至于脱离资产阶级民主的轨道。在对两大党都感到不满和失望时,广大人民群众是必然要寻求新的出路的,这实际上表明资产阶级民主这个政治外壳出现了裂痕,"第三党"的出现,恰恰是要修补这个外壳。资产阶级借以使群众相信,似乎这类"第三党"就是出路,就可以作为他们表达和实现自己要求的手段。正如美国学者所说的:"有了一些小党,就可以为两大党不能

---

① Frank J. Sorauf, *Party Politics in America*, 4th edition, Little, Brown and Company, 1980, p.46.

接受的政治观点的发表提供了一个安全阀。第三党起了这样的作用,即为持不同政见者在合法的政治活动范围内提供一条与组织暴力相反的出路。第三党的活动,甚至使那些激进的批评家,都对政治制度表示了信任。"①在许多情况下,这类"第三党"提出的某些政策主张,资产阶级的两大政党是同意并且采纳实行了的,因为这些政策作为资产阶级内部一个派别所提出的主张,其目的就是要维护和挽救资本主义制度,保障资产阶级的根本利益。由此可以说,两党制下的"第三党"起着这样的作用:促使两大政党制定比较实际的、符合资产阶级根本和长远利益的政策,实现资产阶级的长治久安的统治。因此,资产阶级需要两党制下的"第三党",以便顺利地了解和调节统治阶级与人民群众的矛盾。

在调节资产阶级内部的矛盾方面,两党制下的"第三党"同样起着重要作用。一般来说,两大政党的领导和政策都是由资产阶级中最有权势的集团操纵的,而上述"第三党"往往集合了资产阶级内部实力较弱的非权势集团的政治代表。在通常情况下,资产阶级内各个集团为了共同的阶级利益,一般能够比较容易妥协一致,这时,那些非权势集团的政治代表,就可以作为两大政党中的一个派别进行活动,两大政党机器也就可能顺利地调整资产阶级各集团的关系。可是,当资产阶级各集团间实力对比发生变化,或者权势集团过多地侵犯了其他集团的利益,从而引起各集团间妥协的破坏,两大政党的调节作用就可能失灵,那些受害太多的非权势集团就往往利用人民群众对两党、对权势集团的不满,脱离两大政党,纠集起一个"第三党",与权势集团操纵的两大党相抗衡。如本章第三节中所述,平民党、1912 年和1924 年的进步党在其发展过程中都有这种情况,它们实际上是由资产阶级中非权势集团利用或纠集并加以操纵的。"第三党"的活动有时也确实迫使两大政党接受它们的某些条件,采纳它们的某些主张,以便实现资产阶级各集团间新的妥协和平衡。一旦达成妥协,非权势集团的政治人物就回归两大政党,这类"第三党"就消失了。由此可见,两党制下的"第三党"是两党制的一种补充,起着体现和装饰资产阶级民主的作用。当然,那些最有势力的

---

① 杰伊·西格勒、罗伯特·盖茨:《现代美国政府:问题与前景》,载小阿瑟·施莱辛格主编《美国民主党史》,复旦大学国际政治系编译,上海人民出版社 1977 年版,第 9 页。

垄断资本家集团毕竟不会对非权势集团让步太多,不愿意让它们讨到太多的便宜,它们往往凭借自己的经济和政治优势,稳定地维持着两大政党的垄断地位,对"第三党"采取了又打又拉、亦压亦纵的策略,不允许"第三党"发展到取代两大政党的程度。例如,1948 年亨利·华莱士作为进步党候选人参加总统竞选时,俄亥俄州就专门通过法律,规定很高的条件,使他不能列入候选人名单;1924 年拉福莱特也在四个州里被排斥在候选人名单之外。① 权势集团的这种态度,正是两党制下"第三党"最终失败的重要原因。

现在需要进一步分析的,是上述两种不同类型的"第三党"间的关系。

在建立资产阶级民主的早期斗争中,工人阶级曾经作出过自己的巨大贡献。经过工人阶级和广大人民群众的长期斗争,资产阶级终于不得不在他们的民主制度中承认工人阶级组织自己的团体和政党的权利,承认工人群众参加选举投票的权利。毫无疑问,工人阶级政党应十分珍惜工人们为之付出了代价的上述权利,应充分利用资产阶级制度下的民主,来实现自己的独立目标。工人阶级政党应该参加议会,利用议会讲坛揭露资本主义制度的弊病,揭露资产阶级的罪恶,以便教育和争取广大群众,并且为实现有利于工人阶级的立法、反对进攻工人阶级的立法而斗争。工人阶级政党也应该参加资产阶级民主下的选举,在选举中宣传自己的纲领和主张,扩大政治影响。列宁曾经指出,在资产阶级统治下,除了选举的时候,是没有机会宣传社会主义的,因此,"西欧和美国的共产主义者必须学会创造一种新的、不寻常的、非机会主义的、不贪图禄位的议会活动方式"②。

可是,无论是参加议会活动还是选举斗争,工人阶级政党都应该作为一个完全独立的政党出现,始终坚持自己的最终目标——消灭雇佣劳动制度,并且随时做好应对突然事变的精神准备和组织准备,而不应让自己归附于某一个旧政党——无论是老的旧政党还是新的旧政党——中去,充当旧政党的小伙计。当然,这并不等于说工人阶级政党不可以利用旧政党之间的矛盾和争斗达到自己的目的。发生在两党制下的"第三党",往往包容了中

---

① Frank J. Sorauf, *Party Politics in America*, 4th edition, Little, Brown and Company, 1980, p.49;哈罗德·F. 戈斯内尔、理查德·G. 斯莫尔卡:《美国政党和选举》,复旦大学国际政治系译,上海译文出版社 1980 年版,第 24 页。

② 《列宁选集》(第四卷),人民出版社 1972 年版,第 252 页。

小资产阶级和城乡劳动者的力量,体现了他们反对垄断资本的情绪。工人阶级政党作为两党制外的"第三党",就应该正确分析和估量阶级斗争形势,利用两党制中的一切裂痕,在一定条件下,完全可以利用两党制下的"第三党",组织最广泛的反垄断资产阶级的统一战线,集中反对两个最大的资产阶级旧政党。对于两党制下"第三党"的纲领,工人阶级政党则可以在坚持自己的最终目标的前提下,同意其中反映人民群众当前要求的某些主张,把它作为自己的当前纲领和最低纲领的一部分,以便争取尽可能多的群众参加反垄断资本统一战线的大军。在这个问题上,工人阶级政党一概拒绝与两党制下的"第三党"进行某种程度和形式的联合行动、放弃宣传和争取群众的机会,是失策的、幼稚的;而忘记工人阶级的根本任务,同资产阶级两党制度妥协,把与旧政党的暂时妥协变成与旧政党的融合,则是错误的、危险的。工人阶级政党只有既保持自己的独立性,又善于巧妙地发现和利用一切可以利用的矛盾,联合一切可以联合的力量,才能不断发展壮大自己,最终战胜一切旧的政党。

第五章　美国两党制的演变和刷新

第一节　垄断资本主义国家政党制度的新特点

第一次世界大战以来,在由一般垄断资本主义发展为国家垄断资本主义的过程中,欧美各发达资本主义国家的政党制度普遍地刷新了,各国相继出现了由一个资产阶级改良主义的政党(或政党联合)与一个资产阶级保守主义的政党(或政党联合)轮流执政的政治形式。

这种情况首先发生在英国。英国从形成两党制后,长期由保守党和自由党轮流执政。[①] 但到了 1922 年,英国工党在议会中取得了仅次于保守党的席位,成为下议院中的第二大党,从而取代自由党成为正式的法定反对党。[②] 1923 年底,英国举行大选,保守党议席未过半数,结果工党在自由党支持下组织了联合内阁,但它仅存在十个月就垮台了。这期间,许多原自由党人转入工党,成为工党议员。1929 年,当英国经济形势恶化、失业严重、经济危机来临之际,工党第一次独立组阁。在这以后,英国就一直由工党和保守党轮流执政。这说明,英国工党虽经曲折,但已正式成为英国资产阶级两党制中的一员。那时欧洲资本主义各国原第二国际的那些社会民主党、社会党和工党,也或迟或早地参加或组织政府了。

某些社会民主党虽然自称为社会主义政党,标榜所谓"民主社会主义",

---

① 英国资产阶级两党制形成于 19 世纪 40 年代后期。那时,英国工业革命已基本完成,资本主义生产方式占了统治地位。随之政治上就发生了变化,由原先分别代表贵族地主和工业资产阶级的托利党和辉格党演变为保守党和自由党,两党的差异也日渐消失。

② 英国实行君主立宪制下的议会内阁制,即由在议会下议院中取得过半数席位的政党组织内阁,由该党领袖出任首相。而在下议院取得第二多数议席的政党即为法定的反对党,并组织一个影子内阁。

但实际上是信奉和实行资产阶级改良主义。以英国工党为例,它是在 1900 年由工人贵族操纵的英国职工会发起、由三个"社会主义"的团体联合组成的,其领袖就是一批工人官僚和资产阶级知识分子,它的纲领和政策则是以费边派①的理论为指导的,企图通过温和的改革,一点一滴地实现社会主义。其他各国社会民主党也大都成立于 19 世纪后 30 年里,当时欧美资本主义各国处于相对和平发展时期,无产阶级的力量也在这个时期有了较大发展,资产阶级与无产阶级的矛盾日益尖锐化了,社会民主党最初是在工人运动高涨和马克思主义广泛传播的基础上建立起来的。在马克思、恩格斯指导下,这些党对推进各国工人运动和社会主义学说的传播曾经起过积极的作用。然而,就在这时,各国已经由自由资本主义向垄断资本主义过渡,垄断组织从国内和殖民地得到大量的额外的垄断利润,就从垄断利润中拿出一部分收买工人运动的上层分子,培植起一个工人贵族阶层,从而使各国社会民主党内本来就存在的形形色色机会主义、改良主义有了更为有利的滋生土壤。因此,在马克思和恩格斯逝世以后,某些社会民主党就逐步被机会主义、改良主义派别控制,并在第一次世界大战期间完成了蜕变为资产阶级改良主义政党的过程。所以,列宁当时曾经指出,"现在'资产阶级工人政党'在所有帝国主义国家里都成了不可避免的和典型的现象"②。由此可见,这时参加和组织政府的社会民主党并不是新型的政党,而仍不过是新的旧式政党,它们与一个老的旧式政党(或政党联合)组成了新的资产阶级两党制或多党制,实现了资产阶级政党制度的刷新。

从 20 世纪 30 年代大危机以来,社会民主党、社会党和工党在欧洲各资本主义国家都积极活动,在有的国家里甚至连续单独执政长达 40 年之久。这些党在执政时强调国家干预经济的作用,竭力推行凯恩斯主义的经济政策,即实行以通货膨胀和赤字财政为基础的社会福利主义,以为通过现有的资产阶级政府,只要"完善"和"改进"现行的制度,宣称它们的目标就是实现

---

① 费边派即指费边社,是组成英国工党的三个团体之一,由一批资产阶级知识分子于 1884 年组成,以研究社会改良途径为宗旨。费边社领导人西德尼·韦伯于 1918 年起草了《工党与新社会秩序》的纲领,指导着以后几十年工党的活动。费边派的理论不仅是英国工人运动中机会主义、改良主义的理论来源,而且对各国社会民主党有巨大影响。

② 《列宁选集》(第二卷),人民出版社 1972 年版,第 894 页。

公平地分配收入,就能建立它们所希冀的社会主义制度。因此,各国垄断资本对社会民主党、社会党和工党参加或组织政府是持赞许态度的,而且,由于这些党对工人群众有较大的影响,控制着一些较大的工会组织,每当阶级斗争形势严峻时,垄断资产阶级为了稳定政局,常常积极支持这些党上台维持局面。

　　资产阶级政党制度的上述变化,是有其历史必然性的。在战胜封建主义的斗争中,资产阶级吸引着工人阶级、农民和其他劳动阶层,在这以后相当一段时间里,资产阶级仍然保持着对工人群众的强大影响,无产阶级则还没有壮大和成熟到在政治上对资产阶级造成威胁。在自由资本主义时期,相对地说资产阶级内部矛盾没有后来那样严重,由于利润的平均化,他们维持着瓜分剩余价值的平等关系,所以,资产阶级无论在经济和政治上都是强大的,统治基础比较广泛,在剥削手段上表现得肆无忌惮,在国家政策上则是制订了一系列强制延长工作日、规定最高工资的工厂法,并且剥夺工人的选举权,直接禁止工人结社等。

　　到了垄断资本主义时期,情况就变化了。一个垄断资产阶级从资产阶级中分离出来,垄断了国民经济的一切重要部门,成为在经济上极其强大的一个社会集团。然而,正是由于垄断,资产阶级内部的平等部分地被破坏了,垄断资产阶级占有垄断利润,不仅要榨取作为消费者的工人群众的一部分工资收入,侵夺小生产者的部分收入,而且要攫取非垄断资本家的一部分剩余价值。这样,垄断资产阶级就处于与一切社会阶级、阶层相对立的地位,统治基础变得极为狭小了。因此,垄断资产阶级为了巩固自己的统治基础,就必须把工人运动和社会主义运动的领袖人物拉到自己一边来,把工人贵族阶层从工人运动中分离出来。由于有了高额的垄断利润,垄断资产阶级就可以使工人阶级上层分子资产阶级化,其目的还是要"为这种经济事实和这种阶级关系的变动找到一种适当的政治形式",即要创造一种与给予工人贵族阶层的"经济上的特权和小惠相适应的政治上的特权和小惠"①。

　　从垄断资本的本性来说,它在经济上的统治势必要求政治上的集权和寡头统治,那样垄断资产阶级就要抛弃资产阶级革命时期曾经鼓吹过的"自

---

① 《列宁选集》(第二卷),人民出版社1972年版,第894—895页。

由、平等和民主"的口号,把法西斯独裁作为这种寡头统治的最好政治形式。一般来说,法西斯独裁是实行一党制的。但是,由于垄断资本主义是从资本主义中产生的,它并没有消灭竞争,而是垄断与竞争并存,商品生产的平等原则依然通行。因此,垄断资产阶级又不能完全抛弃资产阶级的民主,还要继续运用民主共和制的形式进行统治,以经常调节其内部的矛盾和竞争,调节与其他社会集团的关系。这样,法西斯独裁就只能是垄断资本主义在一定条件下才采用的政治形式,垄断资产阶级在一般情况下还不能不保留民主共和制的政治形式,而保留民主共和制,那就要实行两党制或多党制。况且,广大人民群众通过争取民主权利的长期斗争,已使得资产阶级国家在形式上扩大了民主制度,工人群众获得了选举权、组织工会权,甚至工人政党也不可能被强行取缔和解散了。这种情况又促使垄断资产阶级寻找一种适当的新的政治形式,于是,就产生了刷新两党制和多党制的问题。正如列宁指出的:"在我们这个时代没有选举是不行的,没有群众是行不通的,而要在印刷术异常发达和议会制度盛行的时代诱惑群众,就必须有一套广泛施展、一贯推行、周密布置的手法,来阿谀奉承、制造谣言、欺骗敲诈、玩弄流行的时髦字眼、信口答应工人实行种种改良和增进种种福利,只要他们肯放弃推翻资产阶级的革命斗争。"①垄断资产阶级采取的具体办法就是大力影响工人运动和社会主义政党中的某些领袖,并且同时让旧政党的某些领袖和活动分子渗入工人政党,使之蜕变为资产阶级改良主义政党,然后让这种政党加入老的政党行列,使之轮流上台,组成新的两党制或多党制。

从历史上看,欧洲各发达资本主义国家政党制度刷新的过程是与国家垄断资本主义发展的过程相并行的。在第一次世界大战期间,由于战时经济的推动,各国资产阶级政府实行了对经济的干预和管制,使垄断组织获得了更多的垄断利润,这便是国家垄断资本主义的最初发展。正是在这期间,许多国家的社会民主党和工党领袖参加了资产阶级政府,如英国的韩德逊、比利时的王德威尔得、法国的马赛尔·桑巴、瑞典的卡尔·布兰廷、丹麦的斯陶宁、德国的谢德曼等。后来,由于 20 世纪 30 年代的经济危机,各国垄断资产阶级再次从发展国家垄断资本主义中找出路,使国家政权直接从属于

---

① 《列宁选集》(第二卷),人民出版社 1972 年版,第 895 页。

自己的利益,有系统地运用政治力量,干预经济生活,保证自己能获得高额的垄断利润。而各国社会民主党这时也由原来个别领导人物参加政府,发展为作为一个政党进入政府甚至组织政府,由原来的暂时参政发展为经常的长时间执政。到第二次世界大战后,各垄断资本主义国家的国家垄断资本主义进一步发展为全面的、扩展到国家经济生活各个方面的经济形式,上述刷新的政党制度也成了一种稳定的政治形式。在那些实行过法西斯独裁的一党制的国家,战后恢复了民主共和制和多党制,这种多党制也已经是刷新了的多党制。

　　社会民主党和工党参加资产阶级的两党制或多党制,与国家垄断资本主义发展这两者之间是有必然联系的。国家垄断资本主义作为一种经济形式,意味着垄断组织直接控制国家政权、加强国家政权的经济职能和社会职能,以攫取垄断利润。因此,在这个由一般垄断资本主义发展为国家垄断资本主义的过程中,资产阶级的经济政治理论也由自由放任主义转向国家干预主义,由消极的有限政府主张转向积极的大政府主义,凯恩斯主义就是这种新理论的集大成者。凯恩斯主义承认资本主义制度下的经济危机和失业问题,但认为只要国家采取一定政策积极干预经济生活就可以解决这些问题,并宣称国家干预经济是为了全社会的利益,为了实现"普遍福利国家"。这样,垄断资产阶级就需要社会民主党为它们宣传和实行国家垄断资本主义,因为社会民主党理论的一个重要特点,就是宣传社会民主,否认国家是阶级统治和压迫的工具,而把国家说成是超阶级的社会福利机构。社会民主党则对发展国家垄断资本主义表现出极高的热情,它们认为无需改变国家的资产阶级性质,只要采取征收所得税、发展社会福利措施、对某些经济部门实行国有化等政策,加强政府的作用,就能实现社会收入的公平分配,消除资本主义的弊病,并进而宣称这就是社会主义,亦即把国家垄断资本主义与社会主义混淆起来。这样,社会民主党就与垄断资产阶级有相同之处,在由一般垄断资本主义发展为国家垄断资本主义的问题上完全取得了一致,社会民主主义则与资产阶级政治经济学说的一些流派相融合。由此可见,刷新两党制或多党制,是在社会民主党或工党的参与下完成的。

　　从上述分析可以看出,刷新的两党制作为一种政治上层建筑,是随着垄断资本主义这个经济基础的形成而形成的,它一旦形成,便对经济基础即生产关系发生反作用,对生产关系作某些调整,适合并促使垄断资本主义发展为国家垄断资本主义,在一定限度内适应生产力的发展。社会民主党和英国工党实质上是把国家垄断资本主义的措施称为社会主义,这是不应该的,但也表明垄断资本主义的生产关系在其范围内发生了一些变化。

上面我们对欧洲各国资产阶级两党制、多党制的刷新作了综合的分析,看到这种刷新是一个普遍的现象。然而,美国情况却有所不同。因为美国的社会主义运动、工人运动没有发展到欧洲那样的水平,没有产生一个有强大影响和号召力、有广泛群众基础的社会主义政党,随之也就产生不了一个有足够力量参加和组织政府、由社会主义政党蜕变来的资产阶级改良主义政党。但是,美国垄断资产阶级为了巩固统治基础,为了美国国家垄断资本主义的发展,仍然需要刷新两党制,需要一个带有资产阶级改良主义色彩的政党参加并轮流执政,因此,美国就成为刷新两党制的一个特例。美国两党制刷新的特殊之处在于:它不是由一个名义上的工人政党和社会主义政党即英国工党型的资产阶级工人政党进入两党制,而是由两大旧政党中的一个变形为带有资产阶级改良主义色彩的政党,使两党制从内部发生演变,实现垄断资产阶级所要求的刷新。这个变形的带有资产阶级改良主义色彩的政党就是美国民主党。在下面几节里,我们就具体分析美国民主党的演变过程及其意义。

第二节　美国民主党改良主义化的历史条件和社会基础

如前所述,1884 年克利夫兰竞选总统获胜,标志着民主党已经转变为资产阶级的两大政党之一,开始了它与共和党轮流主持政府的历史。我们现在要叙述和分析的是美国民主党从 19 世纪后期开始的又一个演变过程,这就是更加漫长、更加重要和值得注意的改良主义化的过程。

从南北战争结束到"新政"的 70 年间,共和党长期执政,推行一系列维护大工业家、大银行家利益的政策,成为大资产阶级的代表,原先的那个反奴隶制的广泛联盟早已烟消云散。与此同时,民主党长期在野,以共和党政府的批评者身份出现,民主党政客们则往往利用人民群众对共和党的不满做文章,因此,民主党逐渐在社会下层群众中发展了自己的力量。在南北战争结束后到 20 世纪初,美国民主党主要代表了资产阶级内部农业集团和银矿主的利益,但它还常常把自己装扮成一般农民的代表。而一般农民以为扩大纸币发行、自由铸造银币就可以降低利息、减轻债务和抬高农产品价格,降低关税可以使他们买到较便宜的工业品,所以他们比较满意民主党主张的自由贸易、贬值纸币和使用银币的政策,很容易接受民主党的宣传和影响,成为民主党的基本群众。正因为如此,当时集几十年改良主义之大成的平民党才最终合流于民主党。

　　当时,美国工人运动由于没有形成一个强大的、统一的工人政党,发展起来的若干工人组织最终往往归附于两大政党,尤其是被民主党吸收。除了前面说到的全国劳工同盟在瓦解后归入民主党外,亨利·乔治运动是工人组织倒向民主党的又一个突出例子。亨利·乔治是 19 世纪后期美国工人运动中一位有影响的思想家和活动家。[1] 他建立的统一工党曾成为纽约市的一支重要政治力量,1886 年,亨利·乔治作为市长候选人参加竞选,轰动一时。但在竞选失败后,统一工党就逐渐衰落,亨利·乔治本人则在第二年转入了民主党。[2]

　　工人运动在当时倾向民主党,也有社会原因。内战后美国北部城市的工人,相当一部分是新近从欧洲(主要是德国和爱尔兰)迁来的移民,资本家为了获得廉价的劳动力,希望放宽移民限制。在野的民主党政客适应这一部分资产阶级的需要,投移民之所好,为他们介绍职业,提供煤和食品,从而得到了他们的支持。同时,由于资产阶级政策的影响,某些工人担心黑人的解放会影响自己的就业,也不愿支持在南北战争时主张解放黑奴的共和党。于是,各工业州的城市工人常常成为民主党竞选时的争取对象。[3]

　　总之,19 世纪后期美国工人运动和农民运动中的改良主义派别在特定

---

　　① 亨利·乔治认为土地是一切财富的泉源,土地私有制是贫困的原因,他主张通过增加对土地价值课税的办法,使土地变成共同财产,并使土地向全体社会开放,使人人都可以靠小规模的农业或工业活下去,这样就可以消灭贫困。恩格斯曾称这种主张为"拯救资本主义制度的最后的尝试"。

　　② 希尔奎特:《美国社会主义史》,朱立人译,商务印书馆 1974 年版,第 236 页。

　　③ 小阿瑟·施莱辛格主编:《美国民主党史》,复旦大学国际政治系编译,上海人民出版社 1977 年版,第 167 页。

的历史条件下,大都卷入了民主党的阵营,从而为民主党的改良主义化准备了基础。而在从一般垄断资本主义向国家垄断资本主义发展的过程中,美国社会经济和政治生活的变化,要求统治集团对以往采用过的传统政策作较大的调整,这主要有以下几点。第一,经济上的自由放任主义做法已经过时,需要转向国家积极干预经济生活的政策,政治上则由有限政府转向积极政府。在建国之初和 19 世纪,有限政府和自由放任一直是美国的正统思想,但到 19 世纪后期,积极政府的主张就开始发展起来,并且获得越来越多的响应。当时,很多人都提出过"积极政府"的主张,不过,不同的阶级对这个口号有不同的理解。"积极政府"的口号开始是与反垄断相联系的。农民苦于铁路运费的高涨和垄断价格造成的工业品昂贵,中小资本家则受到垄断组织的威胁和排挤,就都指望政府能运用权力管制和限制托拉斯。城市工人和其他居民则指望靠政府推进和发展城市社会福利。所以,"积极政府"开始是作为社会中下层中的一种改良主义思想出现的。后来,垄断组织在经济生活中占了统治地位,则要求直接控制政府权力,根据垄断的需要去干预经济生活。第二,注意工会的活动和作用,干预和控制劳资纠纷。随着美国的工业化和城市发展,工人运动逐步具有了影响社会生活的声势,劳资纠纷频频发生,垄断资本就要求政府直接出面经常地干预劳资冲突,保护垄断组织的利益。第三,解决商品销售困难,发展社会救济。一方面,由于资本主义基本矛盾的深刻化,生产的发展与市场的相对狭小的矛盾越来越尖锐;另一方面,由于城市人口发展和生产技术的改进,就业问题也日益尖锐。资产阶级为了压低在业工人的工资,既要保持一支产业后备军,又害怕由此产生的严重的社会问题会破坏资本主义生产的秩序,因而要求政府通过财政措施,发展福利救济事业,借以缓和失业问题,解决一部分产品的销路问题。第四,由保护关税、通货紧缩转向自由贸易、通货膨胀政策。关税问题已如前述。在货币问题上,东部资产阶级过去一直是主张硬币和金币政策以稳定币值的。但后来,工业资本家以及由银行资本与工业资本融合形成的金融资本家看到通货膨胀能抬高工业产品的价格,而工人的工资却不会跟着同时提高,因此就转而赞成通货膨胀了。

从历史上两党之间的争论来看,共和党一般来说是难以适应上述政策调整的要求的。内战后几十年里共和党长期执政,这段时间是美国历史上

自由放任的高峰年代,自由放任的理论"通过企业界对联邦政府操纵而得到
了实际的应用"①。所以,共和党的传统理论和政策就是用高关税和稳定货
币等办法促进工业繁荣,帮助资本家发展企业,随之而来就能实现高就业、
高工资,不必对经济进行其他形式的干预,反对征收所得税和公司税,反对
管制公用事业,反对政府举办公共工程和社会救济。民主党则不同,它在历
史上就是主张自由贸易和通货膨胀政策的,对 19 世纪后期风行一时的自由
放任政策它也不必承担任何责任,加上它与工人组织和农民运动的某些联
系,尤其是合并了平民党以后,就把平民党等提出的一些改良主义主张接了
过来,当作自己的纲领。例如,平民党的纲领中曾明确要求扩大政府权力,
主张由政府经营铁路、管理电话电报、征收所得税、保障银行存款等,民主党
就把这些主张从形式上接过去,作为实现垄断资本所要求的积极政府、国家
干预的工具。平民党人要求靠政府发行不兑换纸币,即用通货膨胀的办法
筹集资金,发展城市社会福利,举办公共工程吸收失业工人就业,设立国库
分库、以农产品作抵押、向农民发放贷款等,也与民主党的通货膨胀传统主
张相合拍。② 所以,到 20 世纪初,民主党在与共和党共同代表垄断资本利益
时,又把自己装扮成工人和普通人民群众的代表,渐渐显出了作为一个类似
资产阶级改良主义政党的面貌。

　　1912 年的进步党也是一个鼓吹资产阶级改良主义的第三党,在它的纲
领中也写进了所谓制订最先进的工厂法、实现合理的工资、监督托拉斯等主
张。与进步党运动相联系的进步主义,实际上是继平民主义后出现的一种
改良主义思潮,它继承了平民主义的某些传统,但又不再主要反映西部农民
的幻想,而是提出了在垄断资本主义条件下如何通过改良拯救资本主义的
问题。由于民主党接受了平民党纲领中的许多改良主义主张,因而就很快
跟上了进步主义运动的发展。1912 年选举的结果,民主党的威尔逊上台,他
提出了"新自由"的口号,推行的则是进步主义运动中提出的一些资产阶级

　　① 　福克纳:《美国经济史》(下卷),王锟译,商务印书馆 1964 年版,第 74 页。
　　② 　参见 Arthru M. Schlesinger, ed., *History of US Political Parties*, Chelsea House Publishers, 1973, pp.1719, 1712; John D. Hicks, *The Populist Revolt: A History of the Farmers' Alliance and the People's Party*, University of Nebraska Press, 1961, p.441;安·罗切斯特:《美国人民党运动》,马清槐译,生活·读书·新知三联书店 1957 年版,第 103 页。

改良主张。

威尔逊的"新自由"主要表现为：一方面降低关税，开始征收联邦所得税，建立联邦储备系统控制货币发行；另一方面，为了缓和垄断组织与人民群众的矛盾，通过了《克莱顿法》和《联邦贸易委员会条例》，对签订价格协定、收买股票、互兼董事等做了一些限制，扩大了 1887 年成立的州际贸易委员会的权力。同时，威尔逊政府还开了社会福利立法之先，通过了《亚当森法》《拉福莱特法》《克恩-麦吉利卡迪法》《童工法》等，对铁路工人八小时工作日、海员工作条件和联邦雇员报酬等做了规定。

总之，"新自由"就是适应资本主义发展的新情况，调整了若干经济政策，并对工人农民群众作了一些让步。威尔逊这样做的目的是很清楚的，他说："我们不需要革命，我们不需要剧烈的变革；我们只需要一种新的观点，一种新的方法和协商精神。"[①] 显然，威尔逊推行改良主义政策的真实意图是预防革命的发生，保护和发展资本主义。威尔逊政策的实施结果，在一定程度上改善了工人群众的生活状况，这就使得工人群众加深了对资本主义制度的幻想。经过"新自由"，工人群众接近民主党的倾向加强了，美国劳工联合会也与民主党形成了较为亲密的关系。1908 年，劳联向共和党和民主党全国代表大会提出了反对罢工禁令的政纲条目。这个政纲条目遭到了共和党的拒绝，却受到了民主党的欢迎。[②] 1912 年的民主党政纲就包括劳联的这个政纲条目的内容。威尔逊政府的《克莱顿法》，明确写上了限制法院颁布禁止罢工的命令的权力和承认不得以阻碍贸易为理由对罢工工会起诉的字句，更使劳联领导人欣喜若狂，把《克莱顿法》欢呼为"劳工大宪章"。[③] 因此，在 1916 年威尔逊竞选连任时，工业州的劳工群众大都投了他的票。这种趋势在 20 世纪 20 年代继续发展，共和党对工人群众的影响继续减弱，1924 年选举时，城市的工人转向拉福莱特的进步党，并以此作为一个中间站又在 1928 年转向民主党。[④]

① August Heckscher, ed., *The Politics of Woodrow Wilson: Selections from His Speeches and Writings*, Harper, 1956, p.185.

② 小阿瑟·施莱辛格主编：《美国民主党史》，复旦大学国际政治系编译，上海人民出版社 1977 年版，第 232 页。

③ 美国劳工部劳工统计局编：《美国劳工运动简史》，邢一译，工人出版社 1980 年版，第 17 页。

④ Richard Hofstadter, *The Age of Reform: from Bryan to F.D.R*, Knopf, 1956, p.299.

值得强调的是,威尔逊政府推行"新自由"正好是在第一次世界大战前后,这与欧洲社会民主党某些领导人参加资产阶级政府恰好在时间上是吻合的,而且正是在威尔逊政府时,美国国家垄断资本主义有了突出的发展,这就说明,威尔逊政府标志着美国民主党已经明确地走上了资产阶级改良主义的发展方向。因此,当20世纪30年代经济大危机暴露了资本主义制度的严重矛盾、一般垄断资本主义要向国家垄断资本主义发展时,就很自然地由民主党来完成这件事了。当这场危机刚发生时,在繁荣中连续执政了八年的共和党政府如梦初醒,以为经过一段时间经济就会自行恢复,依旧守着"自由放任"原则不放。共和党总统胡佛认为,经济萧条"不能靠立法活动和行政命令来治愈",繁荣"不能靠进攻国库来实现",他一再否决和阻挠失业保险、公共工程、福利救济的计划和预算。[①] 所以,到1932年总统选举时,经济形势糟到极点,胡佛政府威信扫地,资本主义面临崩溃。结果,罗斯福竞选获胜,上台后就开始实行"新政",通过大规模的改良来拯救资本主义制度。

第三节　美国民主党成为带有资产阶级改良主义色彩的政党

民主党罗斯福政府实行的"新政",是一场大规模的、涉及社会生活各个领域的、由一般的垄断资本主义发展为国家垄断资本主义时的社会改良运动。在这场运动过程中,美国民主党的演变和发展实现了一个转折,成为一个带有资产阶级改良主义色彩的政党。这个变化表现在两个方面:一是民主党形成了一条完整的资产阶级改良主义路线及其理论,二是改良主义的派别在该党党内取得了主导地位。

民主党的改良主义路线是在"新政"时正式形成的,所以又称为"新政"自由主义路线。罗斯福实行"新政"时,通过了大量的社会改良立法,就其经

---

① 小阿瑟·施莱辛格主编:《美国共和党史》,复旦大学国际政治系编译,上海人民出版社1977年版,第294页。

济意义而言,这些立法有以下几个方面。

第一,由限制垄断变为公开限制竞争,实行国家强制下的垄断。和以往平民党、进步党鼓吹加强政府作用、限制垄断、恢复自由竞争不同,罗斯福"新政"实行积极政府,由政府采取带强制性的经济手段,把经济纳入卡特尔的轨道。工业中的"公平竞争"和农业中"分配减种",用意都是限制和缩小生产规模,减少产品,维持价格,保证垄断资本家获得最大的利润。

第二,承认工人组织工会和集体谈判的权利,缓和劳资冲突。罗斯福政府设立了全国劳工关系局作为具体干预和调解劳资纠纷的机构。"新政"期间,工会组织迅速发展,1935 年成立了按企业部门组织的产业工会委员会即产联。[①] 但产联一开始就被罗斯福政府和民主党控制,成为政府调解劳资冲突的助手,蓬勃发展的工人运动被纳入了"合法""谈判"的轨道。

第三,发展社会福利主义的措施。这包括三项重大的社会政策和经济政策,即社会保险、以工代赈和规定所谓公平劳动标准。社会保险主要是实行和扩大养老金制度、向失业工人提供救济等;以工代赈主要是大规模兴办公共工程,吸收失业工人修建交通、福利、行政和游乐设施以及造林、防洪等,既是为了缓和失业问题、缓和劳动群众的思变情绪,又为垄断资本家提供了赚取大量利润的机会;公平劳动标准即规定最高工时和最低工资,在形式上规定了工人的最低生活标准。

第四,放弃财政平衡的传统理论,实行赤字预算;放弃金本位制,开始膨胀通货。罗斯福政府借当时整顿濒于崩溃的银行体系的机会,扩大了联邦储备银行发行货币的权力,并取消了金本位制。这样,政府就大量发行纸币,并与赤字财政结合起来,支持"新政"的整个财政计划。

综合上述政策,"新政"的路线就是积极扩大和发挥联邦政府的作用,重新调整国内的阶级关系,缓和阶级矛盾和社会矛盾,缓和生产和消费的矛盾,达到保存资本主义制度的目标,实质就是用国家垄断资本主义补充和支持一般的垄断资本主义。这条路线是一条资产阶级改良主义路线,它与民主党内长期以来发展的改良主义倾向结合起来,成为其后几十年中民主党的主导路线。

---

① "产业工会委员会"于 1938 年改名为"产业工会联合会",简称"产联"。

　　"新政"以后,民主党又几度控制过总统职位,这几位民主党总统都提出过一些鼓动人心的改良主义纲领和口号,即杜鲁门的"公平施政"、肯尼迪的"新边疆"、约翰逊的"伟大社会"和"向贫困开战"。[①] 这些纲领继承并发展了"新政"式的资产阶级改良主义路线,尤其是肯尼迪-约翰逊政府大幅度地扩大政府开支、增加联邦投资、发展公共工程和社会福利,把社会保险从一般的失业救济和老年退休金扩展到住房、医疗和教育补助的领域,大搞"以学代赈"的职业教育和技术训练,同时发展兼具公共工程和军火生产双重意义的空间研究工程,而这一切又建立在增加预算赤字和大量发行公债、增加货币发行、大搞通货膨胀的基础上。

　　把"新政"以来历届民主党政府的施政与欧洲各发达资本主义国家的社会民主党、工党的施政相比较,我们可以看出,美国民主党虽然不是打着社会民主主义的旗号,披着"工人政党"的外衣,但在格外卖力地推行凯恩斯主义经济政策,大搞以通货膨胀和赤字财政为基础的社会福利主义这一点上却是一致的,实质都是要用资产阶级改良主义来挽救资本主义,只不过在形式上、外表上有所不同而已。正因为如此,我们才把美国民主党看成是类似英国工党型的资产阶级改良主义政党的一个特例,它们的区别在于:后者是蜕变的工人政党,前者却是变形的资产阶级政党。从理论上看,美国民主党虽然公开宣布捍卫资本主义制度,并不像欧洲社会民主党、工党那样鼓吹渐进地实现社会主义,但在"福利国家""有组织的资本主义"一类改良主义口号下,宣扬的政策思想在实质上是与社会民主党相似的。从罗斯福开始的几位民主党总统都宣扬"福利国家",罗斯福称政府就是帮助人民的"有组织的力量",保护人民维持一种"根据当代标准应是过得去的生活"[②]。肯尼迪

---

　　① "公平施政"是杜鲁门在取得 1948 年竞选胜利后于次年 1 月 5 日给国会的咨文中提出的立法计划和纲领,这个纲领肯定了他在继任总统不久提出的扩大社会福利措施的立法建议,其基本内容就是由政府开支,大搞学校和住房建筑,实行教育补助、医疗保险等。但这个计划由于遭到共和党控制的国会拒绝而失败。"新边疆"是指肯尼迪的施政纲领,因肯尼迪在 1960 年接受民主党全国代表大会提名的演说而得名,他在演说中宣布:"旧时代正在告终。老一套行事方式不行了。……我们今天是站在一个新边疆"。"向贫困开战"是约翰逊在 1964 年 1 月致国会的咨文中提出的口号,后来他又提出建设一个"伟大的社会",实现"人人富裕""人人自由",结束"贫困和种族歧视"。从肯尼迪政府开始,尤其是在约翰逊政府任内,美国国会通过了大量的社会福利立法以及几个民权法案。
　　② 《资产阶级政治家关于人权、自由、平等、博爱言论选录》,世界知识出版社 1963 年版,第 273 页。

则认为"美国宪法并非要政府或国会软弱无力。宪法让它们有明确的责任去促进普遍的福利"①。约翰逊所谓"伟大社会"指的也正是"福利国家",他声称"我们党和我们国家,要向老年人、病人和饥饿者伸出同情之手,慈爱之手"②。这些说法的共同之处,就是把国家看成超阶级的东西,是居于各阶级之上的社会福利机构,只要加强政府权力,发挥政府的协调作用,就可以实现全民的福利,使社会的所有成员都过上幸福的生活。可见,这个"福利国家"的理论与社会民主主义、费边主义否认国家的阶级本质的理论是如出一辙的。

我们再看民主党实现"福利国家"的基本措施之一,即所谓"公平分配收入"。这是"新政"以来民主党领导人常常鼓吹的一个基本论点。罗斯福认为,只要使"购买力很妥善地分布在全国的每一个团体中",就能实现普遍的繁荣③。杜鲁门在提出"公平施政"立法纲领时也声称,要"提高生产率和公平分配收入,在此基础上提高工资和提高生活水平"④。这种离开生产资料所有制的形式谈分配的"分配决定论",其实正是英国工党费边主义的货色,它被美国民主党接受,并体现在自己的政治活动中。而且,我们还可以从美国历史上找到"福利国家"和"公平分配收入"的直接思想渊源,这就是平民党的纲领,民主党合并了平民党,就把平民党关于扩大政府权力兴办社会福利、征收累进所得税等一套主张吸收过来了。关于这一点,英国工党的著名理论家哈罗德·拉斯基注意到了,他认为,"富兰克林·罗斯福的'新政'是伍德罗·威尔逊'新自由'的逻辑发展。但威尔逊的'新自由'又是进步运动的发展,……但是仔细考察过进步运动的人,不会不看见这一运动是深深地根源于人民党⑤运动上面"⑥。这就是说,从"新政"开端的民主党改良主义纲领在思想上是渊源于平民党的改良主义的。对此,肯尼迪也领会到了,肯尼迪在宣布其"新边疆"的口号时说过,"伍德罗·威尔逊提出的新自由给我

---

① Herbert Druks, *From Truman Through Johnson: A Documentary History*, Vol. 2, R. Speller, 1971, p.10.

② 同上书,第115页。

③ 《资产阶级政治家关于人权、自由、平等、博爱言论选录》,世界知识出版社1963年版,第270页。

④ Herbert Druks, *From Truman Through Johnson: A Documentary History*, Vol. 1, R. Speller, 1971, p.114.

⑤ 人民党即平民党。前者是People's Party的中译,后者是Populist Party的中译。而这两个名称在英语原文中指的是同一个党。

⑥ 哈罗德·拉斯基:《美国总统制》,何子恒译,上海人民出版社1959年版,第184页。

们国家带来了一种新的政治和经济结构的希望。富兰克林·罗斯福的新政答应给那些匮乏的人们以安全和救济","一个组织和管理得像我们这样的国家能够继续存在下去吗？这就是问题所在"①。肯尼迪虽然没有把线索一直追溯到平民党,但他有一点说得是很明白的,那就是"新自由"也好,"新政"也好,他自己的"新边疆"也好,都是为了解决资本主义生死存亡的问题,所以,他才说"我所讲的新边疆不是一大套许诺——而是一系列的挑战"②。这个挑战就是用改良主义的办法来拯救资本主义。

民主党有一整套资产阶级改良主义理论、纲领,这同改良主义派③在党内占了支配的地位是分不开的。我们在分析两党中跨党派别时曾谈到,新政自由派及由其发展来的新自由派在民主党内势力较强,还分析过自由派的经济背景,但从社会思想上来看,自由派就是改良主义派。这里,我们就要着重分析改良主义派在民主党内取得支配地位的过程。

自从平民党并入民主党后,自由派就在民主党内发展起来,"新政"时期是这个发展过程的转折点。这个变化明显地表现在 1934 年中期选举和 1936 年的选举中。由于实行"新政",联邦政府大大地扩大了,几十个新的政府机构相继建立,其中相当大一部分是形形色色的救济机构,主要面向城市居民和工人。这样,从华盛顿特区到各州和各地方,都有一大批政客和寻找职业的知识分子投向这类机构,成为"新政"的执行者和拥护者。其中,不少人相继以从事救济工作为政治资本,以支持"新政"为竞选口号,以民主党人身份当上了国会议员和各级行政长官,他们在政治上采取了自由派立场,成为民主党内自由派的骨干,如杜鲁门、史蒂文森、约翰逊、汉弗莱等人,都是沿着这条道路登上政坛并进入民主党的领袖层的。④ 不过,在"新政"时期,

---

① 小阿瑟·施莱辛格主编:《美国民主党史》,复旦大学国际政治系编译,上海人民出版社 1977 年版,第 398 页。

② 同上。

③ 在美国政治词汇中,所谓自由主义就是指资产阶级中既不同意保守主义、又不同意激进主义的经济和政治思想,历史上的平民主义、进步主义都被归于自由主义的范畴,实质上它就是资产阶级的改良主义,不过在不同的时期有不同的说法和内容。

④ 威廉·曼切斯特:《光荣与梦想——1932—1972 年美国实录》(第一册),广州外国语学院英美问题研究室翻译组译,商务印书馆 1978 年版,第 136—137 页;Herbert Druks, *From Truman Through Johnson: A Documentary History*, Vol. 2, R. Speller, 1971, p.137;《国际百科全书》第 17 卷第 276 页、第 9 卷第 41 页。

南部保守派在民主党内仍有强大的力量。从内战以来,南部就由民主党占优势,但南部民主党人代表的是南部资本家的利益,由于南部的工业和技术水平远远落后于北部,劳动力价格便宜,工会组织几乎没有发展,南部资本家为了维护这些有利的剥削条件,就主张维持现状,反对"新政",尤其反对规定最高工时和最低工资,反对承认工会。因此,南部保守派民主党人常常与共和党结盟,反对罗斯福"新政"的许多立法措施。罗斯福为了顺利地推行他的改良主义路线,就在1936年取消了党内的"三分之二规则",在一定程度上削弱了南部派的地位。①

在"新政"时期,自由派在民主党内取得了明显的优势,控制了党的路线和全国领导,这种情况在第二次世界大战后又由于保守派主要是南部保守派由民主党流向共和党的缘故而加强了。从19世纪后期以来,进步派、自由派主要是从共和党流向民主党的,"第三党"运动则是这一流动的中转站,"新政"前的"第三党"运动,都是自共和党分裂出来的,最后并入民主党,而且这几个"第三党"都具有改良主义的色彩。但"新政"以后的"第三党"却都是从民主党分裂出来的,除了1948年进步党外,又都具有保守主义的色彩。从1948年的州权党到1968年的美国独立党,我们可以看到一条明显的线索,即南部保守派经过第三党转向了共和党。州权党的总统候选人瑟蒙德就在1964年选举之前正式退出民主党加入共和党,乔治·华莱士的支持者在1972年也由于华莱士遇刺退出竞选而大都转向共和党了。许多美国政党问题分析家注意到南部的"一党体制"变为"两党体制",正说明了南部保守派日益与民主党分离,而共和党的势力随之进入了南部。

在南部保守派对民主党产生离心倾向的同时,在南部还出现了一批所谓"新南部派",即指那些赞成扩大社会福利开支、主张对黑人采取比较缓和的政策、改变过去那种公开的种族歧视和隔离的做法的南部政客,他们作为民主党人,与北部城市的民主党人相接近,一般支持党的全国政策。这些人主要是20世纪五六十年代出现的一批国会议员和州长,前总统卡特由于他在任佐治亚州州长时的政绩,就被人称为"南部新型温和派领袖的代表"②。

①　参见本部分第二章第五节。
②　莱斯利·惠勒:《吉米·卡特》,北京大学法律系编译组译,北京人民出版社1978年版,第82页。

总之,在"新政"以后,美国民主党的思想路线、政策纲领和组织领导都改良主义化了,成为一个新型的资产阶级政党,即带有改良主义色彩的政党。

第四节　美国两党制的刷新及其意义

在美国资产阶级学者关于政党问题的著作中,1936 年以后的两党制通常被称为"第五政党体制",或称"新政体制"①。贾德森·L. 詹姆士这样写道:"由于大萧条和新政,第五两党体制形成了,共和党—民主党的竞争仍在继续,基础却变动了。"②其实,这个"第五两党体制"就是我们正要加以分析的美国的新型两党制,即根据垄断资本主义的需要刷新了的资产阶级两党制。

关于美国新型两党制,拉斯基注意到了它的性质,他说:"凡是将美国政党的历史考察到 1933 年为止的时候,除开外交不管,就会觉得它们的性质,和 1906 年英国工党兴起以前的政党性质,非常相像。"③他的意思是明白的,即到 1933 年为止的美国共和党和民主党,与 1906 年以前的英国保守党和自由党类似,都是保守的资产阶级政党。他又说,"各种不同的利益,尤其是……政治觉醒的劳工方面的利益,就会跟着逼使政党重行整编,从而形成保守的和进步的政党"④。显然,拉斯基企图对"新政"以后的民主党加以粉饰,把它说成是反映了"政治觉醒的劳工"利益的"进步"政党,这是在歪曲民主党仍然是垄断资产阶级政党的性质。但是,拉斯基在这里也说出了这样一个事实,即"新政"以来的美国民主党是与英国工党相似的,这就为我们研究美国"第五两党体制"提供了线索。

首先,从"新政"开始,美国的两党制虽然仍由共和党和民主党组成,政党的招牌并没有变,但各自的组成都变了,队伍重新整编了。其次,包括英

---

① 美国政党史的五个发展时期,即五个政党体制。从杰弗逊创立民主共和党到门罗时期联邦党解体为第一政党体制,自此到共和党成立为第二政党体制,从内战到 1896 年民主党合并平民党为第三政党体制,再到 20 世纪 30 年代为第四政党体制,"新政"以后为第五政党体制。自然,这是一般资产阶级学者的划分方法,可以作为我们研究时的参考。

② Judson L. James, *American Political Parties in Transition*, Harper & Row, p.42.

③ 哈罗德·拉斯基:《美国总统制》,何子恒译,上海人民出版社 1959 年版,第 174 页。

④ 同上书,第 185 页。

国在内的各垄断资本主义国家政党制度刷新的基本规律,在美国不仅是适用的,而且已经实现了,只是有它自己的特殊实现形式而已。现在,我们就具体分析美国新型的两党制,分析共和党如何是保守的党而民主党如何是"进步"的党(带有改良主义色彩的党)。关于民主党,我们在上一节已经作了较详尽的分析,这里我们再对共和党自"新政"以来的情况作一简单概述。在罗斯福和杜鲁门政府的年代里,共和党作为一个整体,作为一个没有控制总统权力的党,其形象总是保守的,反对"新政"的,尤其是第八十届国会反映了这一点。当然,经过"新政"和第二次世界大战,由于垄断的进一步发展和生产与消费矛盾的加深,国家垄断资本主义已成为不可逆转的趋势,即使共和党执政,也不能像第一次世界大战后的共和党政府那样"恢复常态",一下砍掉威尔逊政府的干预和监督经济的措施。但是,和民主党相比,共和党仍然是保守主义的。1952年,共和党把艾森豪威尔拉来做总统候选人,竞选纲领就是反对扩大社会福利、反对提高最低工资、拒绝住宅建筑计划和把政府经营的电站、公园等转让给私人企业,即实行保守主义。艾森豪威尔本人是鼓吹走"中间道路""现代共和主义"的,也就是在一定程度上采纳"新政"式的政策。[1] 但由于共和党内保守派的主导作用,艾森豪威尔政府在扩大财政支出、发展社会福利、加强国家干预等方面缩手缩脚,十分被动。到1960年爆发经济危机时,艾森豪威尔更加退缩到保守主义,不赞成政府"大手大脚"地花钱。在国会里,共和党的议员则与民主党内的保守派联合起来,竭力挫败要求实施兴建学校、地区发展和老年保险等改良主义的计划。[2] 在1960年竞选时,共和党与民主党的分歧也很明显,尼克松在回忆这次竞选时说,肯尼迪"信奉民主党正统观点,主张联邦政府进行积极干预,到处许愿,哗众取宠,说是要带领美国跃入新领导和社会福利的新时代。我则高举建设性的战后共和主义大旗,以这些保守思想为根据:健全的私人经济和个人进取心乃是赢得繁荣和进步的条件"[3]。

---

[1]　小阿瑟·施莱辛格主编:《美国共和党史》,复旦大学国际政治系编译,上海人民出版社1977年版,第370—371页。

[2]　同上书,第383页;小阿瑟·施莱辛格主编:《美国民主党史》,复旦大学国际政治系编译,上海人民出版社1977年版,第381页。

[3]　理查德·尼克松:《尼克松回忆录》(上册),伍任译,商务印书馆1978年版,第276页。

从党内派别力量来看,就在保守派不断离开民主党的时候,共和党内的保守派力量增强了。早在"新政"后期,原来支持"新政"的一批共和党自由派参议员(如小拉福莱特、诺里斯等)就先后去世或落选,而一批来自中西部的共和党保守派分子进入国会,如塔夫脱等,他们逐渐控制了共和党的国会党团领导权。而在战后登上共和党领导地位的尼克松、戈德华特、里根等人,都是著名的保守派代表。从 20 世纪 60 年代以来,除了 1976 年福特以外,共和党的总统候选人都是由保守派头面人物充任的,这就充分说明了共和党在新型两党制中充当了一个保守主义政党的角色。

综合共和党和民主党两方面的情况,我们可以明确看到:"新政"以来的美国两党制经过刷新,已经成为由一个资产阶级改良主义色彩的政党与一个资产阶级保守主义的政党组成的新型两党制。诚然,美国两大政党中跨党派别的现象比较突出,但这并不能否定上述新型两党制的基本格局,至多是新型两党制的一种补充。

那么,这种刷新了的两党制在美国政治生活中有什么意义呢?毫无疑问,它有利于垄断资产阶级统治,有利于国家垄断资本主义发展。

首先,美国两党制经过刷新,它作为实现垄断资产阶级的统治的一种方法和工具得以继续保留。本来,在 20 世纪 30 年代大危机中,资产阶级两党制和整个资本主义制度一起都面临着危机,工人群众因生活极端困苦而产生强烈不满,资产阶级则因生产相对过剩引起企业倒闭而极为恐慌,双方都感到不能照旧的方式继续生活下去了。1932 年胡佛竞选总统连任而遭惨败,这表明当时美国资产阶级遇到了严重的政治经济危机。罗斯福政府应运实行"新政",意味着资产阶级需要改换一下统治方式。当时,大多数工人群众支持罗斯福政府,唾弃共和党。这在当时形势下是正常的现象。为什么呢?这是由美国的历史和社会条件造成的,如前所述,美国工人运动发展较晚,并受到资产阶级的严重影响,在当时还没有一个用科学理论武装的、强大的无产阶级政党来领导美国的无产阶级革命。因此,美国工人群众拥护罗斯福的民主党政府是很自然的。总之,尽管当时美国发生了严重的危机,但是美国资产阶级在经济上、政治上还有力量对付形势,还能通过局部调整生产关系度过这场危机。罗斯福"新政"的社会改良在某些方面取得了一定的成功,相对地缓和了阶级矛盾,在一定程度上摆脱了社会经济危机。

罗斯福政府在采取了一些对付危机的应急措施之后,美国经济就逐渐地从危机的谷底爬了出来。在社会政策上,罗斯福政府注意利用工会活动控制工人群众的斗争,同时举办公共工程增加一些就业,搞一些社会救济,使失业工人、老人和其他群众得到了一些暂时的利益,缓和对现实不满的情绪。这样一来,工人群众很自然地以为民主党比共和党要好,以为他们的贫困是胡佛造成的,从而产生对民主党的幻想,继续相信两党制。这样,资产阶级两党制就被保留下来了,垄断资产阶级得以继续运用这一工具来垄断国家机器。事实说明,自"新政"以来,美国两大政党对选举的控制更严密了,手段也更巧妙了,总统、国会和法院都通过两大政党继续牢牢地操纵在垄断资产阶级手中。因此,资产阶级对两党制能够保留下来继续运转是极为满意和重视的。曾为肯尼迪亲密顾问的小阿瑟·施莱辛格写道:"新政激起的兴奋及时地使两党制明显地恢复了生气。"[①]这句话表达了垄断资产阶级的上述喜悦心情。

其次,刷新了的美国两党制是与"新政"以来国家垄断资本主义的发展相适应的,新型两党制就成为垄断资产阶级在国家垄断资本主义条件下调节各种矛盾的工具。

从历史过程来看,国家垄断资本主义的发展并不是直线的,而是起伏曲折的。垄断资产阶级发展国家垄断资本主义,归根结底是为了保证取得更多的垄断利润,因此,他们把国家垄断资本主义发展到什么程度,国家对经济生活干预到什么程度,如何进行干预,都是根据一定经济形势下垄断组织的利益决定的。第一次世界大战期间,垄断资产阶级为了运用政府力量帮助他们利用战争机会赚取大量利润,就由民主党威尔逊政府发展了国家垄断资本主义。第一次世界大战结束后,美国出现了经济繁荣的"黄金时代",垄断资产阶级大受鼓舞,要求政府取消对经济的管制,恢复自由放任,于是共和党就连续执政,实行保守主义政策。等到1933年爆发了大危机,垄断资产阶级感到保守主义混不下去了,就又把民主党推上台,实行"新政",搞改良主义。"新政"以后,国家垄断资本主义已经是作为垄断资产阶级获得可

---

① Arthur M. Schlesinger, *The Coming to Power: Critical Presidential Elections in American History*, Chelsea House Publishers, 1972, p.17.

靠的垄断利润的经济形式长期存在了,这时无论是民主党的改良主义还是共和党的保守主义,都已经是国家垄断资本主义条件下的政策思想,保守主义已不是过去意义的保守主义了。这时,垄断资产阶级就让民主党与共和党轮换上台,采用不同的方式发展国家垄断资本主义。有时是通过扩大财政开支,增加政府投资,为垄断资本家提供更多的获取利润的机会;有时则是采取减税、补贴等财政手段鼓励垄断资本家的私人积极性,直接让他们攫取更多的垄断利润。

从垄断资产阶级内部来看,民主党的改良主义政策和共和党的保守主义政策,对不同的垄断资本集团的利害关系是不同的。如前所述,有的垄断资本集团倾向于改良主义政策,主张增加一些社会福利开支,加强政府对经济生活的干预;有的则倾向于保守主义,主张压缩社会福利费用,同时增加军费开支,要求减少政府干预,反对社会立法。由于各垄断资本集团之间经济政治实力的变化和各种势力的分化改组,新型两党制下的两党轮流执政,美国统治集团的政策就在改良主义和保守主义之间来回摆动。总的说来,随着资本主义的各种矛盾更加尖锐、更加激烈,垄断资产阶级感到不能按老的方式维持统治,需要实行改良主义,但在一定的形势下,统治集团又不能不平衡一下保守主义集团的利益,照顾有关垄断资本集团的要求。同时,资产阶级改良主义并不消灭资本主义制度,当然也就不可能消除资本主义的基本矛盾,因此它在实行过程中就必然会经常遇到种种麻烦和问题。所以,当改良主义政策遇到挫折时,保守主义就又会抬头。几十年来,民主党取代了过去共和党在美国政治生活中的优势地位,但共和党也时常上台换一下门面。

刷新了的美国两党制的一个特点是,民主党虽然以改良主义形式推行国家垄断资本主义政策,但它既不把自身说成是社会主义政党,也不把自己的施政说成是社会主义的,尽管共和党有时指责它实行社会主义。为什么经过刷新的美国资产阶级两党制能继续造成美国工人群众对资本主义制度的幻想,继续起着阻止真正的社会主义工人阶级政党产生和发展呢?

历史告诉我们,早在威尔逊推行“新自由”运动中,美国的劳联就与民主党形成了紧密的关系,一般劳工群众逐渐在选举中倾向支持民主党。“新政”以来,由于民主党成为一个类似改良主义的政党,并把自己说成是工人的代表,用一些改良主义的口号和纲领争取工会、黑人团体及青年、妇女组织等,从而阻止了社会主义运动在美国的发展。"新政"初期,以工会运动为中心的群众运动有了广泛发展,半熟练和非熟练的工人大批加入工会,产业工会也开始发展起来,由于按产业原则建立组织,因此比劳联的行业工会更富有战斗力。而罗斯福政府允许产业工会发展,并且还给产业工会的活动提供某些支持,目的在于要把产业工会置于民主党的影响和控制之下。在1936年选举中,民主党提出了一个维护和推进"新政"的纲领,纲领鼓吹民主党政府给工人带来的好处,声称民主党"决心在社会保险法的基础上,为所有人建立经济保险的组织",要为人们提供他们付得起钱的"体面和足够的住房",要"用国家主义手段解决失业",等等①。这时,共和党就借此攻击罗斯福,说他用社会保险费来收买工人选票,甚至把"新政"说成是社会主义。在两党宣传的影响下,新出现的产业工会很快就陷入了机会主义的泥坑,它们把全部希望寄托给罗斯福,用自己的全部力量来争取实现罗斯福1936年连任。产业工会还组织了劳工无党派联盟,动员了35 000名工会干部帮助民主党竞选②。这次选举结果,罗斯福再度获胜,整个劳工界中80%的人投了民主党的票,一些过去投票热情不高的下层群众也纷纷去投票③。这说明,在两党制刷新的情况下,人们又重新恢复了对资产阶级选举制度和两党制的幻想。由于资产阶级故意夸大了共和党和民主党的分歧,把民主党说成是代表工人阶级和下层群众的党,把大多数工人群众吸引到民主党的旗帜下,削弱了社会主义运动的影响。在这次选举中,美国共产党也是间接地支持罗斯福反对共和党的,但由于工人群众被民主党的改良主义纲领和政策所吸引,美国共产党就难以继续发动群众,推进革命运动,何况它后来又受到了白劳德机会主义的破坏④。

1936年选举中形成的上述投票阵营,后来被资产阶级学者称为"新政联

① William Nisbet Chambers, *The Democrats*, *1789-1964: A Short History of a Popular Party*, Van Nostrand, 1964, pp.170-172.
② 威廉·福斯特:《美国共产党史》,梅豪士译,世界知识出版社1957年版,第356—357页。
③ 小阿瑟·施莱辛格主编:《美国民主史》,复旦大学国际政治系编译,上海人民出版社1977年版,第292页。
④ 厄尔·拉塞尔·白劳德,前美国共产党总书记,修正主义的代表人物之一。1936年,白劳德在美国共产党代表大会上鼓吹"跟着罗斯福走,一切服从罗斯福的政策"。后来,他发展了一整套修正主义的纲领和路线,认为美国无产阶级和大资产阶级之间有"共同利害",主张保护托拉斯制度。据此,他于1944年5月主持解散了美国共产党,另外组织非政党性质的团体美国共产主义政治协会。

盟",即所谓民主党与从事体力劳动的工人、失业者、黑人及其他少数民族的选民联盟。资产阶级以此为根据,把民主党说成是代表工人、穷人、黑人的党,并以共和党是企业家、富人的党为衬托。例如,有的学者就声称:"美国政治中阶级的两极分化与第五两党体制比之与以往任何政党体制更紧密地联系在一起。"①这显然是在暗示,"第五两党体制"是由一个工人阶级的党与一个资产阶级的党组成的。这种论点的意图就是企图掩盖"第五两党体制"仍是资产阶级两党制这一本质,抹杀两大政党仍然都是资产阶级政党这一基本事实。尽管民主党的选民联盟中包括工人、穷人、黑人、失业者,但是在这个联盟中起领导和操纵作用的是资产阶级自由派即改良主义派,而前者不过是这个派别竞选时的工具,工会组织的领袖们则成为这个派别的附庸。"新政"以后,历届民主党政府、历次选举中的民主党总统竞选纲领都鼓吹改良主义,许诺发展社会福利计划、增加就业,表示赞成工会权利,并在这种纲领下通过工会领袖去控制广大工会会员群众,把工会组织变成民主党的附属组织。在民主党的强大影响下,"新政"时期一度发展壮大的工会运动很快就走入了机会主义歧途,产业工会的领袖们也逐渐堕落为工人贵族和工会官僚。1955年,产联和劳联合并。新的劳联-产联奉行"阶级合作"原则,追随民主党的社会福利主义,工会的领导人直接参加民主党的各级领导机构和政府机构,协助制订社会福利计划,把"福利国家"作为工会的一切目标。例如,劳联-产联的领导人就对约翰逊的"伟大社会"崇拜得五体投地,歌颂约翰逊政府是一个"热情的、人道主义的政府"。1968年,当一批工会活动分子要求反对约翰逊的侵略政策时,劳联-产联领导人竟然严词拒绝,声称不要忘记"1964年以来政府取得的社会立法的成就",并且警告说,"反对约翰逊只会导致选出一个共和党总统"②。

美国共产党的优秀领导人福斯特同志在谈到美国工会运动时曾经指出:"在美国没有工党,工人也没有自己的其他群众性的政治组织。如果参加政治活动的话,他们绝大多数是跟着同样为垄断资本家所操纵的两个老

---

① Judson L. James, *American Political Parties in Transition*, Harper & Row, p.139;何谓"第五政党体制",参见本书第199页注①。

② Harbert S. Parmet, *The Democrats: The Years after FDR*, Macmillan, 1976, p.252.

牌资产阶级政党走的,主要是跟着民主党走的。"①这说明,美国民主党对美国工人的影响,和欧洲社会民主党、工党对欧洲工人的影响,在效果上是一样。美国至今没有一个强大的、全国性的、真正的工人阶级政党,刷新了的资产阶级两党制显然仍在起着重要的障碍作用。

---

① 威廉·福斯特:《给毛泽东同志的信》,《红旗》1959 年第 3 期。

结　束　语

　　美国两党制从它形成到现在已经有 100 年的历史了。100 年来,美国两党制作为资产阶级实现其统治的工具,作为美国整个资产阶级民主制度的一个环节,随着资本主义生产方式的统治地位的确立而形成,随着资本主义在美国的发展而完善,又随着由自由资本主义发展到垄断资本主义、国家垄断资本主义而刷新。就这样,美国资产阶级、垄断资产阶级运用这个工具来巩固、发展和维护自己的统治。今天,美国的资本主义制度已经不像它发生时那样生机勃勃了。尽管美国资本主义由于统治阶级采取包括刷新两党制在内的改良主义办法暂时避免了彻底崩溃,挣扎着从一次又一次的危机中走了过来,但它毕竟已经气衰力竭了。20 世纪 70 年代以来,美国陷于经济停滞与通货膨胀同时恶性发展的困难境地,就是一个最好的说明。固然,目前美国资本主义还没有全部耗完它的生命力,美国资产阶级还会找到某种调整资本主义生产关系、摆脱困境的补救办法。但是,我们相信,任何改良和刷新都不能改变历史发展的总趋势,美国资本主义制度的基本矛盾必将继续深刻化、尖锐化,使社会陷入新的更加严重的困境,直至出现一种新的、与生产高度社会化相适应的、适合美国国情的、由整个社会占有生产资料和管理生产的制度——有美国特色的社会主义制度——来代替现行的制度。那时,代表这种新型生产方式的,必将是现行两党制以外的新型政治力量,伟大的、富于创造精神的美国人民也将创造出与这种新型生产方式相适应的崭新的政治形式,把美国社会推向前进。

后　记

　　我们三个人有不同的专业,但都从各自的专业出发,先后研究过美国的经济、政治问题。本书是我们共同劳动的产物。初稿是 1972 年写成的,由陈其人、王邦佐执笔。1975 年的第二稿是由陈其人对初稿加以修改而成的。现在的第三稿是由谭君久对前两稿加以综合、增删,有的重写,再由陈其人、王邦佐修订而成。不言而喻,已经分不清哪一章是哪一个人写的了。缺点和错误,敬希读者指正。

　　　　　　　　复旦大学国际政治系资本主义国家政治教研室陈其人
　　　　　　　　复旦大学政治学教研室王邦佐
　　　　　　　　武汉大学历史系美国史研究室谭君久
　　　　　　　　　　　　　　　　　　　　　1984 年 3 月

第四部分

政 治 学 研 究

（本部分内容根据陈其人先生著、复旦大学出版社
2003 年 6 月出版的《陈其人文集——政治科学卷》一书的
"政治学研究"校订刊印）

引　言

假如说,我对《资本论》的导读和研究,对殖民地和帝国主义的研究,其对象是很明确的,因此,我能写出研究的专著,那么,我对政治学研究的对象则是不很明确的。这一方面反映出政治学这门科学,从停办政治学系、无人加以研究,到恢复政治学系、学者加紧研究,至今仍然还不够成熟,尽管我常向政治学家请教,它对我的影响仍然不大;另一方面说明我对政治学敏感度不高,不像对经济学那样,确实如饥似渴,不管属于哪一方面的都想学一点。但是,我总记住马克思在《〈政治经济学批判〉序言》中提出的历史唯物论公式:政治和政治思想这些不同层次的上层建筑,说到底是由经济基础决定的。因此,我研究经济学,研究经济基础,就为说明某些有关的政治上层建筑,以及思想上层建筑中的政治思想,提供了有利条件。由于这样,我偶尔涉猎政治学时的信手涂鸦,对某些新学者,也许有点使用价值。据我观察,现在有些政治学原理和政治研究论著是离开经济基础去谈论问题的,好像政治制度和政治思想只是人脑的产物。例如,认为美国统治者中的鹰派和鸽派,这些人之所以成鹰成鸽,是由其固有的思想决定的。离开社会经济条件,有意无意宣传美国南北战争时林肯总统在葛提斯堡的演讲:"一切人是生而平等的",而不知恩格斯根据经济条件所说的:"如果认为希腊人和野蛮人、自由民和奴隶、公民和被保护民、罗马的公民和罗马的臣民,都可以要求平等的地位,那么,这在古代人看来必定是发了疯。"这犹如我国皇宫太监贾桂,由于整天站立惯了,就认为站立是天然的,就不会产生要坐的思想一样。陈胜说"王侯将相,宁有种乎?",李逵说"皇帝轮流当当",都是以王侯、皇帝的存在为前提的,谈不上有平等思想。除了宗教上的平等,真正的平等思想是商品生产关系的反映。在科学的政治学建立过程中,某些研究有不完全符合历史唯物论的提法是难免的,但是这种倾向值得及早注意。

　　我特别提一下《〈资本论〉中的政治学及其方法论研究》。此文主要是听《〈资本论〉导读》（当时我为硕士生讲）的本科生王明侠写的。此外,他还写了一些很有深度的关于殖民地、美国统治阶级的政策和美国对华政策的文章。

　　《资产阶级从提出到反对平等理论》一节除了平等理论,也谈主权理论。因为我认为,主权理论本是政治学的对象。它产生在封建主义向资本主义过渡之时。它不仅要回答何谓主权的问题,更要解决主权属谁的问题:属君、属民、属议会? 法国的让·博丹是其开创者。后来,资产阶级已经确实掌握了这一对内最高的统治权和对外的独立权,就是说,主权的内外问题都已解决,资产阶级已经坐稳江山,并开始向国外发展了。在这样的条件下,国家主权原则和民族主权原则就成为发达资本主义国家向外扩张的障碍。发达国家务必将其消灭而后快! 于是,它就成为国际关系学的对象——主权削弱论、联合主权论、局部主权论、主权消灭论之类的论调就开始产生。

　　有几篇文章是论述阶级、阶层、统治阶级的政策和美国统治阶级两大集团同中有异的政策的。这些都从经济关系来说明。

　　关于"八大"决议的学习,有一篇。其中值得注意的是:"八大"决议的提出,要解决当时我国国内的主要矛盾,即先进的社会主义制度和落后的社会生产力之间的矛盾,加紧发展生产力,以满足人民日益增长的物质和文化要求。假如我国能一直这样做,不改向,不搞阶级斗争为纲,到今天该是何等好呀!

一、《资本论》中的政治学及其方法论研究①

　　《资本论》是一部政治经济学的巨著,同时也包含着政治学的许多重要理论观点。

　　政治学研究的三大环节是阶级论、国家论和国际政治论。阶级论是政治学理论体系的基础,以阶级论为基础的国家论是政治学的核心,国际政治论则是将国家论延伸为对世界体系的研究。下面就《资本论》中有关政治学三大环节的研究作一概要的介绍。

(一)

　　《资本论》中的政治学,是以商品和货币中包含的平等关系为入门钥匙的。这是从抽象到具体的方法。马克思说"商品是天生的平等派"②。这是因为,商品价值的实体是无差别的抽象劳动,价值量由社会必要劳动时间决定,商品生产者是没有高低贵贱之分的。货币是比商品更进一步的平等派③。任何商品在货币面前都是平等的。"交换价值是一切平等和自由在生产上面的真实的基础。作为纯粹的思想,平等和自由不过是交换价值理想化的表现;作为在法律、政治、社会关系上面发展起来的东西,它们也不过是呈现在另一个层次上的这同一个基础而已。"④基于这一思想和方法论,马克思在《资本论》中充分论述了商品交换的平等关系之后,进而分析了无产阶

---

　　① 原载于陈其人、王明侠:《〈资本论〉中的政治学及其方法论研究》,《复旦学报(社会科学版)》1985年第1期,第42—47页。
　　② 马克思:《资本论》(第一卷),人民出版社1975年版,第103页。
　　③ 同上书,第152页。
　　④ 马克思:《政治经济学批判大纲》(1857—1858草稿)第2分册,刘潇然译,人民出版社1962年版,第10页。

级与资产阶级之间的平等问题。

在资本主义社会,劳动力成了商品。根据上述商品交换平等原则可知,无产者和资产者在流通过程中是平等的。但是一进入生产领域,尤其是在日复一日的扩大再生产过程中,情形就不是这样了。这时,"劳动力的不断买卖是形式。其内容则是,资本家用他总是不付等价物而占有的别人的已经物化的劳动的一部分,来不断再换取更大量的别人的活劳动"①。马克思在这里还分析了劳动力买卖的二律背反。资本家和劳动者在双方都符合价值规律的前提下,出现了关于工作日长度的斗争。在平等的权利之间,力量就起决定作用。马克思这一理论对于我们分析工人运动中的经济斗争和当今资本主义社会的福利制度有着十分重要的指导意义。

马克思对资产阶级之间的关系也作了精辟的分析。马克思认为,如像商品和货币是平等派一样,资本也是"天生的平等派,就是说,它要求一切生产领域内剥削劳动的条件都是平等的,把这当作自己的天赋人权"②。由此,等量资本在同一时间内推动的不等量活劳动创造的剩余价值,在自由竞争条件下,就要在资产阶级内部实行共产主义。这样资产阶级"在他们的竞争中表现出彼此都是虚伪的兄弟,但面对着整个工人阶级却结成真正的共济会团体"③。这也正是1871年普法两国拼得鱼死网破的资产阶级顷刻之间握手言和,共同镇压巴黎公社的原因所在。

随着借贷资本和信用制度的产生,一个没有财产但精明强干、稳重可靠的人,通过这种方式也能成为资本家,于是,在成为资本家的机会面前,人人平等。当代资本主义社会中,某些没有财产的人从技术阶级、管理人员变成大资本家,其源盖出于此。马克思深刻地指出,这种情况巩固了资本本身的统治,扩大了它的基础,使它能够从社会下层不断得到新的力量来补扩自己,而"一个统治阶级越能把被统治阶级中最杰出的人物吸收进来,它的统治就越巩固,越险恶"④。这段话同时也揭示了资产阶级普选制的本质。我

① 马克思:《政治经济学批判大纲》(1857—1858草稿)第2分册,刘潇然译,人民出版社1962年版,第640页。
② 同上书,第436页。
③ 马克思:《资本论》(第三卷),人民出版社1975年版,第221页。
④ 同上书,第679页。

国封建社会的科举制实质上也是这个问题。

马克思还指出,股份公司和信用制度的发展,使资本直接取得了社会资本的形式,而与私人资本相对立,这是作为私人财产的资本在资本主义生产方式本身范围内的扬弃。这一形式为资本家"提供在一定界限内绝对支配别人的资本,别人的财产,从而别人的劳动的权利。对社会资本而不是对自己资本的支配权,使他取得了对社会劳动的支配权","这种转化并没有克服财富作为社会财富的性质和作为私人财富的性质之间的对立,而只是在新的形态上发展了这种对立"①。今天,在资本主义国家里出现了数以千万计的工人入股的现象,资产阶级经济学家认为,这表明无产阶级与资产阶级从对立走向和谐了,谓之"人民资本主义"。读读马克思在100多年前的论述,岂不豁然开朗!

由于历史条件的限制,马克思没有系统地研究垄断对资本主义社会阶级关系的影响,但已从根本原理上作了说明。马克思说,垄断价格从而垄断利润是"通过对实际工资……扣除和对其他资本家的利润的扣除来支付"②。马克思分析的垄断只是私有权和自然条件的垄断,由于是少量现象,并且这种垄断利润归根结底是由土地所有者占有,因此并没有破坏资产阶级内部的平等关系。到了垄断企业产生,垄断价格成为大量现象,根据上述原理,垄断资本家所多得的,就是工人、非垄断资本家(以及其他社会成员)少得的,这样,垄断资产阶级与无产阶级的矛盾进一步深化,垄断资产阶级与非垄断资产阶级的矛盾也由此而生。当然,垄断价格是因袭商品交换的平等原则出现在人们面前的,人们在商品市场上分不出哪些是具有垄断价格的商品,哪些是一般商品。垄断利润的其他来源(如股票投机等)同样是以商品交换的形式进行的。垄断资产阶级的国家更是调动了上层建筑的各个方面给垄断资本披上了平等的外套。

资产阶级在平等的大旗之下剥削雇佣工人,而无产阶级则要求有平等的实际内容。"无产阶级抓住了资产阶级的话柄:平等应当不仅是表面的,不仅在国家的领域中实行,它还应当是实际的,还应当在社会的、经济的领

① 马克思:《资本论》(第三卷),人民出版社1975年版,第496—497页。
② 同上书,第974页。

域中实行。"①无产阶级平等要求的实际内容,就是剥夺剥夺者,就是消灭阶级本身。

(二)

马克思指出,国家的形式不能从它们本身和所谓人类精神的一般发展来理解,相反,它们根源于物质的生活关系,"应该到政治经济学中去寻找"②。这就是马克思分析国家问题的指导思想。

马克思在《资本论》中对国家的起源有过许多精辟的论述,但更多的是对国家性质、历史类型和国家职能的分析。马克思认为,资产阶级国家是资本的工具。以国家暴力进行资本原始积累是资本主义婴孩的接生婆;资本借国家政权的力量规定或改变工作日长度;国家用警察手段把资本和劳动之间的斗争限制在对资本有利的范围内;国家对某些资本主义生产所需的最低限额的资本给予补助;资本利用国家权力而推行殖民制度、国债制度、现代税收制度和保护关税制度等,都是这方面的例证。

马克思在研究资本主义信用制度和股份公司的发展时,进一步论述了资产阶级国家为资本服务的性质。马克思指出,信用制度和股份公司是资本主义生产方式在其本身范围内的扬弃,"它在一定部门中造成了垄断,因而要求国家的干涉"③。在这里我们看到了国家垄断资本主义的端倪。

由于社会化生产发展的需要,国家干涉的内容中很重要的一点是计划化生产。有些人就此认为资本主义国家的计划化是社会主义,而社会主义国家发挥市场机制的作用则是资本主义,因而产生了两种制度殊途同归的理论。这种理论的错误是显而易见的。划分国家性质的标准并不是国家干预经济或计划化的程度如何。马克思在《资本论》中指出:"任何时候,我们总是要在生产条件的所有者同直接生产者的直接关系——这种关系的任何形式总是自然地同劳动方式和社会生产力的一定的发展阶段相适应——当中,为整个社会结构,从而也为主权和依附关系的政治形式,总

---

① 《马克思恩格斯选集》(第三卷),人民出版社 1972 年版,第 146 页。
② 《马克思恩格斯选集》(第二卷),人民出版社 1972 年版,第 82 页。
③ 马克思:《资本论》(第三卷),人民出版社 1975 年版,第 496 页。

之,为任何当时的独特的国家形式,找出最深的秘密,找出隐蔽的基础。"①在国家垄断资本主义中,不管国家干预经济或计划化程度多高,它还总是以雇佣劳动为基础的,实际上它只不过是马克思说的"一种没有私有财产控制的私人生产"②。

作为资本主义的政治上层建筑,资产阶级的国家执行的职能事实上是双重的。马克思说:"政府的监督劳动和全面干涉包括两方面:既包括执行由一切社会的性质产生的各种公共事务,又包括由政府同人民大众相对立而产生的各种特殊职能。"③这就是说,资产阶级国家职能的一方面,是资本主义社会化大生产的组织者,协调全社会生产,包括计划化。这就像一个乐队要有一个指挥一样。单就这点而论,它实际上是社会职能,而不是政治职能,它的基础是社会化大生产,它并不因资本主义消灭而消灭。资产阶级国家职能的另一方面,是资产阶级对无产阶级进行剥削的监督者。"凡是建立在作为直接生产者的劳动者和生产资料所有者之间的对立之上的生产方式中,都必然会产生这种监督劳动。"④它不是社会职能,而是政治职能,它的基础是阶级对抗,它随资本主义消灭而消灭。在资本主义条件下,前一种职能不可能是孤立的,它服从于后一种职能。因为在阶级社会中,抽象地调节生产是不存在的,资本主义协调社会生产的内容就是增加剥削。这和资本家管理的双重职能一样,"资本家所以是资本家,并不是因为他是工业的领导人,相反,他所以成为工业的司令官,因为他是资本家"⑤。

前面我们说过,马克思关于商品的交换平等关系的论述,是分析资本主义社会阶级关系的出发点;这里我们又会看到,它也是我们研究资产阶级国家形式的必由通道。

资本主义作为一种商品生产制度,是封建主义的自然经济和人身等级制度的对立物。商品交换的平等关系必然要求取消人身等级制度,废除阶级特权,废除妨碍商品生产发展的封建制度和行会制度。这种经济生活中

---

① 马克思:《资本论》(第三卷),人民出版社 1975 年版,第 891—892 页。
② 同上书,第 496 页。
③ 同上书,第 432 页。
④ 同上书,第 431 页。
⑤ 马克思:《资本论》(第一卷),人民出版社 1975 年版,第 369 页。

的平等,必然要求在国家形式上有相应的反映,其最高形式是民主共和制①。同君主立宪制相比,民主共和制之所以是更好的国家形式,是因为它在形式上奉行商品经济中的平等原则,更适合于资本主义商品生产制度。它是一种形式上平等、事实上不平等的统治方法。而君主立宪制中,血统、世袭特权在政治权力中还有着很大的作用,在这些范围内,商品生产的平等原则不起作用,政治生活和经济生活奉行的原则在形式上存在着相悖之处。正因这样,列宁在发展这一思想时便指出:"民主共和制是资本主义所能采用的最好的政治外壳,所以资本一掌握……这个最好的外壳,就能十分巩固十分可靠地确立自己的权力,以致在资产阶级民主共和国中,无论人员、无论机构、无论政党的任何更换,都不会使这个权力动摇。"②

马克思《资本论》中关于垄断利润不能来源于其本身的论述,对于我们分析垄断资本主义阶段的国家形式同样具有十分重大的意义。垄断利润分别来源于无产阶级、个体生产者和非垄断资本家的部分劳动力价值、收入和剩余价值,随着垄断资本主义的发展,垄断资产阶级对无产阶级、个体生产者的剥削必然加深,同时资产阶级内部的平等关系遭到部分破坏。这种经济条件必然使政治上业已形成的民主共和制名存实亡。因为它虽然保留其形式,但其民主主义已从资产阶级整个阶级享有变为一小撮最大的垄断资本家享有的集权主义,以便加强对垄断利润的攫取。这种变化在政治制度上的表现,就是议会权力下降,行政权力上升,总统或内阁总理和首相将一切权力集中于一身的趋势加强。

(三)

马克思在《资本论》中关于国际政治理论的直接论述不多,但他对国际贸易和世界市场的分析,都为国际政治的研究铺平了道路。

马克思对资本主义宗主国与殖民地的研究,是以国际分工为突破口的。

马克思把他那个时期的资本主义的殖民地分为真正的殖民地和种植园殖民地两种,前者以移民垦殖为特征,后者以奴役土著为特征。两种殖民地

---

① 《马克思恩格斯选集》(第四卷),人民出版社 1972 年版,第 169 页。
② 列宁:《国家与革命》,人民出版社 1964 年版,第 10 页。

有着不同的前途。前者后来成为欧洲资本主义国家输出社会矛盾的场所,并逐渐走上了资本主义道路;而后一种殖民地则成了宗主国掠夺的对象。

随着产业革命的进行,资本主义大工业和工业城市迅速发展。一方面,需要更多的农产品供应地和工业品销售市场;另一方面,其机器生产的工业品较为便宜,打倒了殖民地手工生产的工业品,但其农业由于土地私有权的束缚落后于工业,又因大城市的兴起部分地破坏了人和土地间的物质变换,在农业生产中尚未开始技术革命的条件下,农产品价值比落后国家高。这就使殖民地成为主要从事生产农业的地区,为宗主国提供廉价农产品。

宗主国与殖民地的这种商品交换,形成了"新世界市场"。世界市场有两种含义。马克思根据资本主义生产方式发展的历史写道,"世界市场本身形成这个生产方式的基础",这个世界市场指的是超越国界的资本主义经济内部的交换;而"新世界市场的形成,对旧生产方式的衰落和资本主义生产方式的勃兴,产生过非常重大的影响……这种情况是在已经形成的资本主义生产方式的基础上发生的"①。"新世界市场"指的是超越国界的资本主义经济和前资本主义经济之间的交换,它的形成与地理大发现有关。

以这种国际分工和国际商品交换为基础的资本主义宗主国和殖民地,其经济关系是前者以小量劳动交换后者的大量劳动,因为工业品的生产价格高于价值,农产品的生产价格低于价值。这就是"一国的三个劳动日可以和别一国的一个劳动日交换","在这个场合,富国会剥削贫国,纵然……贫国也会由交换得到利益。"②可见,这种国际分工和商品交换关系,实际上就是不平等的国际阶级关系,由此也带来了国与国之间政治上的不平等。二战后,由于发达国家先进工业渗入农业,农产品价值下降,上述情况有所变化,但发达国家以工业产品和落后国家初级产品相交换,即使撇开垄断因素不谈,仍然是生产价格高于价值的产品与生产价格低于价值的产品相交换。目前世界上许多学者(包括激进派学者)正在喋喋不休地争论不发达国家落后的原因。我们认为,运用马克思的国际分工理论有利于问题的解决。

在垄断资本主义阶段,殖民地的主要作用是为宗主国提供垄断利润。

---

① 马克思:《资本论》(第三卷),人民出版社 1975 年版,第 372 页。
② 马克思:《剩余价值学说史》(第三卷),郭大力译,人民出版社 1978 年版,第 111—112 页。

马克思在《资本论》中提出了资本过剩的概念:"只要增加以后的资本同增加以前的资本相比,只生产一样多甚至更少的剩余价值量,那就会发生资本的绝对生产过剩。"①另一方面,马克思又详尽论述了落后国利润率利息率较高、土地价格低、农产品便宜、工资低等理论。资本主义经济的发展必然把这二者有机地结合起来,也就是说,发达国家能在不发达国家得到更高的利润率。这样就有了资本输出。这一理论是我们分析垄断资本主义经济上剥削、政治上压迫殖民地的重要依据。

同时,根据马克思关于垄断价格的理论可知,垄断利润只能来自垄断企业以外的资本主义和前资本主义经济,这样,它需要有一个和这些经济成分相交换的外部市场,这包括马克思说的"新世界市场"。垄断资产阶级对外部市场的统治和剥削,是殖民帝国最基本、最一般的经济内容。这种单纯包含着经济内容的殖民帝国,给人以相得益彰的大家庭的假象,并不表现为帝国的关系,人们不易了解其本质。但它终究要反映在一定的政治形式上,形成政治上的殖民帝国,这时人们才清楚地看到这种帝国的关系,才开始产生帝国主义这个概念。19世纪80年代开始,英国在世界市场上的竞争能力江河日下,不得不运用外交和武力建立"保护地"或进行并吞。殖民帝国由此首先以英国的形式产生。20世纪70年代以来,在西方国际政治学术界和政界中盛行所谓发达国和不发达国"相互依赖"的理论,其实只要我们用马克思主义垄断利润来源的理论予以分析,就能洞若观火。

二战后,原殖民地国家纷纷脱离宗主国取得了政治上的独立,但是它们在经济上还没完全摆脱殖民统治。马克思在《资本论》中对这种关系早已有过明晰的分析。马克思指出,原是英国殖民地的爱尔兰在1801年和大不列颠组成联合王国后,也还是英国殖民地,它"仅仅是英格兰的一个被大海峡隔开的农业区,它为英格兰提供着谷物、羊毛、牲畜、工业新兵和军事新兵"②。马克思还把1866年时资本主义的美国看作欧洲的殖民地,因为美国仍向英国输出大量的棉花、谷物。恩格斯对此加注说:"从那时以来,美国发展成为世界第二工业国,但它的殖民地性质并没有因此完全失掉。"③由此可

①　马克思:《资本论》(第三卷),人民出版社1975年版,第280页。
②　马克思:《资本论》(第一卷),人民出版社1975年版,第769页。
③　同上书,第495页。

见,殖民统治的实质是宗主国从经济上剥削殖民地。而这种经济上的殖民剥削关系,必然会反映到政治上来。这也就是目前南北关系中,不发达国家不得不接受一些不合理的政治条款和主权不完整甚至重新丧失的根本原因。

以前,资产阶级为了自身的利益,提出了民族主义,认为民族有独立为国家的权力;现在,垄断资产阶级也是为了自身的利益,为了其输出资本和商品的需要,提出民族和国家都不应有主权,这样,资产阶级就从民族主义走向世界主义。世界主义的最高形式是所谓世界政府。当代美国流行的"世界秩序"理论,就是要把世界各国按美国开国初期各州合并的方式融为一体,建立"没有国界的世界"。它的实质无非就是让一个垄断组织或垄断资本主义国家统治全世界,把除它以外的民族和国家主权剥夺殆尽。

当代世界除了上面分析的南北矛盾,还存在着帝国主义与帝国主义之间的矛盾。马克思关于两种世界市场的理论,对于分析帝国主义之间的矛盾也有十分重要的理论意义和现实意义。二战后,大批民族独立国家脱颖而出,改变了"新世界市场"原先的结构。由于主权的作用,宗主国对殖民地的劫夺受到了一定程度的限制,"新世界市场"处于相对萧条的位置了。相反,旧世界市场,即超越国界的资本主义经济成分内部的市场活跃起来,从新独立国家被赶出来的和欲入不得的垄断资本,都涌向旧世界市场。这样,战后发达国家之间的经济和政治联系就有了迅速的发展。于是,帝国主义之间的矛盾由于两方面的原因得到暂时的缓和。一方面,由于旧世界市场的活跃,出现了接连不断的投资战、货币战、贸易战、关税战,如此等等。这些经济冲突在政治上的反映就是穿梭外交、欧洲议会、西方国家最高级首脑磋商的活动也接连不断。这样就把帝国主义之间的大矛盾分解为若干个小冲突,这在一定程度上调节了帝国主义之间的关系。另一方面,殖民地独立后,原宗主国对其政治上的控制松弛了,原宗主国的垄断资本在很大程度上得靠自己的实力在新独立国家站稳脚跟。如果有实力更为雄厚的垄断资本插足进来,那么前者由于得不到母国政治力量的有力保护,只能在国际竞争面前乖乖地离开该国,或作出一定的让步,从这一点说,各国垄断资本都处于平等竞争的地位。随着垄断资本之间这种国际范围的竞争的发展,"新世界市场"再度走向活跃。在这一活跃的、又是机会均等的"新世界市场"面前,垄断资本之间的矛盾是不必诉诸武力的。上述两方面正是战后 30 年没发生大规模帝国主义战争的重要原因。

　　然而,随着民族国家本国经济的发展,垄断资本通过新世界市场攫取垄断利润会越来越困难。这样,帝国主义之间在旧世界市场上的竞争和对新世界市场的争夺必然愈演愈烈。对这两种世界市场的剧烈争夺中,酝酿着新的帝国主义战争。

二、资产阶级从提出到反对平等理论①

　　恩格斯指出,在资产阶级为了反对封建主义而提出消灭阶级特权的要求的同时,无产阶级也提出了消灭阶级本身,它起初采取宗教的形式,以早期基督教为凭借,即以基督教只承认一切人的一种平等——原罪的平等为依据,以后就以资产阶级的平等理论为依据了:"无产阶级抓住了资产阶级的话柄:平等应当不仅是表面的,不仅在国家的领域中实行,它还应当是实际的,还应当在社会的、经济的领域中实行。"②资产阶级的平等理论,作为反对封建制度、封建特权和行会制度的理论武器,是在这样的社会经济条件下产生的:大规模的贸易,尤其是新航路发现以来的世界贸易,使商品所有者是自由的、在行动上不受限制的,他们作为商品所有者权利是平等的,他们就根据平等的权利进行交换;手工业发展为资本主义工场手工业,使劳动者是自由的,即既解脱了行会的束缚,又丧失了生产资料,他们可以和工厂主订立契约出租他们的劳动力,他们作为契约的一方和工厂主的一方是平等的;商品生产的发展,使所有生产者在劳动创造价值、价值由社会必要劳动时间决定这一点上,权利是平等的。总之,资本主义商品生产的发展,使资产阶级的平等理论必然产生。这种理论从萌芽、发展,到法国大革命前夕,在卢梭的著作中得到了在资产阶级世界观范围内最完善的阐述。

　　与平等理论相关联的,是资产阶级的主权理论。这是因为,为了发展资本主义,资产阶级要最终取得最高的政治统治权。这个最高统治权就是本来意义的主权。资产阶级要将主权从封建主或其最高代表者国王手中夺过来。国王拥有主权的依据是"君权神授",亦即他是天的儿子、上帝之子,与

---

① 节录自陈其人:《帝国主义经济与政治概论》,复旦大学出版社 1986 年版。
② 恩格斯:《反杜林论》,人民出版社 1970 年版,第 104 页。

凡人不同,是代表神、上帝、"天"来统治凡人的。至于他的崽子为什么也是国王,在"君权神授"解释遇到困难时,便用"龙生龙、凤生凤"来解释,因为崽子到底是龙种,所以是国王。所有这种理论,在主张商品生产的意识形态即平等理论的新兴资产阶级看来,都是谬论。因而他们主张"主权在民",不论是在全体人民也好,在人民的代表也好,总之是在民,而不在君。

资产阶级主权理论的另一面是民族主权。我们说过,民族是资本主义产生时的产物。为了自己的利益,资产阶级以民族为范围,建立民族国家,以保护自己的市场。民族有独立为国家的权力,这就是民族主权。民族独立为国家后,民族主权也就是国家主权。这是主权含义的发展。

一般来说,在阶级对抗的社会里,酝酿着一个阶级推翻另一个阶级的统治的政治革命时,在主权理论斗争上,表现为主权谁属问题①;当一个国家侵略和压迫另一个国家和某一民族时,在主权理论斗争上,则表现为主权有无或应否削弱问题。

主权问题上升为理论,最初是法国政治思想家博丹在其《共和国》(1576 年)中提出来的。他将主权定义为:主权是驾驭公民和臣民的不受法律限制的权力,这个权力是最高的、无限制的。这反映出,在当时的教权和王权斗争中,博丹拥护王权。其后,德国古典哲学家黑格尔在其《法哲学原理》(1821 年)中,将主权定义为"自我规定",即为所欲为,而由于君主主宰一切的权力即主权,所以国家的主权就是君主。这两个定义有相同之处:即主权是至高无上、为所欲为,这是正确的。缺点是讳言它是属于统治阶级的。至于黑格尔,如像他将物质与精神的关系颠倒过来一样,他将主权与君主的关系也颠倒过来了:因为是君主,便拥有最高统治权即主权,并不是拥有国家主权,就是君主。在颠倒关系的基础上,黑格尔的主权理论表明他对封建专制制度的崇拜。

以上的主权理论不能说明平等理论。恰好相反,它事实上是以人与人之间应该不平等来说明主权的。法国大革命前夕的政治思想家卢梭的理论则不同。他在其《社会契约论》(1762 年)中指出:人类从自然状态进入社会

---

① 蒋介石在其政权被推翻前说:"只要神圣的宪法不由我而违反,民主宪政不由此而破坏,中华民国国体能确保,中华民国的法统不致中断……则我个人更无复他求。"这就是要确保其大地主、大买办阶级的最高统治权。

状态时,有一种约定,这就是每个结合者将他们自己的一切权利全部都转让给整个集体。这样,"基本公约并没有摧毁自然的平等,反而是以道德的与法律的平等来代替自然所造成的人类之间的身体上的不平等;从而,人们尽可以在力量上与智慧上不平等,但由于约定并且根据权利,他们却是人人平等的"①。由于契约的结合,就产生一个道德的与集体的共同体,以代替每个订约者的个人,这个由全体个人结合成的公共的人格,以前称为城邦,现在则称为共和国或政治体,"当它被动时,它的成员就称它为国家;当它主动时,就称它为主权者","至于结合者,他们集体地就称为人民;个别地,作为主权的参与者,就叫作公民,作为国家法律的服从者,就叫作臣民"②。卢梭之所以说他"生为一个自由国家的公民并且是主权者的一个成员"③,原因就在这里。既然凡公民都是主权者的一个成员(这本来是同义反复),那么他们之间当然都是平等的了。

卢梭认为,每个个人作为人来说,可以具有个别的意志,而与他作为公民所具有的公意相反或者不同;他的个人利益可以使他完全违反公共利益。卢梭所说的公意是相对于众意来说的。按照他的解释,它们的区别在于:"公意只包括人们相同的意志,而众意则是人们相同的与不相同的意志的总合。可以说,公意是众意的最大公约数"④。根据这一点他又指出:社会公约赋予政治体以超乎其各个成员之上的绝对权力,这种权力受公意指导时,就获得主权这个名称,既然主权要受公意的指导,那么它就不可转让,也不可分割;而"任何拒不服从公意的人,全体就要迫使它服从公意:这恰好是说,人们要迫使他自由"——这就是卢梭的革命理论的依据。

卢梭的这些理论,即人是生而自由平等的,国家只能是自由的人民自由协议的产物,如果自由被强力所剥夺,也就是个别意志违反了公意,则被剥夺了自由的人民可以根据公意进行革命,用强力夺回其自由,国家的主权在人民,最好的政体应该是民主共和国,等等,是美国独立战争和法国大革命的理论依据。恩格斯指出,"可以表明这种人权的特殊资产阶级性质的是美

---

① 卢梭:《社会契约论》,何兆武译,商务印书馆 1980 年修订版,第 34 页。
② 同上书,第 22 页。
③ 同上书,第 5 页。
④ 同上书,第 36 页注 1。

国宪法,它最先承认了人权,同时确认了存在于美国的有色人种奴隶制"①。不仅如此,恩格斯又说,卢梭的理论在法国大革命的时候以及在大革命之后,"起了一种实际的政治的作用,而今天差不多在一切国家的社会主义运动中仍然起着很大的鼓动作用"②。

应该说,自从阶级社会产生后,被剥削阶级最初用来反对剥削阶级的思想武器就是平等思想。奴隶与农奴就是以平等思想为武器,指向奴隶主和封建主的。陈胜、吴广起来革命时说,帝王将相,宁有种乎,这是对剥削者拥有最高统治权的依据挑战,其思想基础是我可取代。中世纪的农民革命多以平等思想为依据,以平分土地为纲领。列宁说:"在反对旧专制制度的斗争中,特别是反对旧农奴主大土地占有制的斗争中,平等思想是最革命的思想。"③但这时的平等思想多半是和宗教上的平等概念结合在一起,基督教的原罪平等思想在其中起很大的作用。这还不能说是对这时尚未产生的资产阶级的平等理论和主权理论的运用。

最初的无产阶级革命运动就不是这样。无产阶级最初追随资产阶级,同资产阶级一道用资产阶级的平等理论和主权理论来反对封建主义。这在法国大革命中表现得最为清楚。但革命的结果,是资产阶级共和国代替封建专制国家制度,无产阶级受剥削、受压迫情况依然如旧。由于这样,在资产阶级革命中终于失望而又提高了认识的无产阶级,便拿起资产阶级用来反对封建主义的平等理论和主权理论来反对资产阶级。

恩格斯曾经概括地描述了这个历史过程:每次资产阶级运动或革命,相应地都有无产阶级的运动或革命,虽然其成熟程度有所不同:例如,德国宗教改革和农民战争时,爆发了再洗礼派和闵采尔运动,英国大革命时爆发了平均派或掘地派运动,法国大革命时爆发了巴贝夫运动,它们越来越摆脱宗教的影响而有其相应的理论表现。例如,在16世纪和17世纪有摩尔关于乌托邦和康帕内拉关于太阳城这种理想社会制度的空想性的描写,在18世纪有摩莱里和马布里关于共产主义的理论,19世纪初则有圣西门、傅立叶和欧

---

① 恩格斯:《反杜林论》,人民出版社1970年版,第103页。
② 同上书,第100页。
③ 《列宁全集》(第十三卷),人民出版社1959年版,第217页。

文的空想社会主义。这些思想和实践,可以归结为:平等的要求不仅限于政治权利方面,而且扩大到每个个人的社会地位上了,证明必须予以消灭的不仅是阶级特权,而且是阶级差别本身了,随着阶级的消灭,任何政治权力,更不用说是资产阶级的最高统治权,当然就不存在了——这就是空想社会主义者的平等理论。

由于这样,资产阶级思想家就必然起来反对他们的前人提出过的平等理论。首先起来担负这种任务的,是法国思想家、圣西门的学生孔德。他反对自由、平等和人民主权的学说,认为:平等是一种教条,本质上具有无政府的特征;自由是一种错觉,其结果将归于幻灭;而人民主权则是使优秀者屈服于低劣者,把神圣的权力转让给人民,指责卢梭的理论是无政府学派。他根据当时正在迅速发展的生物学知识,用类比法把社会看作与生物有机体相类似的一种有机体,他称之为社会有机体或集合有机体。从这里出发,他认为生物有机体的构成要素为细胞,社会有机体的构成要素则为家庭。随着社会的发展,分工越来越细,除家庭外,社会便要建立国家和政府,其主要任务在于维护社会的统一,社会越发展,国家和政府越不可少。他认为社会现象的一切变化都是由知识的精神支配的。知识的精神有三个发展阶段:神学阶段,神的意志支配人间,国王代表神,君权神授,人民不得反抗;形而上学阶段,人们以理性代替神的意志,天赋人权说和社会契约说由此产生;科学即实业阶段,人们以经验代替理性,实业支配一切,因而指导科学研究和从事实业经营的人成为社会中最主要的人物,亦即资产阶级的统治是必要的。

资产阶级革命和资本主义发展,作为它的对立面,除了有无产阶级的社会主义运动外,还有被资本主义宗主国或母国压迫的民族的民族独立运动——首先是移民垦殖的殖民地的独立运动。发生在法国大革命之前的美国独立战争,其理论依据就是从资产阶级平等理论或卢梭的天赋人权理论产生的民族主权理论。其后,英国资产阶级虽然居于其"世界工厂"的垄断地位,主张自由贸易,并在这个意义上主张"解放"殖民地,但他们仍然想维护宗主国的利益,即当英国与"解放"了的殖民地发生经济利益冲突时,便要侵犯这些殖民地的主权,维护英国的利益。庸俗经济学家詹姆斯·穆勒主张英国的殖民地只能成为自治领并参与这个活动,主张以卢梭的公意理论为核心制定国际法,设立国际法庭,名为解决国际纠纷,实则侵犯别国主义、否认被压迫民族有独立为国家的权力,以确保英国的利益。它是否认民族主权的征兆。

在工人运动的基础上,马克思对英国古典政治经济学进行了批判,建立了无产阶级的政治经济学,从而揭示了社会主义必然代替资本主义的规律性,科学的社会主义也就代替了空想的社会主义。同空想社会主义相反,科学社会主义认为,阶级斗争是社会主义取代资本主义的政治力量,而阶级斗争必然导致无产阶级专政,只有无产阶级变成统治阶级,掌握了最高统治权,才能消灭生产资料私有制和消灭阶级差别,最终实现人人在经济上和政治上的平等,因而也就是最终导致平等和最高统治权,亦即无产阶级专政的消灭,实现共产主义。这种理论成为国际共产主义运动的指导原则。

首先起来反对这种理论的是英国的思想家斯宾塞。他的理论是孔德的理论的继续。换句话说就是,社会有机体论到了斯宾塞手里才告完成。他认为,社会是个有机体,它的关系是均衡的,只有均衡的社会才是个完全的社会,人类才能从中得到完全的幸福。在他看来,构成均衡社会的根本条件就是实现平等自由的规律。这个规律指的是天赋的自由权对于任何人都是平等的。但他的平等自由观与卢梭的不同。他认为这是上帝赋予人的,人都有发挥其被赋予的权力以满足上帝的意志的义务。但每个人都这样做时,从全社会看就必然存在着一种限制,亦即人们彼此不能妨碍其自由,这样才是平等的自由,才是社会的均衡。在这基础上,他认为社会有机体和生物有机体相同:两者都有维持系统,在生物为营养系统,在社会为生产系统;都有分配系统,在生物为循环系统,在社会为运输系统;都有管制系统,在生物为神经系统,在社会为政府和军队。但他认为这两种有机体也有差异:在生物,其构成要素是没有意识的,它们之间的均衡或协调是在神经系统参加下强制地达到的;在社会,其构成要素是有意识的,因为每个人都是自由意识的主权者,使他们之间达到均衡或协调,在不同历史条件下其方法是不同的。他将社会发展分为两个阶段:在军事社会里,个人没有地位,协调是强制的,如像士兵服从军官一样;在产业社会里,个人在商品货币关系上都是平等的,协调是自发的。这就是说,不存在阶级斗争,只存在个人的自由竞争,社会要在保证产业的利益的基础上协调起来。

19世纪最后30年,随着资本主义过渡为垄断资本主义,资本主义宗主国对国外殖民地的剥削加深,统治加强,要将它们置于宗主国统治之下,宗主国发展为殖民帝国。在资本主义国家的移民垦殖和奴役土著这两种不同的殖民地中,前者由于是资本主义母国生产关系和民族的延续,并逐渐成为殖民帝国中的自治领,因而相对于后者而言,宗主国对其统治不成为严重问题,后者就不是这样。除了加强经济、政治和武装的力量外,欧洲资本主义宗主国还制造种族论,即白种人是优秀的种族,有色人种是低劣的种族,然后根据进化论中的优胜劣败原理,认为白种人应该统治非白种人。鼓吹这种谬论最起劲的,是最老的殖民帝国主义——英国,和发展最快的帝国主义——德国。前者认为盎格鲁-撒克逊种族是最优秀的,后者认为雅利安种族是最优秀的,应该是统治者,其他的种族尤其是奴役土著殖民地的人民,该受其统治。这实质上是对民族主权理论的否定。以后我们就会看到,帝国主义思想家公然否定民族主权,认为它是建立理想国际经济关系的严重障碍。

三、马克思对资本主义社会
阶级关系的分析^①

1852年，马克思在给魏德迈的信中谦逊地说："在我以前很久，资产阶级的历史学家就已叙述过阶级斗争的历史发展，资产阶级的经济学家也已对各个阶级作过经济上的分析。"^②这里说的经济学家主要是英国古典学派的亚当·斯密及其继承者李嘉图。前者是产业革命前夕的经济学家，其阶级任务是反对封建制度和行会制度；后者是产业革命期间的经济学家，其阶级任务是反对封建制度的残余。在这种历史条件下，他们是能够客观地对各个阶级进行分析的。但是，由于世界观和阶级立场对他们的限制，他们的分析存在很大的缺点，同马克思的分析有质的差别。例如，斯密一方面认为劳动是价值的泉源和尺度，并且明确指出，工资劳动者要将其劳动形成的价值扣除两部分，一部分是属于资本家的利润，另一部分是属于地主的地租；但另一方面他又认为劳动本身有价值，劳动的价值是工资；这样，就无法说明利润和地租的真正泉源，就无法说明三大阶级的关系。李嘉图事实上也没能解决其老师的上述矛盾。他虽然从劳动是价值的泉源这个原理出发，认为价值分解为工资和利润，农业中的超额利润转化为地租，从而"终于有意识地把阶级利益的对立，工资和利润的对立，利润和地租的对立当作他的研究的出发点，因为他天真地把这种对立看作社会的自然规律"^③，其阶级理论虽然达到了资产阶级经济学不可逾越的界限，但其缺点却是很清楚的。第一，他把这种对立看成只是分配上的对立，而没有进一步把它归结为生产上的对立；第二，这种分配上的对立，只有在劳动日长度不变的条件下才是正

---

① 本节约写于 20 世纪八九十年代。
② 《马克思恩格斯全集》(第二十八卷)，人民出版社 1973 年版，第 509 页。
③ 马克思：《资本论》(第一卷)，人民出版社 1975 年版，第 16 页。

确的,在劳动日延长的条件下,在工资增加的同时,利润也在增加,两者不是对立的;第三,他认为随着资本积累的进行,农业耕地日益贫瘠,粮食日益昂贵,地租和名义工资增加,利润减少,地主占便宜,工人不受影响,资本家最吃亏。实际情况并不是这样,利润率之所以有下降趋势,不是由于耕地日益贫瘠,而是由于资本有机构成提高。马克思的分析就不是这样。

1. 劳动力买卖这个"天赋人权的真正乐园"及其背后

英国古典学派一方面认为劳动是价值的泉源,另一方面又认为劳动有价值,劳动者出卖的是劳动,按照价值规律,劳动者得到的就是其劳动形成的价值。这样,就决定了他们不可能科学地说明资产阶级和无产阶级这两大对抗阶级之间的关系。他们虽然事实上看到工人得到的工资,亦即劳动的价值,是由生产或再生产工人的生活费用来决定,它和劳动形成的价值并不相等;但是由于接受了在日常生活中产生的劳动的价值这个虚假的概念,按照这个概念,劳动的价值等于劳动形成的价值,这样,矛盾就始终不能解决。这就是说,古典学派看不到工人出卖的是劳动力,而认为是劳动,将由生活费用决定的劳动力价值看成是劳动的价值,但又认为劳动的价值应等于劳动形成的价值。这样就不仅无法解决矛盾,而且不能科学地说明劳动形成的价值大于劳动力的价值,其中的差额(剩余价值)由剥削阶级占有,是无产阶级遭受剥削的内容。看不到劳动力成为商品,这是由资产阶级世界观决定的。马克思说:"古典政治经济学几乎接触到事物的真实状况,但是没有自觉地把它表述出来。只要古典政治经济学附着在资产阶级的皮上,它就不可能做到这一点。"①

马克思提出了劳动力成为商品的理论,说明了剩余价值的产生,为分析资本主义阶级关系奠定了理论基础。

资产阶级和无产阶级的关系,从流通过程看,就是劳动力的买者和卖者的关系,在这里,劳动力是按照价值进行买卖的,至少理论上是这样,因此,他们之间的关系是平等的。马克思说:"劳动力的买和卖是在流通领域或商品交换领域的界限以内进行的,这个领域确实是天赋人权的真正乐园。那

---

① 马克思:《资本论》(第一卷),人民出版社 1975 年版,第 593 页。

里占统治地位的只是自由、平等、所有权……自由！因为商品例如劳动力的买者和卖者，只取决于自己的自由意志……平等！因为他们彼此只是作为商品所有者发生关系，用等价物交换等价物。所有权！因为他们都只支配自己的东西。"①

从劳动力的使用而不是从劳动力的使用结果看，资产阶级和无产阶级之间的关系也是平等的。资本家购置了劳动力就要消费它，劳动力的消费就是要劳动者劳动。劳动日的长度如何决定呢？劳动力的价值规律不能决定劳动日的长度。资本家总是尽量消费劳动力，延长劳动日，这是他作为买者的权利。但工人出卖的是劳动力，而不是人身，他要日复一日地出卖，如果资本家过度消费其劳动力，使其早衰、早死，就不是消费劳动力，而是劫夺劳动力了。因此，工人总是爱护劳动力，要求限制劳动日的长度，这是他作为卖者的权利。在这里，"权利同权利相对抗，而这两种权利都同样是商品交换规律所承认的。在平等的权利之间，力量就起决定的作用"②。

马克思指出，这两种平等权利的斗争集中在两方面。第一，劳动日的长度。在资本主义生产的历史上，劳动日的正常化过程表现为规定劳动日界限的斗争，这是全体资本家和全体工人之间的斗争。第二，使用劳动力和劫夺劳动力的斗争。假定在劳动量适当的情况下，一个正常工人能出卖劳动力 30 年，那每天劳动力的价值就应当是其总价值的 $\frac{1}{365 \times 30}$ 或 $\frac{1}{10\,950}$ 如果资本家十年内就耗尽工人的劳动力，但每天支付的仍然是劳动力总价值的 $\frac{1}{10\,950}$，而不是 $\frac{1}{3\,650}$，那就是只支付了劳动力日价值的 $\frac{1}{3}$，其余的 $\frac{2}{3}$ 就被劫夺了。因此，为了实现买者和卖者的平等，工人完全有权要求限制劳动日和取得劳动力的价值。

从劳动力使用的结果看，从"天赋人权的真正乐园"的背后看，资产阶级和无产阶级的关系就是不平等的了。如果说，从一次生产过程看，资本家"预付在工资上的价值额不仅仅在产品中再现出来，而且还增加了一个剩余

---

① 马克思:《资本论》(第一卷)，人民出版社 1975 年版，第 199 页。
② 同上书，第 262 页。

价值",但"这也并不是由于卖者被欺诈……而只是由于买者消费了这种商品"①;那么,从多次扩大生产的过程看,那就有了新的特点或内容。第一,用于扩大再生产的那部分剩余价值,本身就是没有付给等价物而占有的别人的劳动产品的一部分;第二,这部分资本不仅必须由它的生产者即工人来补偿,而且补偿时还要加上新的剩余价值。这新的剩余价值又可用于扩大再生产。资本主义生产的特点是扩大再生产。根据这一点,马克思指出:"这样一来,资本家和工人之间的交换关系,仅仅成为属于流通过程的一种表面现象,成为一种与内容本身无关的并只能使它神秘化的形式。劳动力的不断买卖是形式。其内容则是,资本家用他总是不付等价物而占有的别人的已经物化的劳动的一部分,来不断再换取更大量的别人的活劳动。"②

马克思说明了剩余价值的产生、工人被资本家剥削的秘密、在扩大再生产过程中无产阶级和资产阶级的不平等关系。但是,他并不是从此得出资本主义一定被社会主义代替的结论。从消灭剥削和不平等来说明社会主义产生的必然性,这是空想社会主义的理论。按照此说,奴隶制废除以后就应是社会主义了。但是由于没有产生像他们这样的伟大人物,历史的发展便被延缓了。马克思是从资本主义的扩大再生产,引起资本集中,使资本主义基本矛盾尖锐化,生产资料私有制妨碍生产力的发展,来说明社会主义的产生的。

2. 资产阶级平均分配剩余价值,就是"资本主义的共产主义"

英国古典学派不仅不能科学地说明资产阶级剥削无产阶级的秘密,而且不能说明资产阶级是共同地剥削无产阶级,即平均地分配无产阶级生产的剩余价值的。按照古典学派的劳动是价值的泉源的理论,等量资本在相同的时间(如一年内),支配的活劳动不等,就应该有不等量的价值和剩余价值,商品按价值出卖,就应该有不等的年利润率。但是,事实上在自由竞争的条件下,利润率是趋向于平均的。就是说,不管资本支配的活劳动怎样不等,它带来的利润都是相等的。古典学派看到利润率平均化的趋势,但不能

---

① 马克思:《资本论》(第一卷),人民出版社 1975 年版,第 641 页。
② 同上书,第 640 页。

说明它。斯密是用资本家的"兴趣",李嘉图是用资本家要求"补偿",来说明平均利润的形成的。这不仅陷入唯心主义的错误,而且无法说明平均利润率的水平,在这条件下,它的高度为什么是 20%,而不是 200%,是无法说明的。不能说明这一点,就不能说明资产阶级是共同地剥削无产阶级的。其原因就在于古典学派混淆了剩余价值和平均利润、价值和生产价格;就在于它不了解资本主义生产发展的阶段性,在自由竞争阶段时,价值就转化为生产价格,剩余价值就被分割为平均利润。这是他们把资本主义生产看成是没有历史的世界观所决定的。

马克思科学地说明了这个问题。他指出:"资本是天生的平等派,就是说,它要求在一切生产领域内剥削劳动力的条件都是平等的,把这当作自己的天赋人权"①,"平等地剥削劳动力,是资本的首要人权"②。这就是说,在竞争的压力下,各个生产部门劳动日的长度大体上是相同的;同质量的劳动力得到的工资大体上也是相同的。但这并不能使等量的资本带来的剩余价值或利润是相等的。

问题在于:第一,各个生产部门的资本有机构成是不相同的,就是说用于购买生产资料和购买劳动力的两种资本的比例是不相同的,购买劳动力的资本占的比例大,即低位资本有机构成的部门带来的剩余价值较多,反之,高位资本有机构成的部门带来的剩余价值较少;第二,在资本有机构成相同的条件下,资本周转速度较快,即一年中资本使用次数较多的部门带来的剩余价值较多,反之,资本周转速度较慢的部门带来的剩余价值较少。商品如按价值出卖,不同生产部门便有不等的年利润率。

资本既然是天生的平等派,在自由竞争的条件下,不同的生产部门就不可能有不同的利润率。这样,不同生产部门中按中等条件使用的资本,就要求按资本大小平均地分配剩余价值,而不管不同生产部门的资本支配的活劳动生产的剩余价值存在着的差别;剩余价值或利润便转化为平均利润;价值便转化为生产价格,生产价格由生产费用($c+v$)和平均利润构成。商品按生产价格出卖,资本得到的利润便是平均的。马克思称生产价格和平均

---

① 马克思:《资本论》(第一卷),人民出版社 1975 年版,第 436 页。
② 同上书,第 324 页。

利润为"资本主义的共产主义"①,因为它意味着资产阶级在分配剩余价值上实行共产主义,也就是共同地、平等地剥削无产阶级。

马克思从其平均利润理论对资产阶级和无产阶级两者的关系作了进一步的分析。第一,"不同资本家在这里彼此只是作为一个股份公司的股东发生关系,在这个公司中,按每100资本均衡地分配一份利润"②。第二,"在这里得到了一个像数学一样精确的证明:为什么资本家在他们的竞争中表现出彼此都是虚伪的兄弟,但面对着整个工人阶级却结成真正的共济会团体"③。这是因为,平均利润率是各个不同生产部门的特殊利润率的平均(应为加权平均),各部门特殊利润率的提高,有助于平均利润率的提高。因此,全体资本家都要提高对无产阶级的剥削,以便提高特殊利润率,从而提高平均利润率。这也解决了古典学派不能解决的平均利润率的高度问题。

应当指出:资产阶级提高对无产阶级的剥削,其目的不是提高一个生产部门的特殊利润率和平均利润率,而是提高一个企业的利润率。因为商品是按社会生产价格出卖的,如果一个企业能够使其商品的个别生产价格低于社会生产价格,它便可以得到超额利润。降低个别生产价格的办法,最重要的是使用更精良的机器,以便提高对无产阶级的剥削,增加剩余利润率。由于全体资本家都这样做,剩余价值率是提高了,从这方面说,有利于提高平均利润率。但又由于使用越来越精良的机器,资本有机构成提高,用于购买劳动力的资本比重缩小,平均利润率呈现出下降的趋势。其之所以是一个趋势,是因为资本有机构成提高能提高剩余价值率,它使平均利润率下降受到遏制。

由此可见,平均利润率的下降,并不像李嘉图所说的那样,是由于资本主义耕地越来越贫瘠;而是由于资产阶级全体极力提高对无产阶级的剥削,是劳动生产力提高的资本主义结果。

3. 一个所谓三大阶级合作生产、公平分配的公式:"三位一体公式"

前面说过,亚当·斯密曾经从劳动是价值的泉源这原理出发,认为工资

---

① 马克思:《马克思恩格斯〈资本论〉书信集》,人民出版社1976年版,第267页。
② 马克思:《资本论》(第三卷),人民出版社1975年版,第177—178页。
③ 同上书,第221页。

劳动者的劳动形成的价值要扣除利润和地租两部分,这实质上已将无产阶级、资产阶级和地主阶级之间的关系从经济上分析清楚,但是,由于他认为劳动有价值,工人出卖的是劳动,劳动的价值或工资应等于劳动形成的价值。这样,利润和地租就没有来源了。为了说明其来源,他只好说价值是由工资、利润、地租构成的。但这还没有回答这三种收入是从哪里来的。最后,他只好说:"不论是谁,只要自己的收入来自自己的资源,他的收入就一定来自他的劳动、资本或土地。"①这就等于说,劳动产生工资、资本产生利润、土地产生地租。从前,利润和地租都来自劳动形成的价值,无产阶级被剥削的秘密是揭露得清清楚楚的;现在,利润和地租分别来自资本和土地,无产阶级被剥削的秘密被掩盖了。其后的庸俗经济学家杜撰的三大阶级合作生产、公平分配的公式,即"三位一体公式"就是这样产生的。这个公式是:

劳动——工资,资本——利润,土地——地租

这就是说,无产阶级以其劳动,资产阶级以其资本,地主阶级以其土地,通力合作进行生产;然后又根据劳动、资本、土地的贡献公平合理进行分配,劳动创造和得到的是工资,资本创造和得到的是利润,土地创造和得到的是地租。在这公式下,三大阶级的关系的实质被掩盖了,剥削和被剥削的关系被说成和谐和公平的关系。这个公式是 19 世纪初期法国庸俗经济学家萨伊提出来的,至今仍被庸俗经济学家改头换面地加以利用。

马克思对这个公式进行了深刻的批判,这批判的本身就是对资本主义阶级关系的实质被掩盖的原因的分析。他认为,这个公式的产生是有其深刻的经济根源的。

首先,最重要的原因是在资本主义条件下,工人出卖劳动力必然被歪曲为出卖劳动,工人出卖劳动力得到的货币本来是劳动力的价值,但被歪曲为劳动的价值,也就是被歪曲为工资。其所以如此,最根本的是,劳动力是潜在的,所谓出卖劳动力,从卖者说,就是为买者劳动,从买者说,就是要卖者劳动,对劳动力价值的支付和接受,是在劳动过后才进行的,和一般商品买

---

① 亚当·斯密:《国民财富的性质和原因的研究》(上卷),郭大力、王亚南译,商务印书馆 1972 年版,第 47 页。

卖是一手交钱,一手交货不同,这样,这价值就不如实地表现为劳动力的价值;而被歪曲为劳动的价值,亦即工资。无产者将出卖劳动力得到的货币,不如实地称为劳动力的价值或价格,而称为工资或劳动价值,其原因就在这里。

在劳动价值或工资这个被歪曲的经济范畴下,工人的劳动创造的价值,似乎全部归其所有,根本不存在被剥削的问题。一切为资本主义剥削进行辩护的论调,都是以此为基础的。马克思指出:"劳动力的价值和价格转化为工资形式,即转化为劳动本身的价值和价格,会具有决定性的重要意义。这种表现形式掩盖了现实关系,正好显示出它的反面。工人和资本家的一切法权观念,资本主义生产方式的一切神秘性,这一生产方式所产生的一切自由幻觉,庸俗经济学的一切辩护遁词,都是以这个表现形式为依据的。"①

其次,劳动创造的价值既然被歪曲为全部归工人所有,成为工资,那么剩余价值就不可能是劳动创造的,它就被歪曲为资本的产物,即被歪曲为利润了。这两种歪曲是同时产生的。马克思说:"因为在一极上,劳动力的价格表现为工资这个转化形式,所以在另一极上,剩余价值表现为利润这个转化形式。"②这就是说,因为有了"劳动——工资"这一项,所以同时就有"资本——利润"这一项。

随着资本主义信用制度的产生,资本分裂为职能资本或生产资本和财产资本或借贷资本两种。但资本当作真正资本来用,真正能够产生剩余价值或利润只有一次。两种资本要瓜分利润,其大小取决于两种资本的竞争。前者得到的叫企业收入,后者得到的叫利息。

在信用制度下,一个职能资本家可以没有资本,他办企业的资本是向财产资本家借来的。但他在还清本金,付了利息之后,还得到企业收入。这样,这企业收入就被歪曲为是这个职能资本家的劳动的产物,即高级劳动的工资。与此相应,资本的产物就不是利润,而是利息。因此,"劳动——工资"这一项,要增加"资本家劳动——高级工资"的内容。

最后,在自由竞争条件下,资本家办工业,办农业,都要得到平均利润,

---

① 马克思:《资本论》(第一卷),人民出版社 1975 年版,第 591 页。
② 马克思:《资本论》(第三卷),人民出版社 1975 年版,第 44 页。

它被歪曲为资本的产物。但在农业经营上,资本家要交纳地租,这地租既不可能是劳动的产物(这产物已成为工资),也不可能是资本的产物(这产物已成为利润),只可能是土地的产物,即自然的产物。在农业生产上,生产过程和自然界的生命过程结合在一起,更助长了上述的看法。"土地——地租"就是这样产生的。

马克思分析了这个公式产生的经济根源后,进一步指出其谬误。当作一个整体来看,公式的右端:工资、利润(或利息)和地租,是具有同一社会性质的范畴;公式的左端:劳动、资本和土地,则不是具有同一社会性质的范畴,把它们对等地列在一起是错误的。逐项来看,劳动——工资,是不通的。因为劳动永远存在,而工资却不永远存在。如果说,它是雇佣劳动,那么,它创造的是全部价值,得到的只是其中一部分,即劳动力价值。资本——利润,也是不通的。可以从两方面看资本,从物质上看,它不能创造利润;从价值上看,说一个 100 的价值会自己变成 100＋20 的价值,是荒谬的。土地——地租,同样也是不通的。土地是地球地壳的一部分,它既不产生,也不要求地租。如果说,它是土地私有权,那么它虽然要求地租,但不能产生地租。

资本主义三大阶级的经济关系的实质是这样的:丧失生产资料的无产阶级向占有生产资料的资产阶级出卖劳动力,无产阶级在其劳动创造的价值中得到相应于劳动力价值的一部分,称为工资;余下来的是剩余价值,它在资产阶级中分割为平均利润,平均利润又分为企业收入和利息;由于土地私有权的存在,农业生产中超过平均利润的剩余价值余额便转化为地租,归地主阶级所有。

4. 资产阶级把无产阶级中最杰出的人物吸收进来,"它的统治就越巩固,越险恶"

马克思不仅在经济上分析了资本主义社会三个阶级之间的关系,而且分析了资产阶级作为一个统治阶级,如何在经济上把被统治阶级,即无产阶级中最杰出的人物吸收进来,使资产阶级的统治更加巩固。

关于资本家的产生,有许多传奇;其中的暴发户,尤其是这样。马克思也说:"在中世纪城市的幼年时期,逃跑的农奴中谁成为主人,谁成为仆人的问题,多半取决于他们逃出来的先后,在资本主义生产的幼年时期,情形往往也是这样。"①这就是说,多少有点偶然性。

但是,就是在这样的历史条件下,一个人单靠自己的劳动取得收入,积累一个起码的资本额,使自己完全脱离劳动,而过资本家的生活,是不可能的。正如马克思所指出的,这里有一个量对质的限制的问题。他指出资本家是从个体生产者变来的,资本是从货币变来的,一个人最低限度要拥有多少货币才能成为资本家呢? 假设一个个体生产者每天劳动 8 小时就足够维持生活了,这样,他只需拥有够他劳动 8 个小时的生产资料便可以了。假设劳动 8 小时创造的价值为 8 元,这生产资料的价值也为 8 元。现在他要雇佣工人进行剥削了。假设工人每天劳动是 12 小时,剩余价值率为 33%,即剩余劳动时间为 4 小时,创造的剩余价值为 4 元。这样,他就要雇佣 2 个工人,才能取得 8 元的剩余价值;2 个工人所需的生产资料应为 24 元。他如果完全脱离劳动,就只能以 8 元的剩余价值,过工人一样的生活,并且不能进行扩大再生产。为了比工人的生活好一倍,他就要雇佣 4 个工人;为了使剩余价值有一半用来进行扩大再生产,他又要多雇佣 4 个工人。这样,他就要雇佣 8 个工人,所需的生产资料应为 96 元,就是说,他要拥有 96 元这个起码的货币额,才能成为资本家②。靠他的劳动积攒这 96 元是不可能的,即使他延长劳动时间、恶化生活条件,也办不到,因为那是一个漫长的过程,竞争的恶浪,随时会把他吞没。因此,积累一个起码的资本额,只能在劳动以外,逐渐增加剥削,包括投机,进行积累。

资产阶级经济学家说,这是信用制度产生以前的情况;随着信用制度的产生,有货币的人固然能够成为资本家,没有货币而有能力的人也可以借入货币资本成为资本家。因此,在这制度下,资本主义社会的平等关系出现了奇迹:在成为资本家的机会面前,不论贫富,人人是平等的。

对这个问题,马克思作了极其深刻的分析。他指出:一个没有财产,但精明强干、稳重可靠、经营有方的人,通过信用制度也能成为资本家,这是经济辩护士们所赞叹不已的事情,这种情况虽然不断地把一系列不受某些现

---

① 马克思:《资本论》(第一卷),人民出版社 1975 年版,第 818 页。
② 同上书,第 341—342 页。

有资本家欢迎的新的幸运骑士召唤到战场上来,但巩固了资本本身的统治,扩大了它的基础,使它能够从社会下层不断得到新的力量来补充自己;其原因就是:"一个统治阶级越能把被统治阶级中最杰出的人物吸收进来,它的统治就越巩固,越险恶。"①他并且指出,不仅在经济上是这样,在政治上也是这样:中世纪的天主教会,不分阶层,不分出身,不分财产,在人民中间挑选优秀人物来建立其教阶制度,以此作为巩固教会统治和压迫俗人的一个主要手段。应该指出,现代资本主义的普选制度也是这样。

从上述分析可以看出,资本主义社会存在着一些经济条件,歪曲了各个阶级之间的关系,使无产阶级和资产阶级之间的关系表现为平等的、没有剥削的,通力合作进行生产、公平合理进行分配的关系,使个别的无产者成为资本家。列宁指出,正是根据这一点,资产阶级"在一般个人平等的名义下,宣布有产者和无产者间、剥削者和被剥削者间的形式上或法律上的平等,以此来大大欺骗被压迫阶级"②。应该说,生活在这制度下的人,以及受这种制度的意识形态影响较深的人,要真正认识这几个阶级的关系,是很不容易的。马克思对此进行的分析,有助于对这个问题的认识。因此,深入地学习马克思的有关理论,很有必要。

---

① 马克思:《资本论》(第三卷),人民出版社 1975 年版,第 679 页。
② 《列宁选集》(第四卷),人民出版社 1972 年版,第 271 页。

四、资本主义的发展和无产阶级
阶级构成的变化^①

——评资本主义社会中产阶级化的理论

目前,资产阶级哲学和社会科学家正在宣传资本主义社会已经中产阶级化,即无产阶级逐渐变成中产阶级的理论。他们的错误在于:将资本主义经济发展及其矛盾深化所引起的无产阶级阶级构成的变化,即工资劳动者中以脑力劳动为主的物质生产工人、经营商品的工人、经营货币的工人、作为资本职能执行者的监工、工头和经理人员,相对于以体力劳动为主的物质生产工人的比重的增大,说成是无产阶级逐渐变成中产阶级。本文根据马克思关于资本主义生产、经营、管理的发展,以及分别与它们有关的劳动的变化的分析,说明马克思的阶级划分和阶级斗争理论的正确,资产阶级的中产阶级化理论的谬误。

1. 生产、经营、管理劳动和物质生产工人中脑力劳动者比重增大

资本主义生产是社会生产的一种历史形态,它的物质基础就是物质资料生产。不管哪种社会形态,人们都要以劳动来生产物质资料。除了作为动物的本能的劳动不谈外,作为人的劳动,总是脑力和体力的支出,总是脑力劳动和体力劳动的结合。虽然随着生产力的发展,这两者在一个劳动者身上或在社会总劳动中占的比重会有变化,并且可以有主要从脑力劳动方面生产物质资料的劳动者和主要从体力劳动方面生产物质资料的劳动者这样的分工。从劳动本身来说,脑力劳动和体力劳动是结合着的。随着生产

---

① 原载于上海市世界经济学会编:《战后资本主义论文集》,上海社会科学院出版社 1990 年版。

力的发展,前者的比重在增大,这样,生产物质资料的劳动者可以分为脑力劳动者和体力劳动者,有的劳动者专门设计建筑图纸,有的劳动者专门按图纸施工,他们作为总体的劳动者,生产出共同劳动的产品——建筑物。这两种劳动者在资本主义条件下都是工资劳动者,是无产阶级的构成部分。

关于这个问题,马克思作过深刻的分析。他说,在资本主义生产方式中,许多劳动者集合在一起,为生产同一个产品而从事工作,其中包括一种直接从事物质资料生产的劳动者。随着资本主义生产的发展,这许多劳动者的劳动和由他们共同生产的产品之间的关系,当然会不相同。例如,在一个工厂里,直接以其劳动加到原料和材料上去,使其变成一个产品的,是从事体力劳动的工人;而技术人员的情况则与此不同,他们主要是用头脑来进行劳动,他们是从事脑力劳动的工人。从单纯的劳动过程的结果来看,这就表现为一个产品是由这些其劳动力有不同价值的劳动者全体生产出来的,这些劳动者全体合在一起,组成一个工场,成为生产产品的活的机器。从资本主义生产过程来看,这些劳动者全体都用他们的劳动和资本相交换,把资本家的货币当作资本来再生产。正是资本主义生产方式的这个特征,使不同的劳动、使脑力劳动和体力劳动、使那些偏重这一方面或偏重那一方面的劳动分割开来,分配给不同的人担任。物质产品是这些人的共同产品,他们的劳动共同地体现在物质产品中;而他们这些人中每一个人对资本的关系,都是工资雇佣劳动者对资本的关系,并且表现为其劳动和资本相交换的生产劳动者,而不是和收入相交换的不生产劳动者。

资本主义生产物质资料的特点是社会化生产,即许多劳动者结成协作关系,生产物质资料。不管哪种社会形态,凡是社会化生产,凡是有协作的地方,都要有一种组织劳动,使许多劳动者协同动作,进行物质资料生产。马克思说:"一个单独的提琴手是自己指挥自己,一个乐队就需要一个乐队指挥";同样道理,"一切规模较大的直接社会劳动或共同劳动,都或多或少地需要指挥,以协调个人的活动,并执行生产总体的运动……所产生的各种一般职能"①。但是,这种因社会化生产而必须的组织劳动或指挥劳动,由于只是劳动过程的因素,所以不能单独存在,而要和这个劳动过程依以进行的

----

① 马克思:《资本论》(第一卷),人民出版社 1975 年版,第 367 页。

社会形态结合在一起,例如在奴隶社会和奴隶制大生产、在资本主义社会中和资本主义大生产的监督劳动结合在一起。

　　资本主义生产的社会特点,第一是商品生产。在资本主义社会里,物质资料成为商品。这样,除了生产物质资料即生产商品的劳动外,还需要有经营商品和经营货币的劳动。前者指的是购买生产资料以便生产商品的购买劳动和将生产出来的商品加以出售的出售劳动,后者指的是购买和出售商品中货币收支、贮藏、兑换的劳动。此外,在商品生产和货币经济中,还需要有核算商品成本、价格、利润的财务劳动。

　　资本主义生产的社会特点,第二是剩余价值生产,这是资本主义生产的决定性的社会特点。剩余价值来自工人的剩余劳动,资本主义竞争的压力使资本家要向工人榨取日益增多的相对剩余价值,正是这种阶级对抗关系,使资本主义社会化大生产如同奴隶制大生产一样,在需要一种指挥劳动的同时,也需要一种监督劳动,后者的功能在于更多地榨取劳动者的剩余劳动。由于这种榨取剩余劳动的社会过程是和生产物质资料的劳动过程结合在一起的,用马克思的话来说,在资本主义条件下,劳动过程和价值增殖过程是结合在一起的,所以指挥劳动和监督劳动也结合在一起。马克思将这种结合称为资本主义的管理,因此,他认为:"资本主义的管理就其内容来说是二重的——因为它所管理的生产过程本身具有二重性:一方面是制造产品的社会劳动过程,另一方面是资本的价值增殖过程。"①

　　以上所说的,就是资本主义的生产、经营、管理的劳动。其中除物质生产劳动中的脑力劳动的独立化及其比重增大在前面已提到外,其他劳动的独立化及其比重增大的问题留在下面谈。

2. 经营劳动独立化和经营劳动者在无产阶级中比重增大

　　随着资本主义经济的发展和资本主义企业的扩大,资本家就从参加经营、管理的劳动,到第一步脱离经营的劳动;经营的劳动就独立化,由工资劳动者担任。由于资本主义矛盾深化,这种工资劳动者的比重增大,由他们构成的无产阶级的阶级构成发生变化。

---

① 马克思:《资本论》(第一卷),人民出版社1975年版,第368—369页。

资本家是由个体生产者变化而来的,从后者到前者,有一个中间形态。在这个形态中,企业主人一方面雇佣工人,另一方面既要参加物质生产的劳动,又要参加经营、管理的劳动。这是因为企业规模小,雇工数量少,他们提供的剩余价值较少,这使资本家不能脱离上述各种劳动,而实现资本家的个人消费和资本积累,这样的企业主,事实上还不是资本家,而是小业主。当企业规模扩大,雇工数量增加到一定程度,企业主便摆脱物质生产劳动,但仍参加经营、管理的劳动。这时,企业主便从小业主变为资本家了。当企业规模再扩大,雇工数量再增加到一定程度,资本家第一步便摆脱经营的劳动,使这种劳动独立化,由工资劳动者担任。但只要他仍然是一个生产或职能资本家,而不是借贷或财产资本家,他必然参加管理的劳动。他摆脱一部分劳动是必然的,之所以是经营的劳动,而不是管理的劳动,这是因为后者的职能既包括了对物质生产劳动者的管理,也包括了对经营劳动者的管理,通过这两种管理,资本家便能管理即统治整个企业。

经营劳动的独立化包括两方面。第一,经营商品的劳动独立化为商业劳动,商品资本独立化为商业资本,商业独立为一种企业,受雇于商业资本家的商业工人,从事经营商品的劳动;经营货币的劳动独立化为银行劳动,货币资本独立化为银行资本,银行独立为一种企业,受雇于银行资本家的银行工人,从事经营货币的劳动。第二,在一个生产商品的企业内,这种经营的劳动,也在独立化。马克思说:同商业资本家一起执行职能的,"还有产业资本家的直接商业代理人,如采购员、推销员、跑街"①,他们是产业资本家的雇佣工人。此外,在生产企业、商业企业、银行企业中,企业本身的财务劳动也独立化,由独立的财务劳动者担任。他们也是各种资本家的雇佣工人。以上所说的参加经营劳动的工人,是无产阶级的构成部分。

经营劳动或参加经营劳动的工人在总社会劳动或在无产阶级内部所占的比重增加,有两个原因。一个是随着商品生产、商品流通和货币流通的扩大,它相应增加,但这不是决定性的,因为这不能说明它的比重增加。另一个是决定性的,这就是由于资本主义矛盾深化,使商品价值实现、企业取得

---

① 马克思:《资本论》(第三卷),人民出版社 1975 年版,第 323 页。

货币困难。为了解决这一矛盾,在流通领域中耗费的经营劳动,相对于在生产领域中耗费的生产劳动来说,其比重必然增加。以下就经营商品的和经营货币的劳动分别加以说明。

随着商品生产的发展,产量增加,进入流通领域的商品量增加,经营商品的劳动也增加,生产企业和商业企业规模扩大了,采购员、推销员、店员便要增加。虽然由于劳动生产率的提高,他们的增加不一定和商品生产量、商品流通量的增加比例相同。这是问题的一个方面,主要是就商品作为一种使用价值,从生产进入消费所需的劳动来说的。问题还有另一个更为重要的方面,就是商品作为价值,它的实现由于遇到资本主义特有的、生产扩大和消费相对落后的矛盾而日益困难。资本家在残酷的竞争中,为了实现商品的价值,所耗费的经营商品的劳动迅速增加,如挖空心思装潢商品,增加商品推销员,大量登广告,并由此产生的这种劳动的独立化——广告企业,所有这些从业人员都是经营商品的工资劳动者,他们在无产阶级内部的比重由此增加。

商品生产增加,生产企业规模扩大,商品流通量增加,市场的广度和深度也扩大,这样,企业内部的和银行企业的经营货币的劳动也要增加,会计、出纳、银行行员便要增加,虽然不一定同商品流通量同比例增加。但是,由于商品价值实现困难,企业取得货币也困难。为了解决这个矛盾,资本家耗费在经营货币上的劳动便迅速增加。为了取得货币,企业增发股票、发公司债券、向银行贷款,银行则广设分支机构、将触角伸向每个角落,并买卖有价证券,股票交易所也活动频繁。这些从业劳动者都是经营货币的工资劳动者,他们的比重由此增加。

在垄断资本主义条件下,垄断企业要有一批研究市场变化、制定垄断价格以便攫取垄断利润的工资劳动者。制定垄断价格是极其复杂的工作,要耗费大量劳动。垄断企业之间竞争激烈、价格战尖锐时,这种工资劳动者的比重也增加。

3. 管理劳动独立化和管理劳动者在无产阶级中比重增大

随着资本主义生产的发展和资本主义企业规模的扩大,资本家在第一步摆脱经营的劳动之后,第二步脱离管理的劳动,管理劳动就独立化,由一系列的管理劳动者担任。依据上面说过的道理，他们是工资劳动者，是无产阶级的构成部分，其比重在增加。

根据马克思的说明，资本家脱离管理劳动有两个原因。第一，"正如起初当资本家的资本一达到开始真正的资本主义生产所需要的最低限额时，他便摆脱体力劳动一样，现在他把直接和经常监督单个工人和工人小组的职能交给了特种的雇佣工人。正如军队需要军官和军士一样，在同一资本指挥下共同工作的大量工人也需要工业上的军官（经理）和军士（监工），在劳动过程中以资本的名义进行指挥。监督工作固定为他们的专职"①。由于监督劳动的发展，工人便划分为"劳工和监工，划分为普通工业士兵和工业军士"②。第二，"与信用事业一起发展的股份企业，一般地说也有一种趋势，就是使这种管理劳动作为一种职能越来越同自有资本或借入资本的所有权相分离"，而由"那些不能在任何名义下，即不能用借贷也不能用别的方式占有资本的单纯的经理，执行着一切应由执行职能的资本家自己担任的现实职能"③。此外，随着现代科学技术的发展，管理股份公司，尤其是庞大的垄断股份公司，需要有具有专业知识的人员，这也是股东们要雇用经理人员的原因，经过第二步也是最后一步摆脱管理劳动，资本家就最终从参加经营、管理的产业资本家，变为完全以懒惰为职业的货币资本家，变成如像地主阶级那样的多余人物了。

随着资本主义社会化生产的发展和在这个基础上阶级对抗关系的深化，资本家的管理职能日益加强，管理劳动增加，经理、监工、工头就增加，虽然由于劳动生产率的提高，他们的增加不一定和物质生产同比例增加。我们只要看一看，垄断资本主义的管理制度，如榨取工人血汗的科学制度即所谓泰罗制度，也就是将熟练工人的动作拍摄下来，加以分析，保存合理的，去掉多余的，然后以此制定劳动定额，要一般工人去完成，再如在泰罗制度基础上产生的、目前正在发展的"全面关心"工人的制度，也就是访问工人家庭、赠送生日礼物，等等，就可以了解这类人员必然要增加。

---

① 马克思：《资本论》（第一卷），人民出版社1975年版，第369页。
② 同上书，第464页。
③ 马克思：《资本论》（第三卷），人民出版社1975年版，第436页。

4. 关于经理人员的阶级属性和工资来源问题

根据马克思的有关理论,我认为,应把执行资本家的管理职能的经理人员(那些实质上是垄断企业的政治代表的经理除外)看成是工资劳动者,是无产阶级的构成部分,这是由他们的经济地位决定的。他们的经济生活、思想倾向,则是另一种性质的问题。

单纯的经理人员是不占有生产资料的,他们和产业资本家的关系,就是代替后者去从事管理或监督的劳动。从这点说,他们免掉资本家的劳动,为资本家效劳,让资本家成为一个以懒惰为职业的人,正如资本家的管家免掉资本家的劳动,为资本家提供服务,让资本家成为一个完全以懒惰为职业的人一样。他们都是资本家的工资劳动者。所不同的仅在于:前者是资本家在企业中的管家,他的工资是由资本家在生产工人中剥削得来的剩余价值支付的,是资本家的资本的支出;后者是资本家在家庭中的管家,他的工资也是由资本家在生产工人中剥削得来的剩余价值支付的,然而是资本家的收入的支出,他的劳动是和资本家的收入相交换的。

马克思多次提到,经理人员是资本家的雇佣劳动者。从这点看,也仅仅从这点看,他是工资劳动者,和一般生产工人是工资劳动者没有什么不同。马克思指出,在股份公司中,"生产资料已经和实际的生产者相分离,生产资料已经作为别人的财产,而与一切在生产中进行实际活动的个人……相对立",而这些个人包括了"从经理一直到最后一个短工";这样一来,资本所有权"现在就同现实再生产过程中的职能完全分离,正像这种职能在经理身上同资本所有权完全分离一样"①;根据这一点,1881 年恩格斯在《必要的和多余的社会阶级》中指出:"铁路和大部分远洋运输轮船都不属于那些亲自经营业务的单个资本家,而属于股份公司,这些公司的业务是由支薪的雇员,由那些实际上地位相当于位置较高的和待遇较好的工人和职员代为经营。"②由于这样,马克思认为:"经理的薪金只是,或者应该只是某种熟练劳动的工资,这种劳动价格,同任何别种劳动的价格一样,是在劳动市场上调

---

① 马克思:《资本论》(第三卷),人民出版社 1975 年版,第 494 页。
② 《马克思恩格斯全集》(第十九卷),人民出版社 1963 年版,第 316 页。

节的"①。

　　虽然同样是工资劳动者,但是经理人员的工资来源和生产工人的工资来源是不同的。后者的工资是自己创造的,他不仅创造了工资,而且创造了剩余价值;前者的工资则是从资本家剥削到的剩余价值那里分来的,从他本人看是工资,从社会看是剩余价值。关于这个问题,马克思说得很深刻。他认为,在不是股份公司的条件下,"同货币资本家相对来说,产业资本家是劳动者,不过是作为资本家的劳动者,即作为对别人劳动的剥削者的劳动者";他为这种劳动所要求和所取得的收入,"恰好等于他所占有的别人劳动的量,并且当他为进行剥削而亲自花费必要气力的时候,还直接取决于对这种劳动的剥削程度,而不是取决于他进行这种剥削所作出的并且在他支付适当的报酬时可以让一个经理去作出的那种努力的程度"②。既然相对于什么事也不干的货币资本家来说,产业资本家还在劳动,但这种劳动只不过是一种剥削别人劳动的活动,它不创造价值,那么,资本家将这种职能交给经理人员,经理人员的劳动就当然也是不创造价值的,这样,他们的工资只能来自资本家剥削到的剩余价值,同管家的工资来源一样。

　　以上我根据马克思的分析,将资本主义的管理人员同资本家的管家一样看成是工资劳动者,并且认为他们的工资不是自己生产的,而是从资本家的剩余价值那里分来的。但是,关于资本家的管理劳动,从而资本家管理职能执行者的经理人员的劳动的性质,目前有不同的看法,因此有必要在这里谈一谈个人的想法。前面我们事实上已谈到资本主义管理的二重性:作为共同劳动的组织者,马克思明确指出,它是生产劳动,即创造价值;作为无产阶级的监督者,它是不生产劳动,不创造价值。关于这二重性质的关系,马克思指出,"只要资本家的劳动不是由单纯作为资本主义生产过程的那种生产过程引起",而且也由"作为社会劳动的劳动的形式引起",它就"不随着资本的消失而自行消失"③。我认为,就劳动的这种性质而言,它是创造价值的;在这个限度内,经理人员的工资有一部分是自己创造的。正是在这个意

---

① 《马克思恩格斯全集》(第十九卷),人民出版社1963年版,第316页注1。
② 马克思:《资本论》(第三卷),人民出版社1975年版,第435页。
③ 同上。

义上,马克思认为,一切依某种方法参加商品生产的人,从真正的体力劳动者,到经理、工程师,即各种和资本家有别的人们,都属于自己不仅能生产工资,并且能带来利润的生产劳动者①。当然,由于管理劳动有二重性,创造的价值量就无法确定。

关于资本家管理,从而经理人员劳动的二重性质,与此相应,关于企业收入中有一部分是来自这种劳动中的生产劳动的分析,最初是由李嘉图以后的一位英国古典经济学家拉姆赛提出来的。关于前者,他说:"有很多企业的领导人亲自动手干活,但是在他们这样做的时候,他们在那个时候已停止作为雇主而成为操作者";关于后者,他说:"企业利润是一种具有两重性的收入,即主要取决于资本量并随资本量的变化而变化,但与此同时,又按照运用资本的那些人在智力和精神素质方面的不同,可以在一定限度内上升或者下降"②。对此马克思是十分同意的,因而补充说:即使我们把这种监督劳动的报酬看成是一般利润率中的工资,拉姆赛所展开的规律在这里也还适用,即"利润……和所投资本的大小成比例,利润的这个部分(即工资——引者)却与资本的大小成反比例,对大资本来说,那是小到近于没有的,对小资本来说,也就是,在资本主义生产不过徒有其名的地方,利润的这个部分就会大得吓人"③。问题说得很清楚。在这里我要指出的是,苏联马列主义研究院重新编辑的《剩余价值学说史》对拉姆赛这些理论冠以含有"辩护论要素"的标题,这是违反马克思的原意的,因为马克思明确地指出:拉姆赛关于产业利润即企业收入所说的话,"是他这个著作中提出的最合理的东西"④。

经理人员的工资,就其纯经济因素来说,有一个确定的水平,并且有下降的趋势。这是因为,一方面随着一个人数众多的产业经理和商业经理阶层的形成,他们的工资就和其他人员的工资一样,有一个具有确定水平的市场价格;另一方面,这个市场价格依以波动的价值水平,即劳动力的价值,又和所有熟练劳动力的生产费用有下降趋势一样,越来越降低。至于垄断企

---

① 马克思:《剩余价值学说史》(第一卷),郭大力译,人民出版社1975年版,第146—147页。
② 乔治·拉姆赛:《论财富的分配》,李任初译,商务印书馆1984年版,第143页。
③ 马克思:《剩余价值学说史》(第二卷),郭大力译,人民出版社1975年版,第399页。
④ 同上书,第398页。

业产生后,尤其是第二次大战后,垄断企业经理人员虽然与其他人员所受的教育程度相当,但其工资却高得多,并有增高的趋势,下面将指出,那是由其他原因决定的。

5. 部分真正中产阶级的无产阶级化和部分无产阶级的资产阶级化

资产阶级哲学和社会科学家把上述从事脑力劳动的工资劳动者,即从事脑力劳动方面生产物质资料的,以及某些从事商品和货币经营的、从事企业管理的劳动者,同从事体力劳动的工资劳动者完全对立起来,并称前者为中产阶级。由于他们工作条件较为良好,穿戴整洁,有的便被称为"白领"工人,而那些从事体力劳动、满身油污的工人,则被称为"蓝领"工人。又由于他们收入一般比从事体力劳动的工人高些,这样,"白领"工人和收入较高的工人便被称为中产阶级。二战后,由于第三次产业革命的进行,生产、经营、管理在技术上发生巨大变革,从事脑力劳动的工人比重增大;由于资本主义矛盾深化,从事经营、管理的工人比重增大;这样,从事物质生产的、以体力劳动为主的工人比重减小,资产阶级思想家便提出资本主义社会正在中产阶级化的理论。按照这种理论,中产阶级越来越庞大,马克思所说的两大对抗阶级的对立便再也不存在;中产阶级生活很好,阶级斗争再也不存在,无产阶级革命是不必要的。这显然是一种错误的理论。

首先应该指出,在资本主义社会里确实有一种中产阶级,但与上述被称为中产阶级的不同,他们自己拥有生产资料、不雇用工人,而以自己和家庭成员的劳动进行经营。这可以以自己开诊所的医生和经营家庭农场的自耕农为代表。但是,这种真正的中产阶级,随着资本主义大生产的发展,除掉那些破产的已经变为无产阶级的不说,即使那些仍然存在着的,从经济关系来说也在向无产阶级演变。因为在生产力迅速发展的条件下,他们所占有的那点生产资料,在他们所从事的经营应拥有的全部生产资料中占的比重越来越少。医疗器械日益增加、精良、昂贵,一个开业医生无法全部自备,许多检查和化验,是由他开方再由大医院按情况收费进行的,他逐渐成为院外工资劳动者。一个家庭农场,培育种子、翻耕土地、播种施肥、灭虫除害、收割、加工、包装、运输、销售,等等,都是由大垄断公司收费包办经营的,所谓的自耕农只从事经常性的农田劳动,逐渐成为大垄断公司的"农业车间"的工资劳动者①。

所谓的资本主义社会中产阶级化的理论,是完全错误的。第一,它将无产阶级阶级构成中的某一部分看成是中产阶级,并且将构成比重的变化看成是中产阶级化,这就等于根据社会成员的社会分工来划分阶级。对于这种不是根据对生产资料的所有关系来划分阶级的谬论,马克思早就批判过了,认为根据"社会分工在工人、资本家和土地所有者间造成的利益和地位的无止境的划分"来划分阶级是荒谬的。因为这样一来,也可以把土地所有者阶级划分为"葡萄园所有者,农场所有者,森林所有者,矿山所有者,渔场所有者"②阶级了。第二,它将无产阶级中工资或收入较高的人看成是中产阶级,并且将这部分人的比重的增加看成是中产阶级化,这就等于将奴隶社会中的从事文化、艺术、监督劳动的奴隶说成不是奴隶,这在古代社会的人看来必然是神经错乱的。至于这部分人的工资或收入较高,甚至其中有些人社会地位也较高,除了纯经济原因外,最重要的原因是资产阶级,尤其是垄断资产阶级实行的阶级政策。

纯经济原因有两个。第一,如上所述,随着资本主义生产发展和矛盾深化,从脑力劳动方面生产物质资料的、从事经营和管理工作的劳动者增加,这种劳动力的价值比从体力劳动方面生产物质资料的劳动者的劳动力价值高些。第二,资本主义的竞争使资本家要其企业的"涉外"人员打扮得好些,以便取得信誉。马克思说:"在一定的发展阶段上,已经习以为常的挥霍,作为炫耀富有从而取得信贷的手段,甚至成了'不幸的'资本家营业上的一种必要。奢侈被列入资本的交际费用。"③既然这样,"涉外"人员的收入总得高些。

最主要的原因,是资产阶级对无产阶级实行的有利于巩固资本主义统治的阶级政策,这就是使无产阶级按其经济地位来说仍然是被剥削的无产阶级,但其物质生活从而思想意识却资产阶级化。这两者表面看来似乎不

---

① 上述情况,使我想起马克思和列宁都论述过的包买商及受其控制的拥有部分生产资料的小生产者的关系。参见《资本论》(第三卷),人民出版社 1975 年版,第 375—376 页;《列宁全集》(第三卷),人民出版社 1959 年版,第 321—322 页。

② 马克思:《资本论》(第三卷),人民出版社 1975 年版,第 1001 页。

③ 马克思:《资本论》(第一卷),人民出版社 1975 年版,第 651 页。

能同时做到,但在一定的经济条件下是可以做到的。

英国资产阶级最早实行这种政策。19世纪中叶,英国作为一个世界工厂,一方面剥削广大的殖民地,另一方面排除了其他资本主义国家同它进行竞争,从而在尚未形成垄断资本主义的条件下,它就获得巨额垄断利润,并从中分一部分出来,提高英国工人的工资,使英国整个无产阶级资产阶级化。这种情况大概延续了40年之久①。19世纪80年代,许多国家在经济上赶上英国,同英国展开激烈的竞争,因此,英国一国独得的上述意义的垄断利润逐渐消失,英国整个无产阶级资产阶级化不可能了。但是,从这时起,各国形成的垄断资本主义攫取现代意义的垄断利润,并从中分一部分出来,使部分工人,主要是上层工人资产阶级化,却是可能的,并已成为一种阶级政策。这样,上述的那部分工人的工资便较高。二战后,许多殖民地国家在政治上虽然独立了,但大多数在经济上仍然没有实现工业化,仍然处在旧的国际分工中,这样,就不得不为垄断资本主义国家提供垄断利润。在这种经济条件没有改变时,垄断资产阶级就仍然可以实行使部分无产阶级资产阶级化的政策。

应该指出,垄断资产阶级实行这种阶级政策的基础不仅是剥削落后国家,而且也是加深剥削国内被统治民族,例如,英国的爱尔兰工人,美国的黑人、墨西哥、波多黎各工人被剥削特别深,也能达到同样的目的。这就说明,在资本主义尤其是垄断资本主义条件下,阶级斗争同民族斗争是联系在一起的。虽然,加强民族压迫可以暂时缓和阶级矛盾,但随着被压迫、被剥削民族的完全解放,阶级斗争必然加剧,社会主义革命必然发生。

股份公司尤其是垄断的股份公司产生后,情况就发生了变化。前面说过,股东们是不管理企业的;股份企业要由聘请的经理来管理。他们是股东们在企业中的总管家。因此,为了多得利润,股东便要对经理特别加以奖赏,即除工资外,还要根据盈利多寡加以奖励。由于这样,虽然受教育的年限相同、付的费用大体相同的人,而从事管理工作的毕业生便比从事其他工作的毕业生得到更多的收入;当他成为经理时,就更是这样。有些垄断企业的总经理其实是企业的政治代表,其职能是为企业向国家预算争得利润,这

---

① 列宁:《帝国主义是资本主义的最高阶段》,人民出版社1969年版,第97页。

种人多是政治家,其收入当然特别丰厚,但这已经不是我们所论述的那种经理了。

最后,我们要指出,在资本主义信用制度下,确实有些并无财产、但有经营管理才能的人成为资本家的。马克思说:"一个没有财产但精明强干、稳重可靠、经营有方的人,通过这种方式(信用制度——引者)也能成为资本家……这是经济辩护士们所赞叹不已的事情,这种情况虽然不断地把一系列不受某些现有资本家欢迎的新的幸运骑士召唤到战场上来,但巩固了资本本身的统治,扩大了它的基础,使它能够从社会下层不断得到新的力量来补充自己。"因为"一个统治阶级越能把被统治阶级中的最杰出的人物吸收进来,它的统治就越巩固、越险恶"①。中国的科举制度、资本主义的普选制在政治上也能起到这样的作用。马克思说的"新的幸运骑士",很多是经过经理人员这个准备或考验阶段的,但这也不是中产阶级化,而是无产阶级中极少数人的资产阶级化。

总起来说就是,马克思关于阶级划分、阶级斗争和无产阶级革命的理论是完全正确的;资本主义生产发展和矛盾深化,使无产阶级阶级构成发生变化,但这并不是资本主义社会中产阶级化;资产阶级思想家杜撰的中产阶级化理论,如同资产阶级实行的使部分无产阶级资产阶级化,并使个别贫寒的人成为资本家的政策一样,其目的是反对无产阶级革命,巩固资本主义统治。

---

① 马克思:《资本论》(第三卷),人民出版社 1975 年版,第 679 页。

五、关于资本主义企业高级管理人员的
阶级属性和工资来源问题^①

　　读了王新龙同志在《山西大学学报》1985 年第 3 期上发表的《如何看待资本主义企业高级管理人员的阶级属性》(以下简称《如文》)一文,觉得他在如何看待管理人员(他强调的是高级管理人员)的阶级属性和工资来源这两个问题上的观点有商榷的必要。

1. 关于资本主义企业高级管理人员的阶级属性问题

　　《如文》明确指出:"资本主义企业的高级管理人员——高级企业经理和商业经理,在资本主义生产关系中所处的地位,既与资本家不同,又与雇佣工人相异,因此马克思把他们称为'产业经理和商业经理阶级',是十分科学的。"

　　不错,马克思确实有过这种说法,由此似乎可以得出在马克思看来,资本主义企业的高级管理人员是既非资产阶级、又非无产阶级,即是某种第三阶级的结论。但是,对于这个问题,马克思和恩格斯又有不同的说法。例如,马克思说:资本家"把直接和经常监督单个工人和工人小组的职能交给了特种的雇佣工人(着重号是我加的——引者)。正如军队需要军官和军士一样,在同一资本指挥下共同工作的大量工人也需要工业上的军官(经理)和军士(监工),在劳动过程中以资本的名义进行指挥"^②。根据这一点,1881 年恩格斯在《必要的和多余的社会阶级》中指出:"铁路和大部分远洋运输轮船都不属于那些亲自经营业务的单个资本家,而属于股份公司。这些

----

① 原载《山西大学学报》1986 年第 4 期。
② 《马克思恩格斯全集》(第二十三卷),人民出版社 1972 年版,第 369 页。

公司的业务是由支薪的雇员,由那些地位相当于位置较高和待遇较好的工人和职员代为经营。"①按照这里的说法,又可以得出资本主义企业的高级管理人员是无产阶级的一个部分的结论来。因此,这里有一个如何全面理解经典作家的论述的问题。

当然,《如文》的结论并不是建立在引用马克思的个别词句上,而是按照马克思主义关于生产关系的三个方面,按照列宁对阶级下定义时指出应该包括的三个内容,将高级管理人员放到资本主义的生产关系中,详细分析后才得出相应的结论。《如文》运用的方法,抽象地看是正确的,但进行具体分析时,我认为存在一些问题,这些问题合起来看,是违反该文运用的方法本身所具有的一致性的。

首先,《如文》从生产关系的第一方面或首要方面看,认为高级管理人员"不占有生产资料,而是作为在生产中进行实际活动的人,与生产资料的所有者相对立。这就构成他们与资本家的本质区别,因而他们不属于资产阶级"。这当然是正确的。

其次,《如文》从生产关系的第二方面看,认为他们"代替资本家处于指挥生产、监督生产的地位",而"直接从事生产的工人、技术人员都处于被指挥、被监督的地位。这种不同地位,同资本家亲自经营企业一样,具有对抗的性质",这"就构成了经理人员与雇佣工人的本质差别"。由于经理人员执行资本家的管理职能,同工人和技术人员相对立,就否认其被雇佣的经济地位,认为他们与雇佣工人有本质的差别,这种看法是值得商榷的。按此看法,就得承认,奴隶社会中的管理奴隶的奴隶不是奴隶;对工人运动起破坏作用的"工人贵族"不是工人。这应该说是不对的。这种划分阶级的标准,实际上是以政治态度或阶级立场为标准,我认为是不对的。1983年,我在一篇文章中说过:把"经理人员(那些实质上是垄断企业的政治代表的经理除外)看成是工资劳动者,是无产阶级的一个特殊构成部分,是由他们的经济地位决定的。至于他们的经济生活,思想意识,那是另一种性质的问题"②。

最后,《如文》从生产关系的第三方面看,认为:一方面,经理人员取得薪

---

① 《马克思恩格斯全集》(第十九卷),人民出版社1963年版,第316页。

② 陈其人:《评"资本主义社会中产阶级化论"》,《广西大学学报(哲学社会科学版)》1983年第2期,第55页。

金的方式和资本家不同,前者靠自己的"熟练劳动",后者靠对工人进行剥削;另一方面,经理人员"与雇佣工人相比,虽然都是工资劳动者,但经理人员的工资来源与生产工人、生产技术人员的工资来源是不同的,后者的工资是他们自己的劳动创造的,他们不仅创造了自己的工资,而且创造了剩余价值。而经理人员的薪金则是从资本家剥削到的剩余价值中分来的。从他本人看是工资,从社会看是剩余价值"。按照这里的论述,《如文》似乎要从工资是否自己创造这一点来判别一个劳动者是否属于无产阶级。我认为这种方法是不正确的。根据马克思的劳动价值学说,我们知道,买卖商品的店员劳动是不创造价值的,经营货币的行员劳动也是不创造价值的;他们的工资是纯粹流通费用的构成部分,而纯粹流通费用最后是由剩余价值来弥补的。但是,我们能说,这些在资本主义流通领域中的工资劳动者不是无产阶级的构成部分吗?

本来,生产关系的三方面是具有一致性的,从这三方面去划分阶级应该遵守这种一致性。看来,《如文》似乎没有考虑这一点。

在一份打印稿中,我曾大体上从生产关系三方面分析过经理人员的阶级属性问题:"单纯的经理人员,是不占有生产资料的,他们和企业资本家的关系,就是代替后者去从事管理或监督劳动。从这点说,他们免掉资本家的劳动,为资本家效劳,让资本家成为一个以懒惰为职业的人,正如资本家的管家免掉资本家的劳动,为资本家提供服务,让资本家成为一个完全以懒惰为职业的人一样。他们都是资本家的工资劳动者。所不同的仅在于:前者是资本家在企业中的管家,他们的工资是由资本家在生产工人中剥削得来的剩余价值支付的,是资本家的资本的支出;后者是资本家在家庭中的管家,他的工资也是由资本家在生产工人中剥削得来的剩余价值支付的,然而是资本家的收入的支出,他的劳动是和资本家的收入相交换的。"

2. 关于资本主义企业高级管理人员的工资来源问题

我在前已提到的打印稿中曾经"谈到资本主义管理的二重性:作为共同劳动的组织者,马克思明确指出,它是生产劳动①,即创造价值;作为无产阶

---

① 《马克思恩格斯全集》(第二十五卷),人民出版社1974年版,第431页。

级的监督者,它是不生产劳动,不创造价值。关于这种两重性质的关系,马克思指出:"只要资本家的劳动不是由单纯作为资本主义生产过程的那种生产过程引起',而且也由'作为社会劳动的劳动形式引起',它就'不随资本主义的消失而自行消灭'①。我认为,就劳动的这种性质而言,它是创造价值的;在这个限度内,经理人员的工资,有一部分是自己创造的"。接着,我又根据马克思的有关说明,即在剩余价值已定的条件下,它表现为多大的利润率还要取决于许多因素,其中就有"指挥和监督是否简单而有效",即"资本家自己或他的经理和职员个人的经营本领"②,认为"这里说的似乎就是这个意思"。

《如文》明确断言"这种观点及其依据是不符合马克思的原意的"。那么,《如文》是怎样理解马克思的原意呢?"资本家之间,经理之间,谁可以用最小的费用,从他的劳动者身上取出最大的剩余价值总额,并在流通过程中加以实现,属于考察资本主义竞争的内容。"这里说的是事实,但因为马克思是以剩余价值已定为条件,并认为它表现为多大的利润率,"指挥和监督是否简单而有效"是其中的因素,这应该说和"最大的剩余价值总额""流通过程"以及"资本主义竞争"是无关的。可见,该文的解释看来也不符合马克思的原意。应该怎样理解马克思的原意,可以另行研究,因为这只是引证,而不是原理。

我认为原理在于:凡是社会化大生产,凡是存在着共同劳动,都要有一个组织共同劳动的职能,这种组织劳动的劳动是生产劳动,在商品生产的条件下它是创造价值的。资本主义管理的二重性这个提法本身,就表明其组织劳动的职能是社会化大生产必需的,同社会性质无关,是创造价值的。这种性质当然不会因资本家将这职能交给经理人员而发生变化。这就在原理上说明,经理人员的工资至少有一部分是他自己创造的,虽然由于他的劳动具有二重性,他创造的价值无法精确地计算出来。

关于这个问题,我在打印稿中早有过说明:"关于资本家管理,从而经理人员劳动的二重性质,与此相应,关于企业主收入中(就现在的问题说,就是

---

① 《马克思恩格斯全集》(第三十五卷),人民出版社1971年版,第431页。
② 《马克思恩格斯全集》(第三卷),人民出版社1960年版,第155页。

经理的工资中)有一部分是来自这种劳动中的生产劳动的分析,最初是由李嘉图以后的一位英国古典经济学家拉姆赛提出来的。关于前者,他说:'有很多企业的领导人亲自动手干活,但是在他们这样做的时候,他们在那个时候已停止作为雇主而成为操作者';关于后者,他说:'企业利润是一种具有两重性的收入,即主要取决于资本量并随着资本量的变化而变化,但与此同时,又按照运用资本的那些人在智力和精神素质方面的不同,可以在一定限度内上升或下降'①。对此马克思是十分同意的,因而补充说:即使我们把这种监督劳动的报酬看成是一般利润率中的工资,拉姆赛所展开的规律,在这里也还适用:'利润……和所投资本的大小成比例,利润的这个部分(即工资——引者)却与资本的大小成比例,对大资本来说,那是小到近于没有的,对小资本来说,也就是,在资本主义生产不过徒有其名的地方,利润的这个部分就会大得吓人'②。问题说得很清楚。在这里我要指出的是,苏联马列主义研究院重新编辑的《剩余价值学说史》,对拉姆赛这些理论冠以含有'辩护论要素'的标题,这是违反马克思的原意的,因为马克思明确地指出:拉姆赛关于产业利润即企业收入所说的话,'是他这个著作中提出的最合理的东西'③。"

《如文》也引用了拉姆赛的话,并用自己的语言复述了马克思的话,接着写下这一段:"亲自参加劳动的小资本家,从表面上,相对于他的资本来说,会得到极高的利润率;其实质仍然是:如果他不雇用少数劳动者,不占有他们的剩余劳动,'他实际会根本赚不到利润,他不过是在名义上从事资本主义生产'④。可见拉姆赛所分析的情况,仅仅适用于资本主义生产方式还未确立的地方。而'资本越是按大规模进行操作,生产方式越是成为资本主义的,产业利润中还原为薪金的成分越是近于消灭,产业利润的真正性质就会越是纯粹地表现出来——就会越加明白地是超额利润的一部分,即剩余价值的一部分,也就是无酬剩余劳动的一部分。'⑤"

---

① 乔治·拉姆赛:《论财富的分配》,李任初译,商务印书馆1984年版,第143页。
② 马克思:《剩余价值学说史》(第三卷),郭大力译,人民出版社1978年版,第399页。
③ 同上书,第398页。
④ 同上书,第399页。
⑤ 同上书,第401页。

仔细研究了《如文》这段说明后,我觉得该文说明两个问题:第一,产业利润全部来自剩余劳动,没有一丝一毫是来自参加管理的资本家或经理的用来组织共同劳动的劳动的;以此来支持他关于经理的工资没有一丝一毫是他的劳动生产的论点;第二,断言拉姆赛所分析的情况,即"企业利润是一种具有两重性的收入","仅仅适用于资本主义的生产方式还未确立的地方"。只要我们详细地阅读前两节文字,尤其是其中的引文,就可以看出《如文》的这段说明是不能成立的。

第一,马克思从发展的角度看问题,认为从小资本发展为大资本,产业利润中来自资本家或经理的管理劳动的比重就越来越小,甚至"近于消灭",这里说的是量的大小和比重大小的问题,而不是质的有无问题。该文看来是将比重不断减小看成是质的不存在了。

第二,拉姆赛所展开的规律,或如该文说的"拉姆赛所分析的情况",马克思认为是其"著作中提出的最合理的东西",本身就是适用于资本主义生产方式的。那么,该文为什么相反地认为它"仅仅适用于资本主义的生产方式还未确立的地方"呢? 看来,是由于对马克思的这段话发生误解。

在论述了拉姆赛展开的规律的适用性之后,在同一节里马克思接着说:"如果几乎亲自担任全部劳动的小资本家,表面上会比例于他的资本享受极高的利润率,那么,事实仍然是,如果他不使用少数劳动者并占有他们的剩余劳动,他实际会根本赚不到利润,不过在名义上从事资本主义生产。"①这就是说,一个雇用少数劳动者的资本家,还要参加生产、经营、管理的"全部劳动"(他应该是处于从个体劳动者转为资本家的过渡形态的人物),这些劳动有的是形成价值,应成为他的"工资",有的虽不形成价值,但减少了他支出的工资。现在由于他雇用少数劳动者进行生产,剥削剩余价值或利润,他的"工资"就和利润合在一起成为其收入,因此表现为极高的利润率。如果他不雇用少数劳动者,他就只得到"工资",而"根本赚不到利润"。马克思最后认为,上述的"这个形式不过属于资本主义生产方式实际尚未支配的各部分"②。这就是我所理解的那个"过渡形态"。很清楚,不论是这个"过渡形

---

① 马克思:《剩余价值学说史》(第三卷),郭大力译,人民出版社1978年版,第399页。
② 同上。

态"还是资本主义生产方式的独立形态,拉姆赛展开的规律都是适用的。但是,《如文》却将马克思说的"这个形式不过属于资本主义生产方式实际尚未支配的各部门",不正确地解释"拉姆赛所分析的情况,仅仅适用于资本主义的生产方式还未确立的地方",用来支持他的资本家或经理的劳动丝毫也不创造价值的论点。我认为这是不正确的。

六、恩格斯论资本主义生产关系自我扬弃及其中的阶级和国家问题[①]

马克思主义的两位创始人马克思和恩格斯都对资本主义必然被更高的社会制度所取代充满信心。这种信心建立在他们对资本主义生产关系正经历着的自我扬弃进行科学分析的基础上。他们的分析是随着这种扬弃的进行而逐步深入的。正是这种科学分析,使社会主义从空想变为科学。

马克思和恩格斯分工合作,并肩战斗。恩格斯分工撰写《反杜林论》(其中有三章抽出来构成《社会主义从空想到科学的发展》)这部马克思主义百科全书式的巨著,在其中他系统地阐明他们两人对资本主义生产关系自我扬弃的看法。恩格斯与世长辞比马克思晚 12 年。在这期间,垄断组织有了迅速的发展。对它在资本主义生产关系自我扬弃中所居的地位和所起的作用,恩格斯作了深刻的分析。

分析资本主义生产关系的自我扬弃,必然涉及阶级和国家问题。恩格斯对于前者对后者的影响,以及后者对前者的反作用,也作了分析。

马克思主义是科学的世界观和方法论。在这方面,马克思和恩格斯是高度一致的。认为在某些理论问题,例如国家问题上,恩格斯在世界观和方法论上和马克思不同,这种看法是不对的。

(一)

1859 年,马克思在《政治经济学批判》序言中提出了科学的历史唯物论公式。恩格斯根据这一公式深刻地分析了资本主义生产关系如何逐步自我扬弃,最终导致资本主义社会被更高级的社会所取代。这正如中世纪社会

---

① 原载于《马克思主义来源研究论丛》(第 17 辑),商务印书馆 1995 年版。题目有改动。

即封建社会被资本主义社会所取代一样。

恩格斯指出,在封建社会存在的不是社会化的生产,而是细小的个人生产,这是由生产力水平,即生产工具只能由个人使用决定的。这时的生产是为生产者本身或其封建领主和地主生产消费品;只有在生产超过消费而有剩余的地方,剩余产品才拿去出卖和用以交换;商品生产只处在产生过程中;这种商品生产是以个人生产为基础的,所以已包含有社会生产无政府状态的萌芽。封建主义的生产关系束缚生产力的发展,因而被资本主义生产关系取代。后者从自发产生到完全胜利,是资产阶级通过在思想上层建筑和政治上层建筑进行革命而取得的。

随着资本主义革命的进行,在工业领域,经过单纯协作和工场手工业,先前分散的生产资料集中到大作坊中,个人的生产资料转化为社会的生产资料,资本家既是生产资料的所有者,因而也就占有产品并将它变为商品。生产已成为社会的行为,产品占有和交换却是私人的事情:这是资本主义的根本矛盾。由此就产生出现代社会所依以运转而以在大工业中表现得特别明显的一切矛盾。这就是:无产阶级和资产阶级彼此对立;个别工厂中的生产组织化和社会生产的无政府状态相互矛盾。

在资本主义大工业产生的条件下,这两种矛盾的结合,使周期性的生产过剩的经济危机必然爆发。这是因为,正如马克思所指出的:资本主义"直接剥削的条件和实现这种剥削的条件,不是一回事。二者不仅在时间和空间上是分开的,而且在概念上也是分开的。前者只受社会生产力的限制,后者受不同生产部门的比例和社会消费力的限制。但是社会消费力既不是取决于绝对的生产力,也不是取决于绝对的消费力,而是取决于以对抗性的分配关系为基础的消费力;这种分配关系,使社会上大多数人的消费缩小到只能在相当狭小的界限以内变动的最低限度。这个消费力还受到追求积累的欲望的限制,受到扩大资本和扩大剩余价值生产规模的欲望的限制"。这样,"生产力越发展,它就越和消费关系的狭隘基础发生冲突"①。生产过剩的经济危机是不可避免的了。这种危机的内容,就是生产设备过剩——工厂减产、停业和倒闭,物质资料过剩——商品积压和价格狂跌,劳动力过

---

① 《马克思恩格斯全集》(第二十五卷),人民出版社 1974 年版,第 272—273 页。

剩——工人失业和生活困难。这一切表明:资本主义生产关系束缚生产力的发展,它要被新的生产关系取代,犹如封建主义的生产关系被资本主义生产关系取代一样。

分析已经很清楚了。但恩格斯没有停留在这里。他进一步说明,随着生产力的发展,资本主义生产关系,其中最重要的是资本这种社会关系,怎样在资本这一范围内,逐步发生变化,进行自我扬弃,或部分质变,这种扬弃必然导致产生一种完全新质的生产关系,但它在资产阶级政治上层建筑的作用下,又不能自发地完成根本质变。只有通过无产阶级革命,才能完成这种根本质变。

(二)

恩格斯根据资本关系的变化,将资本主义生产关系的自我扬弃区分为三种形态,即巨大的生产机构和交通机构起初转为股份公司所有,后来转为托拉斯所有,然后又转为国家所有。这三者从产生看是继起的,但产生后,有的又可能并存。

第一个以自我扬弃的观点研究股份公司的是马克思。资本主义以全部的商品生产,集中的、社会的生产资料,取代封建主义的部分的商品生产,分散的、个人的生产资料,起初是促进生产力发展的。但这样发展起来的生产力,尤其是机器工业产生后,又遇到了最初的资本只能使用属于个人所有的资本这种资本关系的限制。马克思说:"假如必须等待积累去使某些单个资本增长到能够修建铁路的程度,那么恐怕直到今天世界上还没有铁路。但是,集中通过股份公司转瞬之间就把这件事完成了。"①更重要的是,他指出股份公司是资本主义生产关系的自我扬弃。它是在信用制度上产生的。信用就是这样一种自我扬弃。这是因为,信用使资本家不但可以使用自己的资本,而且可以使用别人的资本,甚至没有资本的人也可以使用别人的资本:这种社会资本在形式上是对私人资本的否定,但本质上仍然是资本,因为它不是为社会而是为私人利益而使用的,所以是在资本主义范围内的自我扬弃。在信用制度上产生的股份公司也是这样。它是"资本主义生产方

---

① 《马克思恩格斯全集》(第二十三卷),人民出版社1972年版,第688页。

式在资本主义生产方式本身范围内的扬弃,因而是一个自行扬弃的矛盾,这个矛盾首先表现为通向一种新的生产方式的单纯过渡点。……这是一种没有私有财产控制的私人生产"①。这里是联合生产者的财产,是直接的社会财产,但进行的却是资本主义雇佣关系的生产。这和单纯的信用制度不同,后者没有雇佣关系;又和私人资本主义企业不同,后者不仅是单个私人财产,而且自己管理企业,雇用的只是一般工人;前者管理企业的不是资本家即股东本人,而是一系列的管理人员,他们也是受雇用的,这里存在的是没有资本家的资本主义生产。这里涉及的阶级问题留待下面再谈。

从自我扬弃的观点看,与股份公司居于同样地位的是工人自己的合作工厂。马克思指出。它"是在旧形式内对旧形式打开的第一个缺口",因为"资本和劳动之间的对立在这种工厂内已经被扬弃,虽然起初只是在下述形式上被扬弃,即工人作为联合体是他们自己的资本家,也就是说,他们利用生产资料来使他们自己的劳动增殖"②。在合作工厂,扬弃是积极的,因为阶级对立消除了,只要它所处的外部条件发生根本变化,它就是一种新的经济形式;在股份公司,扬弃是消极的,因为只是从私人资本变为社会资本,资本关系——阶级对立仍然存在,不仅它所处的外部条件要发生根本变化,而且以此为前提,它在内部要消除阶级对立,才是一种新的经济形式。

恩格斯研究股份公司比马克思晚些。这时垄断组织尤其是托拉斯已在股份公司的基础上产生。他将股份公司和垄断企业联系起来,将它们作为自我扬弃的相联系的环节加以研究。他指出,由于强大增长着的生产力这样反抗其所具有的资本主义性质,由于生产力的社会性质这样日甚一日地要求予以承认,就使得资产阶级本身也不得不愈益频繁地、在资本主义关系下一般可能的限度内把生产力当作社会生产力看待。无论是在信用无限膨胀的工业繁荣时期,也无论是在使巨大资本主义企业遭到破坏即破产发生时期,结果都使大量生产资料如像我们在各种股份公司中所见到的那样社会化。这些生产资料中有一些,例如铁路,是规模很大的,以致不容有任何其他的资本主义经营形式。在一定的发展阶段上,股份公司这个形式也不

---

① 《马克思恩格斯全集》(第二十五卷),人民出版社 1974 年版,第 495—496 页。
② 同上书,第 497—498 页。

够了。一个国度内所有同一工业部门中的一切巨大生产者,为调节生产而结合为一个托拉斯,即结合为一个联盟。由于这些托拉斯在业务不佳时便大部分陷于瓦解,所以就引起更集中的社会化,即整个工业部门变为一个庞大的股份公司,一国内部的竞争让位于这一公司在该国内部的垄断。关于这个问题,下面还要谈。

关于工人合作工厂,恩格斯的论述不多。他只是在编辑马克思的遗稿(《资本论》第三卷)遇到这问题时加了一个注,用以说明有一种合作工厂的生产经过。他说:"我知道这样一件事,在 1868 年危机以后,有一个破产的工厂主,变成了他自己以前的工人的领取工资的雇佣劳动者。也就是说,在破产以后,工厂已经改组成工人的合作工厂,而由以前的工厂主担任经理。"①

恩格斯在他逝世前一年写的《法德农民问题》中,对农业合作社和手工业者合作社作了详尽的论述。他当时论述的还不是现实生活中的合作社,而是他认为在取代资本主义的社会中将是一种新的经济形式的合作社。从他的论述中可以看出,他的主张从某一点看就是从上述工人合作工厂得到启发的,因为从内部关系看,合作社这种未来社会的经济形式同工人合作工厂这种资本主义的经济形式是相同的。正是从这里可以看出,后者是资本主义生产关系的自我扬弃的一种形式。

恩格斯指出,我们掌握政权时,对于小农的任务,首先是要把他们的私人生产和私人占有变为合作社的生产和占有,但不是使用强力手段,而是依靠示范和为此目的提供社会帮助的办法。即使对单独的大农户也是这样。就是说,将土地合并为大地产,共同出力耕种,按所投股本(土地和资金)和劳动比例分配收入。这也适用于手工业者合作社。但对大土地所有者和手工业行东则用不同的方法。

(三)

马克思对垄断企业的研究不多。在分析了股份公司是资本主义生产关系的自我扬弃,它"表现为通向一种新的生产形式的单纯过渡点"之后,他接

---

① 《马克思恩格斯全集》(第二十五卷),人民出版社 1974 年版,第 436 页脚注 76。

着指出:"它在一定部门中造成了垄断,因而要求国家的干涉。"①但没有进一步分析垄断意味着自我扬弃的进一步发展。恩格斯是第一个以这种观点研究垄断的。其后与我们这里的论述有关的是希法亭、列宁和布哈林等人的论述。

恩格斯对这个问题的研究是一个不断深入的过程。在《社会主义从空想到科学的发展》中,分析了股份公司之后,他指出整个工业部门变成一个庞大的股份公司,一国内部的竞争让位于这一公司在该国内部的垄断。现在特别值得我们重视的是,他认为在托拉斯中,自由竞争变为垄断,资本主义的无计划生产向未来社会主义社会的有计划生产投降。诚然,起初是只有利于资本家的。但是,在这种形式下,剥削已变得十分明显,以致应该垮台了。其后,他在将马克思的遗稿有关部分整理为《资本论》第二卷、第三卷出版时,在第三卷第 27 章论述股份公司的地方加了一段插话,专门论述垄断组织。他说:"历来受人称赞的自由竞争已经日暮途穷,必然要自行宣告明显的可耻破产。这种破产表现在:在每个国家里,一定部门的大工业家会联合成一个卡特尔,以便调节生产。一个委员会确定每个企业的产量,并最后分配接到的订货。"但是,生产社会化的这个形式还嫌不足。因此,"在有些部门,只要生产发展的程度允许的话,就把该工业部门的全部生产,集中成为一个大股份公司,实行统一领导"②。这两段引文表明,股份公司是利用社会资本进行私人生产,是对私人资本的否定;现在在它的基础上产生的垄断组织,则增加了两个因素:一个是私人生产即垄断利润的攫取,使阶级矛盾更为尖锐;另一个是生产无政府状态转化为有计划生产,而马克思主义创始人一直认为,更高级的社会形态是计划生产的。至于恩格斯为什么说资本主义社会的无计划生产向未来社会主义社会的有计划生产"投降",这个困惑我多年的问题,以及由此引起的重大误解,留待下面再谈。

列宁在全面研究垄断资本主义经济的《帝国主义论》中,表达了同样的看法。他在该书结尾部分指出:既然垄断企业十分庞大,并根据对大量材料的精确估计,有计划地取得数千万居民所必需的全部材料的绝大部分,运送

---

① 《马克思恩格斯全集》(第二十五卷),人民出版社 1974 年版,第 496 页。
② 同上书,第 495 页,恩格斯的插话。

原料到最便利的生产地点是有步骤地进行的,从原料加工到制成产品的各个工序是由一个中心指挥的,产品分配销售是按一个计划进行的,这样,摆在我们面前的就是生产的社会化。正是这种高度的社会化,使列宁坚信,私有经济关系和私有制关系已经变成与内容不相适应的外壳了。列宁由于要对付沙皇俄国的书报检查,就采用哲学的语言表明他对垄断组织的看法。

更妙的是,列宁借用德国大银行家的隐忧说明垄断是资本主义生产关系的自我扬弃。这位大银行家说:目前这种银行垄断和工业垄断相互影响的发展趋势,到时候就会实现空想社会主义者圣西门的天才预言:现在生产的无政府状态是同经济关系的发展缺乏统一的调节这个事实相适应的。这种状态应当被有组织的生产所代替。指挥生产的将不是那些彼此隔离、互不依赖、不知道人们经济要求的企业家,这种事情将由某种社会机构来管理。现在这种机构已经出现了。这就是垄断的银行。但是,这位大银行家仍然安慰自己,认为现在还远未实现圣西门的预言;我们还只是在这条道路上走动。但这是圣西门指出的,是和马克思本人所设想的马克思主义不同的马克思主义,不过也是形式上不同而已。大银行家面对无可奈何的趋势,能贬低一下马克思主义就感觉良好了。

正是在这个意义上,列宁认为垄断资本主义是过渡的、垂死的资本主义。所谓过渡,即在自我扬弃中。

至于垄断经济的有计划生产和商品生产的关系如何,这个问题也留待下面谈论。

（四）

从我们研究的问题的角度看,马克思对国有企业的研究不多。这是由于历史条件的限制。他指出,还在资本主义生产初期,某些生产部门所需要的最低限额的资本就不是在单个人手中所能找到的。这个矛盾的解决,一方面产生了现代股份公司的前驱;另一方面产生了国家对私人的补助和国有企业,如重商主义时代的商船队和贸易公司。这和恩格斯主要研究以现代垄断企业为基础的国有企业不同。

恩格斯科学地将国有企业分为两大类。一类不是由于生产力的发展而引起的,而是由下述的其他目的引起的,它不具有自我扬弃的意义,如军事目的、选举目的、财政目的。中国封建中央集权国家的盐铁专卖也属此类。另一类则是由生产力的发展引起的,具有自我扬弃的意义。恩格斯说,无论如何,不管有托拉斯或没有托拉斯,作为资本主义社会正式代表的国家总是不得不负起对于生产的领导责任。他特别指出,其所以是"不得不",是因为只有在生产资料或交通工具真正发展到超出股份公司管理范围,而其国有化在经济上已不可避免的情况下,国有化——即使是由目前的国家实行的——才意味着经济上的进步,才意味着在由社会占有一切生产力方面达到了一个新的准备阶段。

应该怎样理解恩格斯的论述呢?当前,有的经济学家研究国家垄断资本主义时,认为它的产生是由于第二次世界大战之后新的科技巨大发展,生产力高度社会化(甚至国际化),要求国家在全社会范围内安排各种部门之间的比例,因而实行国有化;并认为这是根据恩格斯的论述而得出的结论。我个人认为,国家垄断资本主义产生的原因,可暂置勿论,但这样理解恩格斯的论述是不对的。

让我们进一步研究这个问题。

上面说过,垄断是在股份公司的基础上产生的,整个工业部门变为一个庞大的股份公司,一国内部的竞争让位于该公司在国内的垄断,剥削变得十分明显,以致应该垮台。既然这样,从理论上看,单纯的安排生产比例问题,这种垄断了国内生产的股份公司是能够解决的,不需要因此而实行国有化。那么,还有什么原因呢?这就是垄断剥削十分明显,由此引起的生产力和消费力的矛盾,使市场问题趋于严重,需要国家采取金融政策,尤其是财政政策来解决。

在本文的开头,我们说过,根据马克思的分析,资本主义由于生产剩余价值,其实现即市场就不仅取决于各生产部门的比例性,而且要取决于建立在对抗性的分配关系上的消费力,后者由于垄断企业攫取垄断利润,同生产力的差距更加扩大。这表现为自从垄断产生以来,直到20世纪70年代主要资本主义国家普遍以金融、财政政策干预经济前,经济危机比过去更为严重。这说明,庞大的垄断企业可以从加强计划化以削弱无政府状态方面防治经济危机,但危机的更重要的原因是生产和消费的矛盾,这一矛盾,垄断企业不但无法解决,反而只能加深,于是就要求国家来解决:对这些企业实行信贷优惠、财政赠与、包买产品；后者可以用来救济、兴建公共工程、创办军工企业。

正是这样，恩格斯才说，现代国家，无论其形式如何，在实质上总是资本家的机器、资本家的国家、理想的总合资本家。它把生产力愈多地拿到自己手中，它转化为总合资本家的程度就愈加完备，它所剥削的公民人数就愈加众多。为了达到上述目的，国家就要有源源不断的财力和购买力。为此，起初用的方法是增加税收，后来用的方法是废除金本位，滥发纸币。这就是凯恩斯主义的重要内容之一。

这样，我们就概述了恩格斯对资本主义生产关系自我扬弃三种继起形态的分析：随着生产力的发展，一些巨大企业所需要的资本额靠单个资本家积累是不可能获得的，于是在信用制度上产生了股份公司和合作工厂；生产社会化程度日益增高，单个企业的生产却不确切了解市场需要，全社会生产无政府状态日益严重，于是在股份公司的基础上产生了垄断企业，在垄断的范围内，生产是有计划的，能够削弱无政府状态；垄断企业攫取垄断利润，使生产与消费的矛盾尖锐，市场问题日趋严重，于是要求国家解决问题，最有效的办法就是国有化。

上述问题涉及恩格斯的国家理论，这留待下面谈。国有企业的管理人员不是资本家，而是一系列的国家雇员，这个问题和上述股份公司的管理人员一起，涉及恩格斯的阶级理论，也留待下面谈。

（五）

现在我们逐一谈论由上述自我扬弃的形态引起的问题。首先是在垄断范围内生产无政府状态转化为计划生产后，计划生产和商品生产的关系问题。这其实也是一个自我扬弃的问题。在谈论前，先要回答恩格斯说的在垄断经济中，资本主义的无计划生产向未来的社会主义有计划生产投降应如何理解，尤其是其中的"投降"应如何理解。这个问题困惑我多年，也引起许多曲解。

经过多年思考，我现在的认识如下：作为商品的劳动力的每天使用时间，资本家和工人各有主张，这里存在着"二律背反"。因此，工作日的长度取决于两个阶级的斗争。1836 年，英国无产阶级利用地主阶级因资产阶级通过议会废除《谷物条例》而蒙受损失,因而要对资产阶级进行报复一事,提出要将工作日长度从 11.5 小时减缩为 10 小时。对此,资产阶级起初惊慌失措,除了雇佣经济学家西尼耳抛出利润产自工作日的"最后 1 小时",减缩 1 小时纯利润就全部消失的谬论外,更从原则上提出:以法律手段缩短工作日,是对神圣的供求规律的破坏。因此,马克思指出,这场争论实质上是构成资产阶级经济学核心的供求规律的盲目统治,同构成工人阶级政治经济学核心的由社会预见指导社会生产之间的争论①。事实上工作日缩短后,由于劳动生产率提高,利润反而增加了。于是经济学家改口了,说什么认识在法律上规定工作日的必要性,是他们这门科学的突出的新成就②。对于这种改口,马克思指出:这是工人阶级政治经济学在原则上的胜利;资产阶级政治经济学第一次在工人阶级政治经济学面前公开投降了③。由此推论,资本主义生产原来是无计划的,现在垄断资本主义经济是有计划的,所以是投降。

对于恩格斯这段关于"投降"的论述有多种解释,这里不拟论及。但是,我要提出,希法亭由于引用恩格斯这一论述去分析问题而被许多人曲解,这是不公正的。1927 年希法亭说,目前我们正处于这样的资本主义阶段,在这阶段中,资本主义纯粹由盲目的市场规律统治的自由竞争时代基本上被克服了,我们达到了资本主义对经济的组织化;而有组织的资本主义实际上意味着在原则上用有计划生产的社会主义原则来代替自由竞争的资本主义原则。有的经济学家据此认为,在希法亭看来,有组织的资本主义就是社会主义。从上述分析可以看出,这一结论是错误的。希法亭在理论上是有错误的,但错误不在这里。

现在研究垄断企业的计划生产同在这范围内的商品生产的存亡的关系问题。恩格斯没有正面回答这问题。但是,根据他的理论逻辑,可以得出相应的结论。他和马克思一样,认为商品交换先于商品生产,商品交换最初是在两个氏族公社之间开始的。产品对外成为商品,由于反作用,对内也成为商品。由此推论,垄断企业好比是一个公社,产品对外成为商品,由于反作

---

① 《马克思恩格斯全集》(第十六卷),人民出版社 1964 年版,第 11 页。
② 《马克思恩格斯全集》(第二十三卷),人民出版社 1972 年版,第 328 页。
③ 《马克思恩格斯全集》(第十六卷),人民出版社 1964 年版,第 11—12 页。

用,对内也成为商品。尽管垄断企业进行计划生产,但同时它又进行商品生产,这并不矛盾。

现在研究一下,无产阶级掌握了政权,这些既进行计划生产又进行商品生产的垄断经济,最后完成根本质变时,情况该是怎样。我们知道,马克思和恩格斯设想的未来社会,是只有计划生产没有商品生产的。但在恩格斯(这是他在研究法德农民问题之前的设想)研究这问题之后,他认为一般农民应组成生产合作社,同大工业收归国有不同。这样,这类国家是应该保留商品生产的,亦即计划生产和商品生产同时存在。但是,恩格斯来不及提出这新的看法就与世长辞了。

其后的社会主义国家,实际上都存在着由个体农民组成的合作社,但实质上都有过取消商品生产的做法,原因何在呢?

在我看来,这是在接受马克思和恩格斯认为未来社会是计划生产这个前提下,认为凡是与计划生产相联系的就不是商品生产,并经过几个重要的理论家的阐述,从而影响决策的结果。

在恩格斯之后,第一个研究这问题的是希法亭。他在 1910 年出版的《金融资本论》中认为,垄断的发展会囊括整个国民经济,即成立一个总卡特尔。这样,社会分工变为工场分工,生产资料为一个所有者即总卡特尔所有,于是商品生产存在的条件就消失了。整个资本主义生产由一个主管机构有意识地加以调整,随着生产无政府状态的消失,商品的价值对象性消失了,卡特尔分配产品,这是得到有意识调整的对抗形态的社会。

苏联学者布哈林深受希法亭的影响。他在 1915 年写成、1918 年出版的《世界经济和帝国主义》中说:"假如生产的商品性质消失的话(比如,通过组织全世界经济成为单一的巨大国家托拉斯——我们在讨论超帝国主义的一章里已试图证明这是不可能的),那么,就会有一个全新的经济形式。这将不再是资本主义,因为商品生产消失了;更不是社会主义,因为一个阶级对另一阶级的统治依然存在(而且甚至更加强了)。这样的经济结构,就像是没有奴隶市场的奴隶占有制经济。"①

---

① 尼古拉·布哈林:《世界经济和帝国主义》,蒯兆德译,中国社会科学出版社 1983 年版,第 126 页注①。

布哈林的研究比希法亭仔细。后者只说明一国有一个总卡特尔,并不包括全世界,这样就必然涉及对外存在商品、对内也存在商品的问题。布哈林假设有一个囊括全世界的总托拉斯(尽管他认为是不可能的),商品生产就消灭了。更值得我们注意的是,他认为如果出现这样的经济形式,它就是既不是资本主义(其实应该是)又不是社会主义的某种第三种经济。

列宁的看法与此相类似。他在分析第一次世界大战中俄国政府大量订购军火一事时说:"资本家为国防即为国家工作,这已经不是'纯'资本主义了(这是明显的事实),而是国民经济的一种特殊形式。纯资本主义是商品生产。商品生产是为不可知的自由市场工作的。为国防'工作'的资本家则完全不是为市场'工作'的。"①

希法亭和布哈林的论述,是从垄断经济是一个所有者,同时也存在计划生产的角度,论述在这范围内商品生产不存在;列宁则将垄断存而不论,认为有计划生产就没有商品生产(也没有"纯"资本主义),因为商品生产是为不可知的市场工作的,而计划生产是可知的,有保证的。

这种认识当然影响俄国无产阶级革命胜利后的政策。这就是认为生产资料所有制问题可以撇开不谈,凡是无产阶级政权法令(计划、合同)所到之处,商品生产就消灭。正是这样,布哈林在 1920 年出版的《过渡时期经济学》中对商品下了这样的定义:"商品这一范畴首先是以社会分工或其分裂及因此造成的缺乏经济过程的自觉调节者为前提的";"当生产过程的不合理性消失的时候,也就是当自觉的社会调节者出来代替自发势力的时候,商品就变成产品而失去自己的商品性质。"并认为按合同进行的"无产阶级国家实行的城乡间的产品交换"②不是商品交换。对于这个定义,列宁首先认为"对!",然后才是"不确切:不是变成'产品',而是另一种说法。例如,变成一种不经过市场(即自由市场——引者)而供社会消费的产品。"③

应该说,这就是俄国十月革命后以政策和法令消灭商品生产和商品交换的理论根据。武装干涉战争加速它的进行,并表现为战时共产主义。1921 年开始改正这错误,改为实行承认商品生产和市场的新经济政策。对

---

①　《列宁全集》(第二十五卷),人民出版社 1958 年版,第 52—53 页。

②　尼古拉·布哈林:《过渡时期经济学》,余大章、郑异凡译,三联书店 1981 年版,第 115 页。

③　列宁:《对布哈林〈过渡时期经济学〉一书的评论》,人民出版社 1958 年版,第 50 页。

于以前的错误,列宁在《十月革命四周年》中作了自我批评,他说:我们曾经打算,或更正确地说,我们并未经过充分思考就预先决定,单凭无产阶级国家的直接法令就在小农国家里按共产主义原则来调整国家的生产以及由国家进行产品分配。实际生活指明了我们的错误。[①]

在新经济政策下,商品生产和市场是恢复了。但是,在理论上并没有消除将计划生产和商品生产对立起来的错误。列宁逝世后,布哈林一度是解释新经济政策的权威。他认为构成这一政策的决定性因素的市场关系,之所以必要,是由于存在着个体生产者的分散劳动(很难纳入计划),一旦他们组织起来,按合同进行交换,市场和商品生产就应该消灭。于是,随着农业集体化的完成,新经济政策停止实行,同商品生产对立的计划经济体制完全确立。斯大林在他的最后一本著作《苏联社会主义经济问题》中说:为了把集体农庄所有制提高到全民所有制的水平,必须将集体农庄的剩余产品从商品流通系统中排除出去,把它纳入国家工业和集体农庄之间的产品交换系统。这一切,都是将计划、合同和商品生产对立起来的。

前苏联计划经济体制的模式,对社会主义国家的影响很大。目前许多国家正在体制上摆脱这种影响。为了更好地前进,我觉得有必要从学习恩格斯关于垄断企业的计划生产和商品生产相结合的理论开始,进而认识社会主义的商品生产。如果是从垄断经济转化而来的,可以更多地与计划相结合;如果是从非垄断经济转化而来的,可以更多地与市场相结合。

(六)

其次是股份公司(包括垄断企业)和国有企业产生后,企业由一系列管理人员管理,资产阶级成为一个多余的阶级的问题。这是生产关系的自我扬弃在阶级问题上的反映。这是阶级理论中的一个问题。最初是由马克思提出来的。他先从历史唯物论的角度指出,现代社会各阶级的存在和各阶级的斗争都不是他发现的,他做的事情只是证明:阶级的存在只与生产发展的一定历史阶段相联系;阶级斗争必然导致无产阶级专政;这专政本身是走向消灭一切阶级和走向无阶级社会的过渡。他更从政治经济学的角度指

---

① 《列宁全集》(第三十三卷),人民出版社1957年版,第39页。

出:雇佣工人、资本家和土地所有者是资本主义社会的三大阶级,他们各自的收入都来自工人的劳动创造的价值,它按照他揭示的规律,分解为工资、利润和地租,后两者合起来构成剩余价值。

对我们的论题重要的是,马克思科学地说明了,随着企业规模扩大和资本关系变化,资本家逐步脱离生产,以至完全脱离生产,企业由经理层管理。他指出,在资本主义大生产中,第一,许多工人共同劳动,要有人组织;第二,工人生产剩余价值,要有人监督(以上两者结合在一起,形成资本家的管理监督职能);第三,生产商品,要有人买(生产要素)卖(商品),也要有人管理货币(收、支、汇兑、保管)。小资本家一身三任,企业扩大了,资本家就摆脱第三种职能;企业变为股份公司,一来企业庞大,要有专门知识才能管理监督,二来股东众多,不能都参与其事,于是一系列高级的雇员就担负起经营管理的职责。他们一般不是资本家。这样一来,资本家终于成为一个多余的阶级。这也适用于国有企业。

为了批判杜林(德),也为了同空想社会主义划清界限,恩格斯和马克思一样,认为阶级的产生和消灭是生产力水平极其低下和高度发展的结果,并不是由于先进的人认识到阶级的存在同正义、平等相矛盾,因而想废除它就能废除的。恩格斯指出,社会划分为剥削阶级和被剥削阶级,是以前生产不大发展的结果。当社会总劳动提供的产品,除了满足社会全体成员最起码的生活需要以外只有少量剩余,因而劳动还占去社会大多数成员的全部或几乎全部时间的时候,这个社会就必然划分为阶级。在这个完全委身于劳动的大多数人之旁,形成一个脱离直接生产劳动的阶级,它从事于社会的公共事务:劳动管理、政务、司法、科学、艺术,等等。因此,分工的规律就是阶级划分的基础。但这并不妨碍阶级的这种划分曾经通过暴力和掠夺、狡诈和欺骗来实现,这也不妨碍统治阶级一旦掌握政权就牺牲劳动阶级来巩固自己的统治,并把对社会的领导变成对群众的剥削。他还揭示了这种变化的历史:在农村公社中有些公共事务,如解决个人争端、制止个人越权、监督用水、解决公社之间的矛盾、执行宗教职能等,不能不由个别成员来担任;起初他们是处于社会监督之下,后来就从社会公仆变成社会主人,成为东方的暴君或总督、希腊的氏族首领、克尔特人的族长等,他们是世袭的。这和中国历史传说的尧、舜禅让,从禹开始传子,不谋而合。

从恩格斯的分析可以了解,阶级的最终消灭要以生产力水平的极大提高为条件。只有这样,全体社会成员的劳动时间才可以大大缩短,才有条件学习参加公共事务管理所必需的知识和技能,才有时间参加管理工作。对此,列宁后来在《国家与革命》和《论合作制》中曾详细论述。

从我们的论题看,最重要的是恩格斯分析了资产阶级怎样从必要的阶级变为多余的阶级。他在《必要的和多余的社会阶级》一文中指出,一切生产物质资料的阶级都是必要的;资产阶级曾经是必要的,后来才成为多余的。他说:这个阶级的经济职能在于:"创立了现代蒸汽工业和蒸汽交通的体系,并打破了一切延缓或妨碍这个体系发展的经济和政治障碍"[①]。此外,如上所述,他们参与企业的经营管理。只要执行这种职能,资产阶级就是必要的阶级。但是,现在股份公司和国有企业都由雇员管理了,就是说"资本家的社会职能在这里已经转移给领工资的职员了,但是资本家还是继续以股息的形式,把这些社会职能的报酬装进自己的腰包"[②],并以此去执行另一种职能,那就是引退之后到财神庙里赌个痛快。

我反复咀嚼恩格斯这段精彩的论述和描述,终于体味出,这是他以深刻的理论、高超的手法,先接下庸俗经济学用以掩盖、抹杀资本主义阶级矛盾的"三位一体公式",然后揭露其自相矛盾之处,指出其虚伪,最后勾勒出阶级关系的真实图像。"三位一体公式"是:劳动——工资,资本——利润,土地——地租。但就我们的论题而言,它有一个破绽:借来资本兴办的企业,偿还本金和利息后仍有利润,即企业收入,这个收入就不能说来自资本了。没有办法,只好改口说,它是资本家参加经营管理而耗费的劳动创造的。可是,在股份公司里,这种职能已由高级雇员担任,如果他的劳动创造价值,其所取得的报酬就已成为他的工资。但股份公司仍有企业收入。由此可见,企业收入不是资本家的劳动创造的。[③] 这是其一。其二,股票的股息由两部

———————————

① 《马克思恩格斯全集》(第十九卷),人民出版社 1963 年版,第 316 页。

② 同上书,第 317 页。

③ 关于这一点,马克思说:"英国劳动者的合作工厂,提供了一个最好的实例,因为这种工厂虽然要支付较大的利息,但和平均利润相比,还是提供了更大的利润。"[《剩余价值学说史》(第三卷),郭大力译,人民出版社 1978 年版,第 398 页]按照三位一体公式,这里的经理的工资是他的劳动创造的,并全部成为他的报酬。这种工厂就应该没有企业收入了。可是,它还是有,可见这收入不是经理(资本家)创造的。不仅有,而且更多,原因是这种企业是"积极的扬弃"。

分构成:一是利息,二是红利。后者来自企业收入,即所谓分红。但按照前面的说法,它是由执行经营管理职能的资本家创造并得到的,现在这种职能已转给高级雇员,什么职能都不执行的股东却将它装到腰包里。在这里,恩格斯一再以子之矛,攻子之盾,确实痛快。最后他添上一句结尾:他们的职能现在是赌博。读这段论述,除了有理论的收获外,还有美的享受——反驳的手法何等高超。

当资本主义生产关系的自我扬弃由于资产阶级国家的阻碍,不能发生根本质变,而要由无产阶级夺取政权来实现这种质变时,原来的阶级发生什么变化呢? 这包括经济和政治两个方面。一般工人和农民不仅不受损害,反而得益。作为一个原则,大土地所有者和工厂主,其生产资料是要被剥夺的,但是,是否要实行赎买,不取决于无产阶级政权,而取决于大私有者的行为,即阶级斗争的形势,如是否发生内战和内外勾结的干涉战争等。马克思和恩格斯多次表示,如能赎买,对生产力的发展最为有利。对这些剥削者是否给予选举权和被选举权,原则上也是这样。

还有一个对资产阶级的成员如何利用的问题。前面提到马克思认为资本家的经营管理有两重性:组织共同劳动和剥削剩余价值。将后者去掉,他们的经验就是有用的。马克思说:"只要这种劳动不只限于剥削别人劳动这个职能;从而,只要这种劳动是由作为社会劳动的劳动的形式引起,由许多人为达到共同结果而形成的结合和协作引起,它就同资本完全无关,就像这个形式本身一旦把资本主义的外壳炸毁,就同资本完全无关一样。"①当然,这种两重性是密切结合在一起,要去掉其中的有利于剥削和监督的性质,绝非易事。马克思由于认为未来社会不存在商品和货币,所以没有提到经营商品和经营货币的劳动。这种劳动者的经验也可以为社会主义商品经济所用。上述原理适用于参加经营管理的资本家和一系列从事这工作的雇员。②

至于那些被恩格斯称为完全"引退了的"握有股票,因而在"财神庙"里赌个痛快的资本家,对社会来说确实是多余的。但未来社会也可以容纳他

---

① 《马克思恩格斯全集》(第二十五卷),人民出版社 1974 年版,第 435 页。

② 陈云同志在"八大"上说,我国民族资本家中的绝大多数人是参加经营管理的,他们的知识,是我们需要的。

们,那就是作为劳动力加以利用。如果他们不愿劳动,那就用下面叙述的办法对付他们。当然,如果他们接受无产阶级的赎买政策,在商品经济条件下,他们也有足够的货币可以潇洒地生活。

（七）

　　最后是垄断产生后要求国家干涉,国有企业产生后要由国家管理,即国家这种逐渐增加的经济职能,是否同国家的镇压或政治职能相矛盾的问题。如果认为,不管怎样,这总是国家职能的发展,那么,这就是生产关系自我扬弃在国家这个最重要的政治上层建筑上的反映。西方学者强调马克思和恩格斯的分歧,最主要的是在国家问题上。他们认为,国家在马克思看来是一个阶级统治另一个阶级的机器,在恩格斯看来是办理共同事务的机构,前者是政治职能,后者是社会职能。让我们逐步研究这一重大问题。

　　马克思没有研究国家的历史起源。由于两人的分工和执行马克思的遗言,恩格斯详尽地研究了这个问题。他先在《反杜林论》中指出:"政治统治到处都是以执行某种社会职能为基础,而且政治统治只有在它执行了它的这种社会职能时才能继续下去。不管在波斯和印度兴起或衰落的专制政府有多少,它们中间每一个都十分清楚地知道自己首先是河谷灌溉的总的经营者,在那里,如果没有灌溉,农业是不可能进行的。"①这种认识,同他认为分工的规律就是阶级划分的基础是一致的。国家的起源证明了这一点。在其后的《家庭、私有制和国家的起源》中,他根据历史指出:原始社会末期,随着人口的增加,各个亲近部落的领土合并为一个全民族的领土;军事首长、议事会和人民大会构成由氏族制度中发展起来的军事民主制的各个机关。掠夺战争加强了最高军事首长以及下级首领的权力;按习惯由同一家庭选出他们的后继者的办法,从父权制确立的时候起就转变为世袭的权力;世袭的国王权力和世袭的贵族的基础从此奠定下来。于是,氏族制度的机关就逐渐脱离了它在人民中、在氏族中、在胞族和部落中的基础,整个氏族制度就转化为自己的对立物;它从协调本身事务的部落组织变为掠夺和压迫邻人的组织,与此相应,它的机关也由人民意志的工具变为旨在反对人民的统

----

　　① 《马克思恩格斯全集》(第二十卷),人民出版社1971年版,第195页。

治机关:这就是氏族制度的机关转变为国家压迫机器的历史过程。①

上述恩格斯的理论,应该可以清除西方学者在国家理论上将恩格斯和马克思对立起来的误解(但愿是误解)。其实,马克思也不排除国家具有管理公共事务的职能。我们在前面曾经说过,马克思认为,资本家的劳动有二重性:组织工人的共同劳动和监督工人劳动以增加剥削。在他的遗稿有关部分,即在《资本论》第三卷中,他将这上升为适合于一切存在大生产的阶级对抗社会的原理,接着指出:在专制的国家里,"政府的监督劳动和全面干涉包括两方面:既包括执行由一切社会的性质产生的各种公共事务,又包括由政府同人民大众相对立而产生的各种职能"②。

恩格斯对垄断企业和国有企业的产生在国家职能上的反映具体描述不多,而实质分析则十分深刻。这有两方面:在这条件下,作为资本主义社会正式代表的国家总是不得不负起对生产的领导责任;剥削变得十分明显,因为生产是由几个对全社会进行公开剥削的托拉斯来领导的,这些托拉斯是由一小撮专靠剪息票为生的强盗控制的。这两方面是相互联系的。因为托拉斯的代表掌握政权。这样,通过安排公共事务、经济政策、垄断价格,国家和托拉斯一起对人民进行剥削。

其后,布哈林根据当时的情况对恩格斯的论述加以发展。在《帝国主义强盗国家》一文中,他指出:问题不仅是国家体现了金融资本家的利益,更重要的是垄断条件下的国家吞噬了在这条件下产生的其他的资产阶级的组织,"科学、政党、教会、企业主同盟都纷纷被纳入国家机构",这样的国家既有精神权力,又有物质权力。这就是"帝国主义强盗国家"③。鉴于有些人在国家职能二重性问题上有误解,他明确指出:公共事务的职能"绝不排斥它的阶级性质。这些职能要么扩大剥削过程本身的必要条件(铁路),或维护统治阶级的其他利益(卫生措施),要么是对阶级敌人的战略让步","这里,'公益的'职能无非是剥削过程的必要条件"④。这是国家作为政治上层建筑的"公益"职能同时具有的阶级内容。此外,国家作为社会生产的计划者和

---

① 《马克思恩格斯全集》(第二十一卷),人民出版社 1965 年版,第 188 页。
② 《马克思恩格斯全集》(第二十五卷),人民出版社 1975 年版,第 432 页。
③ 尼古拉·布哈林:《布哈林文选》(下册),人民出版社 1983 年版,第 248—249 页。
④ 尼古拉·布哈林:《过渡时期经济学》,余大章、郑异凡译,三联书店 1981 年版,第 14 页。

国有企业的主人,当然也有剥削职能,这时的国家是经济基础。

这一切表明,这样的国家只要不是掌握在一小撮剥削者手中,并为他们的利益工作,而是掌握在人民手中,并为人民的利益工作,它就发生根本质变,再也不是国家了,因为它的剥削职能没有了。但是,这种根本质变是不可能自发地发生的。因为资产阶级手中的政权要由人民夺过来。到那时,恩格斯认为:国家真正作为整个社会的代表所采取的第一个行动,即以社会名义占有生产资料,同时也是它作为国家所采取的最后一个独立行动。它的这个行动,使资本主义生产关系最终发生根本质变。

恩格斯认为国家是自行消亡的。未来社会不存在国家。由于它存在大生产,就存在组织共同劳动的权威,就存在对权威的服从。列宁与此稍有不同:对于不劳动而又要得食的懒虫,就要强迫他(她)劳动,这就要存在半国家,即向消亡过渡的国家。

以上说明,资本主义生产关系部分质变不能自发导致根本质变。这里始终有一个万事俱备,只欠东风的问题。东风就是无产阶级掌握政权。马克思认为,商品是天生的平等主义者,商品生产的发展终究要导致普选制。恩格斯认为普选制是无产阶级成熟的标志,它同时又是资产阶级有可能将被统治阶级中的代表人物拉到自己方面来,以巩固其统治的工具①。如果这目的达不到,他们知道应该怎样做②。同样,成熟了的无产阶级成立了自己的政党,选出了自己的代表,不再选举资本家的代表,但是由于资产阶级知道怎样做,就不能通过普选制取得政权。因此,恩格斯又说,在普选制寒暑表指出工人的沸点的时候,他们就像资本家一样,知道做什么了③。东风不能通过普选取得,就只有拿起枪杆子来夺取了。

---

① 马克思说:“一个统治阶级越能把被统治阶级中最杰出的人物吸收进来,它的统治就越巩固,越险恶。”(《马克思恩格斯全集》(第二十五卷),人民出版社1974年版,第679页。)在经济上,资产阶级通过信用制度和股份公司就能起这样的作用。在政治上就是实行普选制。许多工人出身的工党、社会党领袖通过普选也起这样的作用。中国的科举制度作用相同。

② 这使我想起希特勒这个国社党党魁,制造德国共产党人国会纵火案,使共产党成为非法转入地下,使议会名存实亡。

③ 《马克思恩格斯全集》(第二十一卷),人民出版社1965年版,第197页。

七、美国统治阶级两大派围绕着财政、货币政策和对外基本政策进行斗争①

美国从建国到现在共200多年。在这过程中,其领土从建国时靠近大西洋的 13 个州,扩大到现在从大西洋沿岸到太平洋沿岸和太平洋某些岛屿的 50 个州;它的经济从建国时的北部资本主义制度和南部奴隶制度的对立,经过南北战争,发展为北部的工业资本主义和南部的农业资本主义,再发展为垄断资本主义的完全统治;它的经济发展地理路线,是从沿大西洋的东部,到密西西比河一带的中西部,然后越过洛基山,到沿太平洋的西部,再到临墨西哥湾的南部。这样,在美国经济发展过程中,统治阶级中一直存在着两大派:最初的北部资本家和南部的奴隶主,南北战争后的北部工业资本家和南部农业资本家,垄断资本主义形成和发展过程中的老财团和新财团。在剥削劳动人民的共同基础上,它们的利害关系还是有所不同,它们内部存在着矛盾,这就使它们提出来的财政货币政策是有分歧的。

(一)

美国从建国到南北战争前夕,统治阶级的主要政党是民主党。它分成两派:代表资本家的是北部民主党,代表奴隶主的是南部民主党,联邦政权由南部民主党控制。南北战争前夕成立的共和党是代表北部资本家的。南北战争后到 19 世纪末垄断资本主义产生和形成,共和党是代表工业资本家的,民主党则发展为代表南部农业资本家。1789 年美国从实行邦联制改为实行联邦制,从这时起到 19 世纪末 20 世纪初,美国统治阶级两大派围绕着财政、货币政策进行斗争,主要有三个问题。

---

① 　原载于复旦大学美国研究中心编:《美国研究》,复旦大学出版社 1986 年版。题目有改动。

第一,关于实行保护关税政策还是实行自由贸易政策的问题。美国是个后起的资本主义国家,它的工业需要实行保护关税政策。但是,在南北战争前,联邦政府实行的基本上都是自由贸易政策。其原因是,南部奴隶主经营的农业,因土地肥沃,奴隶生活费用极其低廉,产品成本很低,需要实行自由贸易政策以利输出,并输入低廉的工业品。南部奴隶主的政策,之所以为经济力量比较强大的北部资本家所接受,并成为联邦政府的政策,是因为北部民主党受到南部民主党要退出联邦的要挟,而前者为了维持联邦国家以便有一个广大的国内市场,便作了让步。

南北战争以北部资本家胜利而告结束。从这时起到1912年,共和党人任总统共44年,实行的都是保护关税政策;民主党人任总统8年,他们虽然是代表南部农业资本家的,但因种种原因,未能恢复南北战争前那种自由贸易政策。

第二,关于使用金属货币还是使用贬值纸币的问题。南北战争时,联邦政府为了筹措军费,便发行公债和纸币。北部资本家是公债的购买者。一些向西部开拓土地的农民以及某些在战后恢复经营的农业资本家,则是北部工业资本家的债务人。这样,在战后偿还公私债务时,北部资本家便主张使用金属货币,以保障债权人的利益;南部农业资本家、西部农民则主张使用越来越贬值的纸币。一来减轻其债务负担,二来提高这时日益下跌的农产品价格。一般来说,在偿还债务问题上,共和党主张使用金属货币,民主党主张使用贬值纸币。1879年,共和党政府决定恢复用金属货币支付债务。

第三,关于在实行金银复本位制度下能否无限制铸造银币的问题。这是19世纪70年代后逐步尖锐起来的。同时采用金和银作为本位货币,必然无法解决货币作为价值尺度和金、银之间比价经常变动的矛盾。问题在于:金、银的价值经常变动,金、银的自然比价经常变动,而金币和银币的法定比价只能定期变动;当这两种比价不一致时,那种自然比价低于法定比价的货币,就必然完全排斥那种自然比价高于法定比价的货币。美国于1792年开始实行复本位制度,当时金币和银币的法定比价按重量为1∶15。19世纪初,银的价值下跌,与其当作银块出卖,不如全部拿来铸成银币,再换成金币,并将金币加以熔化、输出来得合算,于是银币充斥,金币绝迹。1834年美国政府将金币和银币的法定比价改为1∶16。这时金的现实价值低于它对银币的法定比价,依照同样道理,金币充斥,银币绝迹。1873年,美国停止铸造银币。这样,当1879年共和党政府决定用金属货币支付债务时,事实上就等于要用金币支付。这就引起广大的负债农民,农业资本家和西部银矿主的反对。

问题在于:19世纪70年代,德国、荷兰、斯堪的纳维亚半岛各国先后实行单一金本位制,法国、瑞士、比利时、意大利和希腊限制铸造银币,这就使大量银块流入市场;与此同时,美国在洛基山一带尤其是内华达发现了富饶的银矿,这样一来贫瘠的银矿便无法再开采,银价大跌。于是,西部的银矿主便呼吁恢复自由铸造银币,以便提高银价。那些负债的农业资本家和农民也主张用银币支付债务,因为这时银价已跌,如能自由铸造银币,并用来兑换金币,便使银币和金币的购买力都下跌,既能减轻债务负担,又能提高农产品价格。

东北部的资本家主张使用金币并限制铸造银币。但为了取得西部银矿主对保护关税政策的支持,便对银矿主作了妥协。这就是1890年颁布的《薛尔曼购银条例》。根据这个条例,财政部以其发行的国库券每月购买银块450万盎司,这相当于当时银矿的每月产量。它是按重量和按市价购买的,不是按银币即按金银法定比价购买的,因此未能解决银价下跌的问题,银矿主、农业资本家和农民还是不满。

一般来说,共和党是主张使用金币的,民主党是主张使用银币的。由于自由铸造银币的问题没有解决,广大负债农民对此不满,西部银矿主和农业资本家便利用这种不满,于1892年成立平民党,提出自由铸造银币的纲领。民主党觉察到平民党的力量,又鉴于它们两党的纲领有相同之处,便将民主党的总统候选人布莱恩捧为两党总统共同候选人,两党参加竞选,以后又将平民党的部分纲领移到民主党中来。

1900年美国实行金本位制,废除《薛尔曼购银条例》,这表明东北部资产阶级在争斗中占了上风。

(二)

从20世纪起,垄断组织在美国国民经济中占了统治地位,美国的政治情况也随着发生了巨大的变化。首先,如果说先前的共和党主要是代表工业资本家的,民主党主要是代表农业资本家的,那么现在它们都是代表垄断资产阶级的了。其次,随着垄断资本主义从东部到中西部,再到西部,最后到南部的发展,便有老财团和新财团之分,它们在经济利害关系上有矛盾。因此两大党内部都各自分为性质相同的两大派。所以,分析 20 世纪以来美国统治阶级内部的矛盾对财政货币政策的影响,就要透过两大党为了宣传而提出来的纲领,抓住两大派提出来的纲领。

关于 20 世纪以来美国两大党的变化问题,有必要详细地论述一下。我们知道,20 世纪初英国资产阶级搞了一个资产阶级的工人党——英国工党,由它取代自由党,同保守党组成新的两党制,更巧妙地统治英国劳动人民。美国统治阶级步英国资产阶级的后尘,这就是 1912 年美国总统选举中成立的进步党。它由于没有群众基础,没能发展成英国工党那样的党。其后民主党逐渐朝这方向发展,力图把自己打扮成是代表劳动人民的党。它之所以有这可能,是因为它在历史上主张过自由贸易,使用纸币和使用银币这些与农民利益有关的政策,又与以农民为群众的平民党有过组织联系。从这时起,民主党在纲领上总是"重视"工人利益的。为此,它就主张增加工资和福利、增加就业,这就要增加财政支出,并且多办国营企业,在财政金融上就主张膨胀政策。反之,共和党则主张收缩政策,以平衡收支。两党纲领上的政策相反,是出于实行两党制的需要,是出于宣传的需要。总的来说,两党都实行不利于无产阶级的通货膨胀政策。

从 20 世纪起,美国统治阶级内部的矛盾不再表现为两大党的差别(两大党已经没有什么差别),而表现为两大党内部都分裂为同样性质的两大派。这种分裂最初暴露在 1910 年的中期选举中,而 1912 年的总统选举则使这种分裂一度成为组织上的分裂。这就是从这时开始出现的所谓进步派和进步党运动,其阶级实质就是尚未掌握国家政权的中西部财团和西部资产阶级,反对东部老财团利用国家财政资金为自己攫取利润,他们搞所谓揭露垄断组织黑幕的运动。那些被揭露的和被反对的老财团,则是所谓保守派。其后,尤其是第一次世界大战后,老财团利用国家财政急剧向外扩展,便成为所谓国际派或自由派,而反对它们这样做的中西部新财团和逐渐发展起来的最新的西部和南部财团,便成为所谓孤立派、南方派或保守派。

从 20 世纪初到二次世界大战,美国统治阶级两大派围绕着财政、货币政策进行斗争,主要有三个问题。

第一,关于成立一个什么样的国民银行的问题。这个问题事实上从 1789 年联邦政府成立以来便一直存在着。那时掌握了中央政府权力的大资产阶级主张成立一个全联邦性的、私营的合众国银行,以便加强他们在金融上对全国的统治。这就是 1791 年成立的、私营公管的、营业执照期限 20 年的合众国银行(第一国民银行),当时就遭到主张加强州权的中等资产阶级的反对。20 年后,它又遭到力量逐渐壮大起来的中西部中等资产阶级的反对,终于停业。1812—1814 年的抗英战争,暴露出没有一个国家银行,要筹措巨大的资金是不可能的。于是,1816 年依同样条件成立第二国民银行。它也依照同样道理于 1836 年停办。国民银行本来是代理国库的,它停办后,1840 年成立独立国库。这又引起两派的斗争,1843 年停办,1846 年又恢复。

垄断资本主义的发展需要有一个集中全国财政资金、闲散资本和货币的银行。东北部的老财团主张成立一个私营的管理全国货币资金的银行。反之,中西部的新财团和西部的资产阶级,因在金融上已受老财团控制,则由其代表布莱恩提出成立一个由联邦政府管理的,但又要发挥各个地区作用的银行。结果一个折中办法产生了:全联邦分为 12 个区域,每个区域成立一个储备银行,这是私营的银行,一般的私营银行得为其会员银行;联邦政府设联邦储备委员会作为该银行的管理机构。这就是 1913 年以来的美国联邦储备银行系统。

联邦储备银行一方面是银行的银行,办理一般银行业务,以 40% 的黄金做准备,60% 商业票据作保证,发行联邦储备银行券;一方面代理国库,买卖公债,以 40% 黄金做准备,以 60% 公债(1933 年以后也用其他票据)作保证,发行联邦储备券。这样,货币的发行似乎是根据经济和财政的需要了,半个世纪以来关于通货膨胀问题的争论似乎告一段落了。

第二,关于部分财政资金用在什么地方的问题。美国虽然在 19 世纪 80 年代已逐渐赶上英国,应该改为实行自由贸易制度,但是由于两大派政治投机家利用关税问题作为竞选的筹码,所以一直到 1913 年才废除保护关税制度,同时开征所得税以保证岁入。从这时起,两大派关于部分财政资金用在什么地方的斗争便日益尖锐。

这时,已经掌握国家政权的东北部老财团急切向外扩张,便要用财政资金为其对外政策服务——输出资本、倾销商品和扩大势力范围。反之,中西部的新财团,则经营农产品加工和农业机械制造,以国内市场为主,它的发展与农业的盛衰有密切的关系,因此,它们主张财政资金应该用在国内,用来发展交通和水利,反对干预欧洲事务。这便是美国在第一次大战前的所谓进步运动。但由于老财团势力大,美国终于在 1917 年参战。战后,1924 年的拉弗莱特运动实质上也是这样。但因斗不过老财团,美国政府便相继实行道威斯计划和杨格计划。老财团便大肆向欧洲,尤其是向德国扩张。第二次世界大战前夕的所谓孤立主义实质上也是这样。依照同样道理,美国终于在 1941 年参战。

第三,关于在 20 世纪 30 年代,尤其是"新政"时期,各派因在财政拨款和通货膨胀中得到的利益不同而产生的问题。30 年代的世界经济危机,使美国发生深刻的政治危机。罗斯福"新政"的实质是维护垄断资本主义制度,缓和无产阶级和农民的斗争,满足垄断资产阶级的利润要求。为此,他便实行新的财政政策和货币政策。总的说来,这种政策使垄断资产阶级加深了对无产阶级的剥削,但在这基础上统治阶级内部也有利害冲突。

为了缓和无产阶级的斗争,美国便实行保障生活的社会政策,对老人、失业者、丧失劳动能力的贫民和收入低的人给予补助;便实行以工代赈的社会政策,招募失业青年,让其住在森林里植树、防洪、防火,发一点糊口的生活费;便实行建造公共工程的经济政策,修建水库、电站、道路、桥梁等与个人消费无关的工程。为了缓和农民的斗争,美国便实行减缩耕地面积、由国家代付休耕地租金和收购农产品的政策。这一切都要增加财政支出,都要实行赤字财政政策。

为了援救那些濒于破产的大银行和大工业,为了实行赤字财政政策,美国便实行新的货币政策。这就是在国内停止信用货币对黄金的兑现,降低美元含金量,由政府贷款给大银行,再由大银行贷款给大工业,就是说,实行通货膨胀政策。

为了进一步膨胀通货,并提高拉丁美洲和亚洲各用银国家的购买力,以利美国商品输出,美国政府除购买黄金外,还用高于市场价格的价格购买国内外的白银,然后将白银列为发行银行券的准备金,按金三银一的比例增加白银,并发行银行券。

美国从这时开始实行的通货膨胀政策,从根本上说是有利于整个资产阶级的,因为它降低工人的实际工资,提高资本家的利润。但是,除了这种共同利益外,不同的资本家得到的利益是不同的。首先,从财政政策看,由于实行保障生活和以工代赈的社会政策,实行建造公共工程的经济政策,失业工人和就业工人得到一些生活费用,便有利于生产消费资料的资本家销售其产品,也有利于生产建筑材料的资本家销售其产品。由于实行农业休耕补助和农产品收购的政策,大农业资本家得益最多。其次,从货币政策看,扩大信用虽然挽救了大银行,但通货膨胀却不利于借贷资本家即债权人,而有利于债务人。当时,债务人较多的是中西部、西部和南部的农业资本家。最后,由于以较高的价格收购白银,西部银矿主得益最多。

从这里可以看出,实行这种政策,农业资本家和银矿主得益最多,生产消费资料和建筑材料的资本家得益也多,而生产军火的资本家和借贷资本家则几乎得不到特殊的利益。因此,后者便反对这种政策,反对"新政"。其后,美国最高法院宣布"新政"的主要法令违反宪法,停止实施"新政"。再其后,随着第二次世界大战的逼近和爆发,美国便实行国民经济军事化的政策。

(三)

从二战爆发到20世纪70年代,美国垄断资本主义有了迅速的发展,西部和南部的新垄断财团发展起来了。各垄断财团都生产军火,但最新的垄断财团则是靠生产军火起家的,它们主要经营国防工业和航天工业,接受国家订货。它们在同东北部的最老财团和中西部较老财团竞争中,咄咄逼人。以接受国防部军事订货而言,它们得到的份额已逐渐超过其对手。随着这种经济情况的变化,美国统治阶级内部便逐渐形成两大跨党派别:代表老财团的是所谓新自由派,代表新财团的是所谓新保守派。这个时期,美国统治阶级两大派围绕着财政、货币政策进行斗争,主要有四个问题。

第一,关于国家财政中用于向外扩张的资金应怎样用法的问题。第二次世界大战是美国对外扩张的机会,军费开支是两大派所争夺的。它的用法同两大派的目前利益和未来利益都有很大的关系。美国参战后,太平洋沿岸的加利福尼亚州和南临墨西哥湾的得克萨斯州的军火工业迅速发展。于是,那些原先主张孤立主义的所谓孤立派,此时便转而主张向外扩张了。

他们主张把军费主要用在太平洋、东南亚、中国这个亚洲战场上。因此,在对待德、意的欧洲战场和对待日本的亚洲战场问题上,两大派各有主张。自由派主张欧洲战场第一,孤立派主张亚洲战场第一。在欧洲战场问题上,自由派在欧洲战场第一的前提下,主张等德、苏打得精疲力竭,美国才出来收拾残局,延迟开辟第二战场;孤立派则在亚洲战场第一的前提下,主张尽量拖延开辟第二战场。在亚洲战场问题上,自由派主张从夺取太平洋岛屿着手,登陆日本,以便少耗费军费,腾出力量争夺欧洲;孤立派则主张从中南半岛和中国南部登陆,从西南到东北,从南到北,穿过中国大陆,然后征服日本,以便大量耗费军费。结果,自由派获胜。二战后,美国助蒋打内战,发动朝鲜战争和越南战争,两大派同样存在着小打和大打的争论。

1947 年开始的"马歇尔计划"是战后美国最大的扩张计划。对于这个计划,两大派的态度各不相同。由于它扩张的对象是欧洲,所以东北部财团是支持的,事实上它也得利最多;中西部、西部和南部财团是反对的,它们几乎得不到什么利益。

第二,关于军费主要用来制造哪种武器的问题。由于新老财团生产的军火各有不同,它们之间争夺军火订货的斗争,有时便发展为军事技术路线的斗争。战后美国杜鲁门总统执政时期,实行的是三军并重、原子武器和常规武器并重的军事技术路线。这个时候,老财团逐渐控制了原子武器的生产和原子能委员会。于是,其后艾森豪威尔总统便认为美国无力同时发展两种武器,主张发展原子武器和氢武器,并着重发展空军。这就是所谓的新面貌政策。不生产这种武器的财团反对这种政策。他们假惺惺地说,使用原子弹会引起亚洲人的反对,因为亚洲人认为,在二战中,美国把原子弹扔在广岛和长崎而不扔在柏林,是由于美国把亚洲人看成是次等的人类。事实上这种斗争一直延续到现在。比如,在惊呼十多年来美国海军落后于苏联的时候,有一派人主张发展海军要大力搞核潜艇,便是代表新财团的利益的。又如,福特总统参加总统竞选前匆忙决定大量生产造价昂贵的 B1 轰炸机,卡特总统上台后决定停产 B1 轰炸机,而计划生产造价低廉的中子弹,其原因就是两大派在经济上进行斗争。

第三,在争夺不断增大的军费开支的同时,在财政支出中军费和社会福利费用两者所占比重的问题。二战后以来,为了称霸世界,美国军费开支增加很快,两大类型的财团为争夺军事订货进行着尖锐的斗争。这两者虽然都生产军火,但老财团仍以生产基本物质资料为主,而新财团则以生产军火为主,并且从 60 年代以来,接受的军事订货在总值上已超过老财团。面对这种形势,老财团除了想方设法夺取军事订货外,又主张增加社会福利费用的支出,使其比重在财政支出中逐渐增大。新财团则反对这种增加。美国从 1935 年开始实行社会保障法,但多年来社会福利费用在财政支出中占的比重甚小,并且在一段长时间内,由于生产军火和生产构成社会福利的物质资料的企业基本上就是同一类型的财团,因此这两种费用在财政支出中所占比重的矛盾并不尖锐。但是,随着上述情况的发生,这矛盾就尖锐起来。

从统计资料中可以看到,20 世纪 60 年代以来,美国社会福利费用的增加很快,而这一时期,恰好是新财团在接受军事订货方面超过老财团的时候。这说明,老财团在争夺军费方面失利后,便加紧增加和争夺社会福利费,以致从这时起,社会福利费的增加快于军费的增加。联邦财政中的军费和社会福利费,1946 年度分别为 447.3 亿美元和 28 亿美元,1960 年度为 463 亿美元和 200 亿美元,1970 年度为 838 亿美元和 640 亿美元,1976 年度为 944 亿美元和 1 782 亿美元,1979 年度概算为 1 420 亿美元和 2 400 亿美元,这是联邦财政中的社会福利费,此外还有州政府和地方政府的社会福利费。目前,美国联邦财政收入约为国内生产总值的 22%;在财政支出中,军费和社会福利费是两大项,统治阶级中两大派对此进行激烈的争夺。卡特总统宣布推迟中子弹的生产,其原因是想用这个办法缓和与苏联的关系,使军费的增长速度缓慢些。

社会福利费用的来源,绝大部分是劳动人民缴纳的税款,企业主缴纳的社会保险税只占很小的部分,后者的来源也是劳动人民创造的价值。因此,劳动人民得到的所谓福利,还是羊毛出自羊身上。问题不仅这样,国家机器搜刮来的社会福利费,经常大于其支出,结余部分用来购买公债,弥补财政赤字。因此,它又成为联邦政府筹集资金的一种办法。

第四,关于通货膨胀达到何种程度才对自己有利的问题。前面说过,自从 1933 年美国在国内停止信用货币对黄金的兑现后,美国统治阶级便有意识地实行通货膨胀政策,以压低工人的实际工资。但过分的膨胀使工人生活过于困苦,会引起工人猛烈的反对,对资本主义制度是一种威胁,这是资产阶级不敢采取的。在实行通货膨胀而又使其程度不致立即引起劳动人民起来造反的限度内,通货膨胀的不同程度对两大类型财团的利害关系是不同的。

对于以生产军火为主的新财团来说,它们主张军费支出越多越好,从而财政赤字越大越好,通货膨胀程度越高越好(只要不立即引起工人造反便行),因为它们是靠接受政府军事订货、靠盗窃国库资金攫取利润的。通货膨胀引起物价上涨,对它们的产品销售没有妨碍。因为军火价格再上涨,政府也要订购。更何况军火价格就是这些财团在政府和国会中的代表制定的。对于以生产基本物质资料为主的老财团来说,由于这些产品直接间接与个人消费有关,说到底是由广大消费者来购买的,因此,如果通货膨胀程度过高,物价飞涨,消费者的购买力陡然下降,它们的产品销路便马上成问题。所以,它们主张通货膨胀的程度要低些。这样,便发生了通货膨胀程度之争。

这个问题从 20 世纪 60 年代后期以来日益尖锐,这是由于 20 世纪 60 年代美国逐步扩大侵越战争,通货膨胀日益严重而引起的。1968 年,国会两院经济联席委员会建议,每年货币供应量的增加应限制在 2% 到 6% 这个范围内。这是两派斗争的暂时妥协。整个 60 年代的平均通货膨胀年率为 3.8%。从 60 年代末开始,通货膨胀程度迅速提高。1945 年杜鲁门总统将发行银行券的黄金准备从 40% 降为 25%;1968 年约翰逊总统则干脆取消了这种准备。1971 年尼克松总统宣布实行新的经济政策。表面上是要减缓通货膨胀,因为他要冻结物价和工资,实际上是为更严重的通货膨胀准备条件,因为他停止外国银行拿美元(银行券)到美国兑换黄金。接着美元贬值。从此通货膨胀如脱缰之马。尼克松上台时说,希望控制通货膨胀年率为 3.5%,后来改为 5.5%。到他 1974 年 8 月下台时事实上为 11%。取代尼克松的福特,刚一上台就宣布与失业相比,通货膨胀是更为重要的问题,要立即制止通货膨胀,即实行缓和的通货膨胀政策。1975 年通货膨胀年率降为 9.3%,1976 年又降为 5.1%。卡特总统在竞选时,宣称要将通货膨胀年率再降为 4%—5%,1978 年事实上为 6%—7%,这反映出尼克松总统辞职是个转折点,从这时起在货币政策方面新自由派占上风。

(四)

美国统治阶级内部的矛盾引起的财政货币政策的分歧,同美国对外政策的分歧有密切的关系。现在谈一谈目前美国两大派对苏政策的分歧同他们争取财政资金的关系。之所以谈对苏政策,因为它是美国对外政策的轴心。

从二战后到 20 世纪 60 年代,美国的对苏政策是强硬的,这时两大派在这个问题上基本上是一致的。这是因为,实行这种政策,两大类型的财团都能扩大军火生产,夺得军事订货,都能在反对共产主义势力的名义下扩张自己的势力范围,老财团则更能在此名义下,以经济援助、技术援助为手段,控制更多的势力范围。

这种情况,从 20 世纪 60 年代中期开始发生变化。前面谈到,从这时起,在争夺军事订货方面,新财团已超过老财团。这样,如果还像过去那样对苏实行强硬政策,更迅速地增加军费开支,那么得利最大的倒反是老财团的对手——新财团。两大派争夺预算的斗争使美国财政支出中两大项目所占比重发生变化,即军费比重小于社会福利费。这是对老财团有利的。这种经济利害关系在对苏政策的反映,便是某些老财团来了个 180°的转变,主张在和苏抗争时采取缓和政策。其经济内容就是军费开支虽然绝对增加,但其比重减少;增加对苏的经济联系,以便自己得益多些。反之,新财团则主张继续对苏强硬,并指出正是由于美国对苏实行缓和政策,使得苏联在军备上已接近甚至超过美国,所谓的缓和是虚假的,实际上是西方处于挨打的地位,以便迅速增加军费,自己得益多些。

正是这种情况,使美国孤立主义这个概念的内容发生了根本的变化。二战前夜,孤立主义指的是不干预欧洲事务,其倡导者是以国内市场为主的中西部财团和南部农业资本家。目前的孤立主义,指的是不以武力阻止苏联的扩张,在经济上加强同苏联的联系,妄图以此拖住苏联。卡特总统说:"我决不会在军事上卷入他国内政了,除非我们自己的安全受到直接威胁,我将在联合国中,在北约组织联盟内,在已经成立的贸易机构中发挥强有力的作用……"①虽然他认为这不是什么孤立主义,但这恰巧是孤立主义——新孤立主义。这样,我们对于美国一方面和苏联矛盾尖锐,另一方面又用粮食、贷款、技术喂肥苏联这一自相矛盾的现象,就可以解释了。

目前,美国老财团的经济力量和政治势力都很强大,新财团虽然咄咄逼

---

① 美新处,巴黎,1976 年 8 月 25 日电。

人,要压倒其对手,但暂时还是居于劣势。如果美国内外矛盾没有重大变化,其对外政策从根本上说还是缓和政策。过程中会有起伏,但在一段时间内,趋势还是这样。

八、美国统治阶级对 1974—1975 年的
经济危机的两种政策[①]

(一)

美国于 1974 年 7 月至 1975 年 3 月爆发的经济危机有一个特点,就是在销售下降、生产过剩的时候,物价却上涨。

一般来说,物价上涨有三种原因:商品价值增大、商品求过于供、货币价值下降。前两者不可能是这次危机中物价上涨的原因,只有后者才是其原因。货币价值之所以下降,在纸币流通的条件下,主要是由于纸币流通量超过其必需量,因而每单位纸币代表的金量减少,亦即通货膨胀使纸币购买力降低。把物价上涨完全等同于通货膨胀,严格来说是不对的。但是由于通货膨胀是物价普遍和持续上涨的根本原因,因此把物价上涨看成是通货膨胀的近似的反映也是可以的。

美国这次爆发经济危机和通货膨胀并发症的原因在于,从 20 世纪 30 年代经济危机时开始实行的反危机的通货膨胀政策,经过第二次世界大战,战后侵朝、侵越战争,60 年代中期实行的"登月计划"和"走向伟大社会计划"(这些也是反危机措施),使通货膨胀程度越来越高。这样,一方面使劳动人民的实际收入下降,使生产扩大和消费相对下降之间的矛盾尖锐化,因而危机发生;另一方面使货币购买力不断下降,使物价上涨的程度大于由于销售困难而造成的物价下降的程度,因而物价上涨。

面对着经济危机和通货膨胀相交织的局面,认为增加货币供应量便能促使生产高涨的凯恩斯主义不灵了。对于这个局面,美国经济学家各执一端,提出不同的对策。萨缪尔森主张继续实行膨胀政策,以增加就业;弗里

---

① 原载于《美国经济讨论会论文集》,商务印书馆 1981 年版。

德曼主张改为实行收缩政策,以平稳物价。在这次危机中,美国也发生政府危机:因"水门事件"国会要弹劾总统,尼克松总统辞职,副总统福特继任。政府危机过后,国会和总统之间的矛盾,变为似乎国会是主张膨胀政策的,总统是主张收缩政策的。这似乎与民主党和共和党之间的矛盾有关,因为国会议员中民主党占多数,总统则是共和党人,而在纲领中民主党一直主张膨胀政策,相对而言共和党则一直主张收缩政策。总统的政策也前后不一,并且同其所属政党的政策相矛盾:福特总统从实行收缩政策变为实行膨胀政策。

(二)

萨缪尔森主张实行膨胀政策。1974 年 9 月,他认为美国头号问题不是通货膨胀,而是同通货膨胀联系在一起的经济停滞。为此,他提出三项建议:第一,不要鼓励联邦储备银行执行过度的收缩通货政策;第二,不要认为严格地削减了开支,就足以制止通货膨胀的蔓延;第三,不要听顾问的那些话,说什么让失业率提高到 6% 并让其保持两年,美国的年通货膨胀率在 20 世纪 70 年代余下的时间里就不会超过 3% 或 4%。

萨缪尔森认为,实行膨胀政策,增加货币供应量和财政开支,只会带来生产高涨而不会引起通货膨胀。因为在他看来,通货膨胀或物价上涨,是工资提高,从而成本提高所造成的。这时只要控制工资,便能制止通货膨胀。

这种"成本推动论"是完全错误的。价格是价值的货币表现,从这个意义上说,价格等于价值,而价值是劳动创造的,它分解为工资、利润和地租,在地租不变时,工资提高只能使利润减少,不能使价值或价格提高,这应该是很清楚的。如果说工资构成成本,而成本和利润构成价格,那么这种价格就是生产价格,它是价值的转化形态,总生产价格还是等于总价值,它不因工资提高而提高。如果在工资提高,从而一般利润率降低的条件下,有的企业可以不受影响,仍按原来的利润率决定价格,从而提高价格,那么这种企业就是垄断企业,这种价格就是垄断价格。在垄断条件下,即使工资不提高,垄断价格也可以提高。所以,无论从哪一种价格形式看,都不能说工资提高是价格上涨的原因。

实行萨缪尔森的膨胀政策,货币购买力必然进一步下降,物价必然继续上涨。他表面上是为了限制物价上涨,才主张限制或冻结工资、利润、价格。

实际上,这样做的结果是,黑市猖獗,利润、价格上升,工资落在后面。所以,这种主张首先是对无产阶级的进攻。

弗里德曼主张实行收缩政策。他认为应当根据美国经济发展情况控制货币供应量,人为地膨胀和收缩都是不好的。由于当时美国经济处于急剧膨胀状态,所以他的主张实质上是收缩政策。他说:"医治美国通货膨胀的毛病只有一个办法:降低美元支出总额的增加速度,只有联邦政府能够推行这种医治办法。要做到这一点,就要减少自己的支出和减慢通货的增长,从而减少私人支出。"[①]

从医治通货膨胀即物价上涨这个毛病来说,减少货币供应增长的速度是个正确的办法。但是,它的理论基础却是错误的。在弗里德曼看来,货币供应量增加之所以引起物价上涨,不是由于货币购买力的下降,而是由于货币增加所形成的需求增加。

这种"需求拉引论"是完全错误的。它的理论基础就是货币数量说或这个公式:$MV=PQ$。在 V(货币流通速度)不变和 Q(商品总量)不变的情况下,M(货币数量)和 P(物价水平)成正比,即物价随货币数量增加而增加。原因是这时形成更大的需求,致使物价上涨,这是错误的。第一,它事实上认为进入流通之前,货币和商品都是没有价值的,价格只是一堆货币和一堆商品之间的商数。如 10 单位货币,5 单位商品,则每单位商品的价格为 2 单位货币。第二,它说的需求增大是虚假的,因为这时纸币的购买力降低了,更多的纸币代表的购买力还是和原来的一样。需求好比一块布,用公尺量是 10 尺,用市尺量是 30 尺,我们能说布变长了吗?

当美国实行通货膨胀政策以刺激生产已达 40 多年的时候,弗里德曼提出实行收缩政策,必然带来严重的失业。所以,这种主张首先也是对无产阶级的进攻。

(三)

在这次危机中,表面上来看,总统是主张实行收缩政策的,国会是主张实行膨胀政策的。

---

① 《经济出毛病,有什么药方?》,美国《新闻周刊》编辑部经济专题报告,1974 年 9 月 30 日。

尼克松总统 1971 年实行新的经济政策,从财政货币方面看是个收缩政策,因为它征收 10％的进口附加税,减少 10％的对外"援助",管制工资、利润和价格;实际上都为进一步膨胀准备了条件,因为它禁止外国银行拿美元到美国兑换黄金,其后美元贬值。1972 年联邦财政赤字比 1971 年增加,就是实行膨胀政策的结果。1974 年 5 月,尼克松正式承认通货膨胀是美国面临的"头号经济挑战"。为此,他提出的 1975 年度的财政支出为 3 050 亿美元,力争为 3 000 亿美元。但是,"国会中超预算的悬而未决的法案可能使数字提高到 3 120 亿美元"。尼克松声言,如果国会坚持增加支出,他便予以否决。

福特于 1974 年 8 月任总统时,也认为通货膨胀是头号敌人,主张继续实行前任的收缩政策。10 月,他指出"我们目前的通货膨胀在相当大程度上是多年来实行开支浩大的计划而没有筹措足够的收入来支付这些计划所造成的";并认为实行收缩政策的障碍是国会,因为民主党多年操纵国会,大开国库之门。福特声言,如果国会迟疑不决,他将采取强硬措施。

总统的政策和国会的政策为什么是对立的? 分析一下,问题似乎在于:总统是共和党人,而国会则是民主党议员占多数,因此,这种对立似乎可以归结为两大党的对立。

共和党和民主党在财政货币政策上的对立由来已久。从 1933 年民主党人罗斯福任总统实行"新政"以来,民主党一直把自己说成是代表没有权势的小人物的;而为了他们的就业、工资和福利,便要实行膨胀政策。与此相对,共和党则是代表企业主的。他们要多销售产品,便希望平稳物价,便要实行平衡预算和健全货币的政策,这种政策相对于民主党的膨胀政策而言,则是收缩政策。他们说,物价平稳,销售商品多,工人就业也多,对工人也是有利的。这些论调在这次危机中一再出现。

其实,这都是为了实行两党制,为了进行宣传。这两个党都是代表垄断资产阶级的,实行的基本上是有利于垄断资产阶级的膨胀政策。从 1933 年到 1976 年总统选举前共 44 年,民主党人当总统 28 年,共和党人当总统 16 年,哪一任总统不实行这种政策?

美国统治阶级对这次危机是存在着政策分歧的,但这种分歧不存在于总统和国会之间,也不存在于两大党之间。

（四）

资产阶级是主张实行通货膨胀政策的,因为它能降低工人的实际工资,提高资本家的利润。从这个角度看,膨胀程度越高,资本家就越有利,只要不立即引起工人造反就行。但是,分析一下就可以看出,对于生产不同产品的资本家来说,通货膨胀程度不同对其产品销路的影响也不同。

生产农产品的农业资本家和家庭农场主,以及生产一般工业品的工业资本家,其产品是直接、间接供个人消费的,其销路说到底是与广大劳动人民的有支付能力的消费有密切的关系。通货膨胀是在流通领域中对工人进行补充剥削,剥削程度陡然增高,利润虽可能增加,但对产品的销路却有妨碍。因此,这些资本家反对急剧的通货膨胀政策,主张缓和的通货膨胀政策,主张在国家预算中降低国防费用,增加福利费用。

生产军火的垄断资本家,其产品与个人消费毫无关系,它是由国家购买的,价格不管涨到什么程度都有销路。军火生意的荣枯,取决于国防费用的多寡。国防费用的膨大,则以通货膨胀程度增高为条件。因此,这些资本家主张实行急剧的通货膨胀政策,主张在国家预算中增加国防费用,减少福利费用。

还有一种资本家不生产商品,而把其资本贷放出去,收取利息。一般的借贷关系,利息率可以调节,本金由于通货膨胀而受到的损失,可以从提高利息率中得到补偿。但购买国债的那部分资本则得不到这种保障,因为发行国债时其利息率便定死了。因此,这些资本家便希望通货膨胀程度不要比他们预期的高些而要低些。

现在的问题是:一个资本家,尤其是垄断资本家,可以同时经营不同的产品,在他充当生产资本家时,又可以同时充当借贷资本家,这样,他应该主张实行哪一种通货膨胀政策呢?

一般来说,美国农业生产中家庭农场主占绝对优势,他们不兼营其他产品;中小工业资本家生产基本工业产品,不生产军火;垄断资本家既生产基本工业产品,又生产军火,但是,由于军火生产是在第二次世界大战中和战后才迅速发展起来的,所以,它在老财团生产中占的比重较小,在新财团生产中占的比重较大;美国的国债有半数以上是由商业银行和私人投资者购买的,老财团的金融力量远远超过新财团,它购买的国债比新财团多。因此,总的来说,新财团主张实行急剧的通货膨胀政策,老财团主张实行缓和的通货膨胀政策;中小工业家则赞同缓和的通货膨胀政策;家庭农场主从其经济地位出发,是反对通货膨胀的,但面对两害,只好选择其轻者,即倾向于缓和的通货膨胀政策。

以新旧两大类型垄断财团的经济利益为基础的两种政策,同两大党内部的派别和跨党的派别的经济政策有密切的关系。我们知道,从 20 世纪开始,美国两大党内部便分裂为同样性质的两大派:民主党的自由派和保守派(南方派),共和党的国际派(自由派)和孤立派(保守派)。就实质来说,民主党的自由派和共和党的国际派主要代表老财团,近年来已形成一个跨党派别,主张实行缓和的通货膨胀政策。民主党的保守派和共和党的孤立派主要代表新财团,近年来也形成一个跨党派别,主张实行急剧的通货膨胀政策。在这次危机中,它们各自的主张还是这样,只是相对于后者而言,前者表现为主张收缩政策。上述经济学家们的理论,不管他们本人是否意识到这一点,实质上都是这些经济利益的反映。

(五)

在这次危机中,福特总统的政策基本上是代表老财团的利益,主张实行缓和的膨胀政策即收缩政策的。但作为总统,他又不能不照顾新财团的利益,当经济危机严重时,更需要这样。此外,当总统选举临近时,参加竞选的现任总统尤其需要考虑站在自己对立面的另一派的利益。福特总统的政策后来有了某些变化,原因就在这里。

福特于 1974 年 8 月继尼克松任总统后,经过一系列的准备活动,于 11 月正式提出修改他的前任提出的 1975 年度联邦预算,总支出压到 3 000 亿美元以下,比尼克松提出的 3 050 亿美元(力争为 3 000 亿美元)减少 33 亿美元;国防费用为 832 亿美元,减少 26 亿美元;福利费用为 1 315 亿美元,增加 27 亿美元。这是一个较前略为收缩的、增加福利费用、减少国防费用的预算,有利于老财团,不利于新财团。

1975 年 2 月,福特提出 1976 年度联邦预算,总支出为 3 494 亿美元,比上年度约增加 11%;其中国防费用为 940 亿美元,约增加 13%;福利费用为

1 343 亿美元,约增加 2.1%,比国防费用的增加慢得多,剔除通货膨胀因素后,实际上是减少。由于国防费用等支出猛增,将出现 800 亿美元的预算赤字,比上年度的预算赤字 94 亿美元增加 751%。这是一个较前迅速膨胀的、增加国防费用、减少福利费用的预算,有利于新财团,不利于老财团。

从一个有利于老财团的预算,转变为另一个有利于新财团的预算,原因何在?

在福特总统提出修改 1975 年度联邦预算时,报刊便对其计划进行评论,认为除非国会改变这个计划,否则它将使经济过分地建筑在消费品生产,特别是汽车生产上面。所谓国会要求改变,不是问题的实质,那些不生产消费品特别是不生产汽车的资本家要求改变,才是问题的实质。由于受到这种压力,1974 年 11 月,福特便"第一次用自己的语言把经济问题说成是衰退",这意味着他要从主张收缩政策改变为主张膨胀政策。接着,他便提出一个迅速膨胀的 1976 年度联邦预算。其后,随着总统竞选的进行,他又否决了国会通过的、有利于老财团的增加就业机会的法案。福特总统这些做法的派别性质,美国统治阶级内部站在某一派立场上的政治家看得很清楚。曾任民主党副总统、当时的参议员汉弗莱对此评论说:福特总统实行的是"一种有害的经济政策、无情的社会政策,并且显然是为了争取出席共和党全国代表大会的保守派代表"。这些话说明了问题的实质。

九、美国两大政党争论的问题①

　　长期以来,美国两大政党在对内对外政策上各有一些不同的主张,它们之间有一些分歧和争论,有时这种争论甚至还会很激烈。在争论中,两大政党似乎是互相敌对的,并且每一个党都竭力声称自己代表人民的利益。其实,两党之间的分歧并不是基本政策目标的分歧,而仅仅是与美国统治阶级内部的矛盾相关。它们之间的分歧和争论只在于对维护资产阶级的统治、发展资本主义的方法、策略有某些不同的意见,这反映出它们作为统治阶级的两只手,其动作并不总是相同的。这一节里,我们将分析美国两大政党争论的主要问题。

　　从南北战争到20世纪初,美国两党的斗争主要是在关税税率和货币制度问题上。

　　关税问题是从南北战争前延续下来的。当时,美国是一个后起的资本主义国家,工业资产阶级需要实行保护性的高额关税来保护本国工业的发展。第二次反英战争后,美国联邦政府曾逐步提高关税税率,1828年,亚当斯政府把关税税率提高到45％。可是,这样的高关税却引起了南部奴隶制种植园主的不满,他们指责上述税率为"可憎的税率"。因为这影响了南部奴隶主扩大出口棉花、进口廉价工业品的要求。南部奴隶主使用黑人奴隶劳动,生产的棉花成本极其低廉,依赖向英国出口来获取巨额的利润。所以,南部奴隶主要求实行自由贸易政策。1832年,南部奴隶主以南卡罗来纳州脱离联邦相要挟,要求降低关税,而北部工业资产阶级为了维持统

---

　　① 节录自与王邦佐、谭君久合著的《美国两党制剖析》,商务印书馆1984年版。(本卷第三部分。——编者注)

一的国内市场,便作了让步。从杰克逊政府降低关税开始,直到南北战争爆发,美国基本上实行低关税的自由贸易政策,这反映出南部奴隶主在当时联邦政府中居优势地位。如前所述,这个时期联邦政府主要由民主党掌握。

南北战争后,关税税率的高低问题仍是民主党与共和党争论的一个重要内容。一般地说,民主党主张低关税税率,它声称这样能降低进口工业品的价格,减轻中小企业家、农民及一般消费者的负担;共和党则主张实行高关税税率,它宣称关税高物价就高,工人的工资也高。实质上,它们的主张代表了资产阶级不同集团的利益。当时,美国南部虽然废除了奴隶制,但南部的劳动力价格低廉,黑人工资更低,农业生产的其他有利条件也没有大的变化。美国是一个农产品输出国,农业资本家希望别国实行低关税,于是也要求本国实行低关税,这样他们还可以因此而得到便宜的工业品。可是,美国的工业在内战后初期的一段时间里仍然落后于其他资本主义国家,并且以国内市场为主,所以仍需要实行保护关税政策来保护其发展。可见,两党的关税主张只是分别有利于南部农业资本家和北部工业资本家,而并不是像它们宣传的那样是为了人民群众的利益。

到19世纪80年代,美国的工业已经超过其他资本主义国家。总的来说,美国似乎应由保护关税转向自由贸易政策,然而两党之间的关税争论还持续了相当一段时间。其原因有二:一方面,不同工业部门的生产发展水平不一致,原料和产品依赖进出口贸易的程度不同,遇到外国竞争的对手也不同,因此,不同部门的资本家对由保护关税转向自由贸易就持不同的态度;另一方面,当时在美国的某些工业部门已经形成垄断,垄断资本家为了利用垄断权支配国内市场,剥削国内消费者,并不一定希望立即取消保护关税①。于是,自由贸易和保护关税这两种主张仍喋喋不休地争吵着。对此,恩格斯明确地指出,这种争论操纵在职业政治家、各政党头目手中,"不是解决问题,而是问题永远悬而不决;在花去大量的时间、精力和金钱以后,实行了有时是有利于这一方、有时是有利于那一方的一系列妥协"②。直到威尔逊政

---

① 《马克思恩格斯全集》(第二十二卷),人民出版社1965年版,第389页。
② 《马克思恩格斯全集》(第二十一卷),人民出版社1965年版,第422—423页。

府通过《安德伍德关税法》,大幅度、大面积地降低了关税税率,两党围绕关税问题的争论才基本结束。

货币制度问题上的争论,开始是关于使用金属货币还是使用贬值纸币的问题。南北战争时,联邦政府为了筹措军费,便大量发行公债和纸币,从而使纸币贬值。东部的工业资本家和银行家都是公债的购买者,战后又成为南部恢复生产的农场主、新的工业资本家以及广大西部开拓者的债权人。东部资本家为维护其利益,就要求政府收回在战时发行的大量纸币,用金属货币偿付公私债务,而债务人则要求维持和扩大纸币发行,用纸币偿债,借以减轻债务负担。南部农业资本家和开拓西部的农民认为,这样还可以提高农产品的价格。当时,民主党代表南部农业资本家的利益,主张纸币政策,共和党则主张金属货币政策。1879 年,共和党总统海斯代表东部资产阶级的利益,决定恢复用金属货币支付债务。

这以后,两党之间的货币争论就逐步转向是否限制铸造银币的问题。美国从 1792 年起实行的是金银复本位制度。金和银同时作为本位货币,那必然会产生货币作为价值尺度与金银比价变动的矛盾。金和银的实际比价总是要不断变动的,而它们的法定比价只能定期调整。这样,实际比价高于法定比价的金或银就会退出流通,被熔化或输出;只有实际比价低于法定比价的金或银才被铸成硬币继续流通。开始,美国政府将金银比价规定为 1∶15,到 19 世纪初,银的实际比价低于法定比价,结果银币充斥,金币绝迹。1834 年,金银法定比价被改为 1∶16,情况就倒过来了,金币充斥,银币绝迹。到 19 世纪 70 年代,美国西部发现了丰富的银矿,银的实际比价又下跌到其法定比价以下,按理银币会再次排斥金币。但是,共和党政府于 1873 年停止了铸造银币。结果,一方面白银充斥市场,银价猛跌,引起西部银矿资本家的恐慌;另一方面,那时规定用金属货币偿债,实际上只能用金币偿债,从而引起金价上涨,更加重了债务人的负担。于是,西部银矿资本家与农业资本家联合起来,要求取消对铸造银币的限制,以便稳定银价,用银币偿债,减轻债务负担并提高农产品价格。东部资产阶级则要求停止铸造银币,或者干脆改复本位制为金本位制。在这场斗争中,一般来说,共和党主张使用金币,民主党则主张使用银币。经过双方的斗争和妥协,1878 年和 1890 年分别通过的《布兰德-艾利森法》和《谢尔曼购银法》,规定了有限制地铸造银币的办法。随着这场斗争的继续发展,东部资产阶级还是取得了最终的胜利。1900 年,美国正式实行金本位制。

20 世纪初,垄断组织在美国经济生活中占了统治地位,美国发展为垄断资本主义,美国的政治状况也相应地发生了巨大的变化。首先,从资产阶级中分离出来的垄断资产阶级,逐步控制了国家政权,操纵政治生活,形成了能够左右和影响全国政治局势的若干政治集团。其次,随着美国西部、南部的工业化,随着垄断资本主义的发展,垄断资产阶级内部老财团与新财团的矛盾代替了原来工业资本家与农业资本家两大集团的矛盾;经营不同产品的垄断资本家之间的矛盾亦与上述矛盾交织在一起。在这种情况下,美国两党之间的争论更为错综复杂,两党内部逐步形成了跨越政党的两大派别①,以致两大派别的争论比两党的争论更为重要,两党的分歧,往往以两大派别的分歧为背景。

20 世纪以来,美国两党、两派的争论主要有以下几个问题。

第一,关于联邦财政资金的使用方向问题。美国在 1913 年放弃了保护关税政策,同时开始征收所得税以保证联邦财政收入。从"新政"开始,美国政府又实行了通货膨胀和赤字财政政策。几十年来,两党及两派关于财政资金使用方向的争论越来越尖锐,这种争论在不同时期有不同的内容。

第一次世界大战前和两次世界大战之间,操纵联邦政权的东北部垄断资本家,与欧洲垄断资本有密切的金融联系,它急于向外扩张,就要求用联邦财政资金为其输出资本、倾销商品和扩大势力范围服务,实行积极介入国际生活的对外政策。而中西部的垄断资本家,主要经营农产品加工和农业机械制造,以国内市场为主,其生产的发展与农业的盛衰有密切的关系,因此,他们要求财政资金用在国内,用来发展交通和水利,反对干预欧洲事务。从 20 世纪初起,上述分歧日显重要,第一次世界大战爆发后,两种主张就形成参战与反对参战的对立,前者形成所谓国际派,后者形成所谓孤立派。在东部垄断资本家的推动下,美国终于在威尔逊政府任内参战。在第二次世界大战前夕,孤立派又成为阻止美国准备和参加战争的重要障碍。但是,东

---

① 参见本卷第三部分第三章第三节。

部垄断资本家毕竟势力强大,所以,1941 年珍珠港事件爆发后,民主党的罗斯福政府终于参加第二次世界大战。

20 世纪 30 年代,罗斯福政府推行"新政"时,在赤字财政和通货膨胀的基础上,实行保障生活、以工代赈、修建公共工程等经济政策和社会政策。这些改良主义措施,使垄断资产阶级的大多数集团都能得到一些暂时的、长远的利益,当然也必然会触及和损害某些集团的利益。不过不同集团得到的利益或受损害的程度是不同的。一般来说,社会保险费、以工代赈和公共工程的工资会使失业工人、就业工人得到一些生活费用,有利于农业、食品加工业和其他轻工业部门以及百货零售业的资本家销售其商品,并相应地扩大了与上述部门有关的某些工业产品的销路。当然某些重工业部门的资本家是不可能得到立即见到的好处,至于专门生产军火的资本家得到的利益就更少。于是,这些资本家就起来抵制和反对"新政"。1936 年选举时,他们一方面让民主党内的一批政客组织"自由联盟"反对罗斯福,另一方面主要还是支持共和党竞选,攻击罗斯福的政策,反对政府大量花钱搞社会救济、以工代赈等。

第二次世界大战后,围绕财政开支方向的争论,又逐步发展成军费和社会福利费两者比例的斗争。战争期间和战后,美国西部和南部军火工业迅速发展,在此基础上形成了新的西部垄断财团和南部垄断财团。美国为了争霸世界,联邦的军费开支增加很快,西部、南部的新财团和东部的老财团都生产军火,双方激烈争夺联邦政府的军事订货。但是,总的来说,军火生产在新财团经营的生产中所占比重较大,而老财团的军火生产的数量虽然也很大,但由于他们的生产总数额大,一般物质资料生产仍占大部分,所以军火生产的比重就小了。在侵略印度支那战争期间,西部、南部的垄断资本家争夺到的军事订货一度超过了东部的垄断资本家。这样,从 20 世纪 60 年代以来,东部垄断财团在争夺军事订货的同时,极力主张增加社会福利费用,这就是 60 年代以来美国社会福利费用迅速增加的一个重要原因。与此相反,西部、南部新财团则要求缩减社会福利开支,以保证巨额的军事预算。这两种主张的争论,实际上是"新政"时资产阶级内部斗争的继续和发展。这两种主张在美国两大政党里都有反映,不过就两党政府来说,民主党政府一般注意保证和扩大社会福利开支,60 年代的肯尼迪-约翰逊政府在扩大军费开支、发动和逐步升级侵越战争的同时，实行了积极扩大社会福利开支的政策，而共和党一般倾向于限制甚至压缩社会福利开支。

第二，关于通货膨胀以何种程度为宜的问题。罗斯福"新政"时，废除了金本位，在国内停止银行券兑换黄金，降低美元含金量，高价收购白银，以此为准备，大量发行纸币和扩大信用，由政府贷款给大银行，再由银行贷款给大工业，这就是后来几十年美国实行通货膨胀政策的开始。通货膨胀的结果，降低了工人的实际工资，从根本上说是有利于整个资产阶级的，但不同的资本家获得的利益是不同的。一般地说，通货膨胀政策首先是有利于作为债务人的一般工业资本家和中西部、西部的农业资本家的，政府高价收购白银，使西部的银矿资本家直接得到明显的利益；同时，也改善了美国的出口，加强了与欧洲国家的竞争能力，所以受到与外贸有密切关系的商人和大公司的欢迎，主要是东部某些大公司的欢迎。但是，政府贷款给大银行虽然使他们度过了信贷危机，通货膨胀却使作为债权人的借贷资本家受到损失，那些从"新政"的财政政策中没有得到多大好处的资本家，并不满意罗斯福政府靠膨胀通货增加财政开支的做法。于是，他们就反对通货膨胀政策，鼓吹坚持平衡预算，攻击罗斯福政府乱花钱、乱开支。他们的这种意见，在当时共和党的政纲中也反映出来了。

"新政"以后，美国的历届政府，无论是民主党政府还是共和党政府，仍然实行通货膨胀政策。如前所述，从根本上说，通货膨胀是有利于整个资产阶级的。但是，通货膨胀的程度不同，对不同的垄断资本家的利害关系是不同的。一般来说，生产军火的资本家希望通货膨胀程度越高越好，因为他们的产品主要由国家购买，其销路不会受到物价上涨的影响，而政府要增加军事订货，就要增加军费开支，就要搞通货膨胀。而生产基本物质资料的垄断资本家则要求通货膨胀的程度不要过大，因为那样会造成物价上涨过快，造成消费者的实际购买力急剧下降，使他们的产品销路产生问题。不过，这一类资本家中的情况又有不同。对那些经营基本生活资料的垄断资本家来说，他们并不害怕通货膨胀程度过大，因为在物价上涨很快的情况下，消费者仍然必须购买这些生活资料，这类产品的销路也就不会出现严重问题，而且其价格可能会上涨更快，对这些资本家有利。而对那些经营非基本生活资料(例如奢侈品、高级消费品、娱乐品等)的垄断资本家来说，则特别害怕程度过大的通货膨胀,因为物价上涨过快时,消费者会首先削减对这些商品的购买,造成其销售的严重困难。这样,在战后形成的两大类型垄断财团之间,围绕通货膨胀程度的争论就更加复杂一些。就两党的主张来看,民主党的纲领总是鼓吹膨胀政策,主张增加财政支出,膨胀通货,借以扩大就业;共和党的纲领总是鼓吹所谓收缩政策,即平衡预算,收缩通货。实质上,两者的争论不是膨胀的有无,而是膨胀的程度。

第三,以上述两个问题的争论为背景,从"新政"以来,民主党总是打着"关心"劳工利益、增加工人就业、发展社会福利的旗号,主张增加国家的预算支出,鼓吹膨胀政策。民主党宣称,由国家增加财政开支,多办社会保险,多搞社会救济,人们就有更多的钱购买企业的产品,企业的生产就发展;政府还可多办公共工程,工人的就业机会也会增多。而共和党则直截了当地鼓吹捍卫自由企业制度,反对增加社会救济,主张压缩社会福利计划,减少对公共工程的投资,主张政府不要干预和限制私人企业的活动自由。共和党辩解说,这样,政府就可以减少财政开支,实现预算平衡,物价平稳,产品销路通达;而且,政府也可以减少税收,使私人企业提高投资和生产的积极性,增加工人就业的机会。综上所述,民主党主张多发挥国家的作用,由政府实行社会福利政策,缓和阶级矛盾和社会矛盾,使资本主义制度继续维持下去;而共和党则强调首先鼓励和保护私人资本家的积极性,对工人群众采取比较强硬的政策,甚至不惜激化阶级矛盾,以维护资本主义制度。显然,两党之争只是一种策略之争而已。不管采取哪一种策略,都是以巩固垄断资产阶级的统治、维护资本主义制度、保证资本家对工人的剥削为最终目标的。

总起来说,长期以来美国两党之间的争论,在前一个时期(从南北战争结束到 20 世纪初)主要围绕如何发展资本主义的问题。当时,在解除了南部奴隶制的羁绊之后,美国的资本主义面临的是迅速发展的广阔前景,在发展资本主义的策略和措施上,统治阶级内部进行了激烈的争论。随着美国社会过渡到垄断资本主义,美国资本主义进入了它的最高阶段,两党的争论也就转入了后一个时期,主要围绕维护和挽救资本主义的问题进行。列宁在评论 1912 年的美国总统选举时就尖锐地指出:"老的政党是时代的产物,它的任务是迅速地发展资本主义。各个政党的斗争归结为如何更好地加速和促进这种发展。新的政党是现代的产物,它提出了资本主义本身的存亡问题。"①现在看来,列宁的这个见解确实是深刻的、精辟的,指出了资产阶级政党面临的根本问题就是采取各种办法来拯救资本主义。

---

① 《列宁全集》(第十八卷),人民出版社 1959 年版,第 398 页。

十、费边派的"滑进社会主义"论①

19世纪80年代,英国的工人运动再度兴起,马克思主义迅速传播;作为这个运动的对立物,英国一小撮资产阶级知识分子在1884年组成了费边社,宣传费边主义(Fabianism),妄图对抗马克思主义并将工人运动引入歧途。

恩格斯指出,费边主义者是"资产阶级'社会主义者'"②,"是一伙野心家,他们对社会变革的必然性有足够的了解,但是他们又不肯把这一艰巨的事业仅仅托付给粗笨的无产阶级,因此他们大发慈悲地自己出来领头了。害怕革命,这是他们的基本原则"③。

这种害怕无产阶级革命的思想和改良主义的思想,集中表现为"滑进社会主义"论。他们目睹资本主义已经奄奄一息,社会主义正在深入人心,为了挽救前者,对抗后者,他们便胡诌了这么一套社会主义其名而资本主义其实的谬论。

(一)

费边主义者反对马克思主义关于国家阶级性的基本原理,认为资产阶级专政下的工厂立法、捐税制度和市政企业是社会主义性质的。这看法用他们的话来说就是:社会主义是民主主义"不可避免的结果";因为,随着民主主义"政治解放运动的发展,生产手段的私人占有已经在这一方面或那一方面不断地受到管理、限制和废除"④。

---

① 原载于《江汉学报》1963年第5期。
② 《马克思恩格斯书信选集》,刘潇然等译,人民出版社1962年版,第498页。
③ 同上书,第505页。
④ 肖伯纳:《费边论丛》,袁绩藩、朱应庚、赵宗煜译,生活・读书・新知三联书店1958年版,第81—82页。

他们认为,民主主义的第一个产物是工厂立法的产生。英国从 19 世纪初起陆续订立了《排污条例》《矿区管理条例》和《工厂条例》等,他们认为这些工厂立法"在事实上是属于社会主义性质的",因为"它包括着集体对个人贪婪的防止以及为了劳动群众的利益而把资本的利润加以削减"。①

马克思主义认为,资产阶级国家的法律是资产阶级意志的表现,是维护资产阶级的经济利益的。因此,不能想象资本主义的法律会是社会主义性质的。英国的工厂立法,是无产阶级向资产阶级展开斗争的结果;资产阶级为了自己的根本利益,有时不得不作某些让步。工厂立法的内容,就是以这两个敌对阶级的力量对比为转移的。但是,不管它的具体内容如何,它总不能消灭资本家对工人的剥削,不能消灭利润;即使有时被迫"把资本的利润加以削减",也不是为了"劳动群众的利益",而是为了资本家的长远利益。只有存心欺骗工人的人,才能说得出工厂立法是"属于社会主义性质的"。

民主主义的第二个产物,据他们说是所谓地租和利息的"社会化",也就是向地租和利息征课捐税。费边主义奠基人韦伯说,通过政府的登记、检查和控制,财产所有者"将被迫从他的租金与利息收入中,把一个愈来愈大的部分让渡出来用于公共事业"②。这样,地租和利息就"社会化"了,这就是社会主义。因为,社会主义"就是把地租从现在窃据着它的那个阶级手里转移到全民手里"③。他们具体指出,这种"社会化"在英国是从 1842 年订立所得税条例时开始的。

错误是太明显了。首先,它歪曲事实。同前面的错误一样,它居然认为资产阶级的法律会和资产阶级作对,会为了公共的利益而迫使资产阶级牺牲自己的利益。其实,资产阶级是为了维持其统治机构,为了要表明资产阶级的国家是"为人民谋福利"的,也为了要证明资本主义的捐税是用于"公共福利"的并且它的负担是"公平合理"的,才从其庞大的剥削收入中拿出一部分来,但绝不是"愈来愈大的部分"。

其次,资本主义捐税的主要用途是维持国家机器,用于经营公共事业是

---

① 肖伯纳:《费边论丛》,袁绩藩、朱应庚、赵宗煜译,生活・读书・新知三联书店 1958 年版,第 137 页。
② 同上书,第 105 页。
③ 同上书,第 248 页。

极其次要的。不论它的用途是哪一种,征课自地租和利息的捐税绝不可能"社会化"——成为社会全体成员所有。恩格斯明确地指出过,资产阶级的国家是"理想的总合资本家"。因此,如果一定要说这些捐税是什么"化"了,那就是总合资本家化了,成为当权的全体资本家所有了。这怎么能够说是社会主义性质的呢?

民主主义的第三个产物是市政事业,主要是地方公营公用事业的产生。韦伯说,通过立法,"几乎每一种可以想像得到的贸易,不论在什么地方,现在都由教区、市政当局或中央政府本身来进行而用不着任何中间人或资本家的干预了"①。这些没有"资本家干预"的市政企业,如煤气、电车、电话、自来水等企业,就是社会主义经济。

在不同的社会制度下,有不同形式的公营企业,其性质取决于国家政权的阶级性,这是马克思主义的常识。英国的市政企业,按照费边主义者的说明,是用发行有息公债的办法筹建起来的。他们还统计出,在他们著书立说的时候,为此目的而发行的公债总额约与英国一年的地租总额相等。在资产阶级专政下,这就等于为剥削阶级开辟了一个极为安全的投资场所,将私人资本变为由国家担保的剪息股票。这哪里有一点社会主义的气味呢?

这样,费边主义者就认为,不需要经过社会主义革命,在资本主义内便会长出社会主义来;说什么19世纪的"经济史乃是一种几乎毫无间断的社会主义的发展史"②。

我们清楚地看到,费边主义者将资本主义说成是社会主义时所用的方法是:将资产阶级的国家看成是超阶级的、代表全体人民的利益的,然后由此出发,将资本主义的工厂立法、捐税制度和市政企业,都说成是社会主义性质的。

(二)

费边主义者提出向社会主义过渡的纲领的基本原则是:"(1)民主主义的变革,因为只有如此,对大多数人民来说,才是可以接受的,并且才能使所

---

① 肖伯纳:《费边论丛》,袁绩藩、朱应庚、赵宗煜译,生活·读书·新知三联书店1958年版,第102页。

② 同上书,第82页。

有的人在思想上有所准备;(2)渐进的变革,因为只有如此,无论进步的速度多快,才不致引起脱节现象;(3)被人民大众认为是合乎道德的变革,因为只有如此,才不致在主观上对他们来说是败坏道德的;(4)合乎宪法的与和平的变革,至少在英国应当如此。"①

再没有别的话,能够像这段话这样全面而深刻地表明,费边主义者是多么害怕社会主义革命,但又不敢明目张胆地反对它;因而就妄图将它钳制在资产阶级宪法范围内,限制在和平的与渐进的轨道上,偷偷摸摸地使它变质为社会改良。

在经济纲领上,费边主义者反对马克思主义的基本原理,即反对社会主义革命必须消灭生产资料私有制的原理;而改头换面地保留垄断资本主义生产资料私有制,明目张胆地保留资本主义生产资料私有制。

第一条纲领是:"把加在各级工人身上的负担全部地转嫁到地租与利息的收入者身上。"②具体办法是:废除关税和国产税;增加所得税,即对地租和利息这类非劳动收入课以重税,并实行累进税制。这些税收用来筹办公营企业。

费边主义者的目的是什么呢? 根本不是消灭地主阶级和资本家阶级,也不是筹办公用事业本身;而是从剥削阶级的庞大收入中拿出一点点来筹办市政事业,以推销其"市政社会主义",转移无产阶级的斗争目标,确保资产阶级政权。

第二条纲领是:"从个人和阶级所有权的羁绊下解放土地和工业资本,把它们交给社会所有,以谋公众的福利。"③话说得很漂亮,似乎有一点社会主义味道。但一看其具体办法,西洋镜就被拆穿了。

怎样实现土地社会化呢? 另一位费边主义奠基人肖伯纳带着教训的口吻说:"无偿的土地国有化这种呼声确乎是一个不切实际的带有灾害性的暴动……土地应该像情况所需要的那样,老老实实地加以购买;购买土地所需

---

① 肖伯纳:《费边论丛》,袁缉藩、朱应庚、赵宗煜译,生活·读书·新知三联书店 1958 年版,第 87 页。

② 同上书,第 110 页。

③ 转引自马克斯·比尔:《英国社会主义史》(下卷),何新舜译,商务印书馆 1959 年版,第 252 页。

的钱以及为这笔钱所付的利息,将要像资本一样是以向地租征税的办法取得的。"①这就是说,土地耕作者出钱(交地租),由资产阶级国家(市政当局)去购买土地。

怎样实现资本社会化呢? 他们说:垄断组织实现社会化时,要做得"不留下一点痕迹"②。为此,必须做到以下两点:一是对垄断组织所有人不给予补偿,"只给予社会认为适当的救济"③;二是国家要雇用这些垄断组织的组织者和董事,充当企业的经理,其工资比原来的利润(能力租金)要高。我们可以看到,垄断组织"社会化"之前和之后,丝毫没有两样,确实干得"不留下一点痕迹"。

至于非垄断企业,他们认为应该让其自行社会化——在"社会主义"企业的压制下自行消灭;即使不消灭也不要紧,因为在这条件下,它"不可能恢复资本主义那些原有的罪恶"④。

马克思主义并不反对无产阶级向剥削阶级进行赎买,但这必须是在无产阶级专政下进行的,其目的是消灭生产资料私有制。而费边主义者的目的是什么呢? 还是推行其"市政社会主义",以保留资本主义的根本制度。在"市政社会主义"下,政权还是由资产阶级掌握的,只是将土地和某些垄断企业收归市政当局所有,只换个招牌而不变内容;一般中小企业保持不动,连招牌也不换。他们说,用这种方法实现"社会化","阶级斗争连同它所具有的贪婪、仇恨与浪费就会宣告终结"⑤。这虽是梦呓,但也说出了他们的心思。

第三条纲领是"市区行政的发展"⑥,即实行地方自治,发展市政事业,推行所谓"市政社会主义"。具体内容是由市政当局(自治机构)筹办公用事业(包括将垄断企业购买过来后加以改组)、文教事业和卫生事业等。资金来

---

① 肖伯纳:《费边论丛》,袁绩藩、朱应庚、赵宗煜译,生活·读书·新知三联书店 1958 年版,第 264—265 页。
② 同上书,第 163 页,着重点是原有的。
③ 转引自马克斯·比尔:《英国社会主义史》(下卷),何新舜译,商务印书馆 1959 年版,第 253 页,着重点是引者加的。
④ 肖伯纳:《费边论丛》,袁绩藩、朱应庚、赵宗煜译,生活·读书·新知三联书店 1958 年版,第 204 页。
⑤ 同上书,第 163 页。
⑥ 同上书,第 118 页。

源是发行有息公债。前面所说的征课自地租和利息的捐税,主要用来支付债息。

他们为什么主张"市政社会主义"呢?韦伯说,它的意义在于:"一方面它替我们取消了唯一的全国性的雇主(这种雇主其本质是不可避免地要官僚主义化的)的假设性的专制,另一方面也把我们从普遍的社会生活一律化的恶魔中解放出来。"①

韦伯将国管企业和地方公营企业对立起来,将前者丑化为官僚主义和专制,认为只有后者才能满足人民生活需要,这种论调显然是站不住脚的。这不过是个幌子。

列宁揭露了费边主义者宣传"市政社会主义"的阴险目的。列宁说,他们宣传社会和平和阶级调和,反对社会革命和阶级斗争,因此,他们就"企图使社会忽视全部经济制度和整个国家结构的根本问题,而去注意地方自治的细小问题。在前一种问题方面,阶级矛盾最为尖锐……正是这一方面的问题根本触及资产阶级阶级统治的基础。所以在这方面,局部实现社会主义的市侩反动空想尤其没有实现的希望。于是便把注意力转移到地方性的小问题上面,这些问题并不关系到资产阶级的阶级统治和这种统治的基本工具,而只是关系到怎样来利用豪富的资产阶级丢下来供'人民需要'的残羹冷炙"②。既然实现"市政社会主义"并不需要变革国家政权和经济制度的性质,而只是从资产阶级巨量的剩余价值中拿出微不足道的一部分用来筹办所谓公用事业,资产阶级当然是非常愿意的。这哪里还谈得上阶级斗争和社会革命呢?

将这些纲领综合起来,我们就看到费边牌"社会主义"是剥削阶级的乐园:在资产阶级政权保护下,剥削者将土地和垄断企业卖给市政当局后,可以购买公债逐年剪息;垄断企业主仍然充当企业经理,统治工人,领取高薪;中小企业主任意投机倒把,逍遥自在。在资本主义脓疮日露,社会主义深入人心的时候,他们就提出这么一套资产阶级的"社会主义"方案,妄图欺骗劳动人民,挽救资本主义。

---

① 肖伯纳:《费边论丛》,袁绩藩、朱应庚、赵宗煜译,生活·读书·新知三联书店 1958 年版,第 22—23 页。
② 《列宁全集》(第十三卷),人民出版社 1959 年版,第 335—336 页。

（三）

在政治纲领上，费边主义者反对马克思主义关于社会主义革命必须有一个无产阶级政党，领导劳动群众推翻资产阶级政权，打碎资产阶级国家机器，建立无产阶级专政，将社会主义革命在各条战线上进行到底，建设社会主义的原理；认为只需几个"社会主义者"通过议会选举，制定法律实现他们的纲领，"社会主义"就唾手可得。在他们的眼中，没有群众斗争，没有暴力革命，只有几个"英雄好汉"，只有议会选举。他们是那个时代的"议会迷"。

他们认为，"社会主义"是由几个"社会主义"议员的创议而实现的。韦伯说："决不能认为，没有个别的社会改革者的有意识的努力，社会改革的初步工作也能够付诸实行。"①因此他们就认为"社会主义者"的当务之急，是当选议员和争取议会多数。所以他们说："现在，社会主义者的命令就是：'改变选举人的信仰，并且夺取州会'。"②他们认为只要选票投向"社会主义者"，后者就可以马上粉墨登场，开演其"社会主义"好戏。

费边主义者还认为，夺取了州会，就等于瓦解了全国性的国家政权。肖伯纳说："在不断扩大的民主主义压力之下，这种国家机器实际上已经瓦解了。"其理由是："工作主要是地方性的，而机器却主要是中央性的。"③这就是说，地方自治实现了，"市政社会主义"实现了，一切事业都掌握在地方议会和市政当局手中，这就等于抽掉全国性国家政权的底子，因而这个机器就瓦解了。他们将政权曲解为经济机构，因而就说只要地方自治机构掌握了企业，悬空在那里的中央政权就瓦解了。再没有比这种论调更为荒谬的了。

费边主义者用这种谬论妄图转移工人阶级的斗争目标，使他们醉心于实行"地方自治"，实行"市政社会主义"，忽视夺取全国性政权的斗争。更重要的是，他们妄图把工人阶级的斗争引上错误的道路，使他们迷恋于议会选举，将几个"社会主义者"送进议会，争取议会多数，放弃暴力革命。关于

---

① 肖伯纳：《费边论丛》，袁绩藩、朱应庚、赵宗煜译，生活·读书·新知三联书店1958年版，第105页。

② 同上书，第220页。

③ 同上书，第258页。

这一点,肖伯纳说得很露骨:"社会主义者无需为他们首先建议……工人阶级的武装组织和普遍起义而感到羞惭。这个建议被证明了是行不通的;而且它已经被英国的社会主义者们(费边主义者和修正主义者——引者)所放弃了。"①

工人阶级要建设真正的而不是冒牌的社会主义,如果不采取革命的办法来夺取全国性政权,而采取选举地方议会的办法来实行地方自治,那是永远不可能成功的。因为采取这种办法,无论是地方性政权还是全国性政权,工人阶级都是无法取得和无法保住的;资产阶级的庞大官僚军事机器,随时都可以镇压他们,而他们却陷于手无寸铁和毫无戒备的状态中。

整个问题归结为:议会的权力是资产阶级赋予的,它的命运是资产阶级决定的,资产阶级用以统治人民的真正权力机关不是议会,而是官僚机构和军事组织。因此,任何违反资产阶级根本利益的行动,都会遭到暴力镇压。工人阶级只有"以其人之道还治其人之身",以暴力对付暴力,才能最后获得胜利,夺得并保住政权,才能过渡到社会主义。费边主义者的论调,实质上是否认资产阶级国家的阶级性,否认它是暴力机构。

费边主义者韦伯已经告诉我们,他们的"社会主义"是资产阶级欢迎的。他说:资产阶级的"每一种行为都会促使他们所轻视的那种社会主义得以实现"②。这就是说,反对真正社会主义的资产阶级,会以自己的行为促使费边牌"社会主义"得以实现。也就是说,可以"滑进"费边牌的"社会主义"。

既然得到资产阶级的赞助,费边主义者就高傲地宣称:"我们无可抗拒地要滑进集体主义性质的社会主义。"③

和费边派"滑进社会主义"论一样,老修正主义者伯恩斯坦唱着同样的调子。他说:"工厂法的制定,地方行政的民主化及其施政范围的扩大……都表示这个进化阶段的特征。"结论也是同样的:"现代各国的政治组织越是民主化,政治大灾变的必要和机会便越是减少。"④

---

① 肖伯纳:《费边论丛》,袁绩藩、朱应庚、赵宗煜译,生活·读书·新知三联书店 1958 年版,第 273 页。
② 同上书,第 105 页。
③ 同上书,第 118 页。
④ 伯恩斯坦:《社会主义的前提和社会民主党的任务》,殷叙彝译,生活·读书·新知三联书店 1965 年版,第 3 页。

我们看到,现在,现代修正主义者正在步费边主义者和老修正主义者的后尘,但是,既然费边主义和老修正主义都已被历史所埋葬,那么,现代修正主义也注定是要失败的!

十一、关于中国革命各个阶段的主要矛盾①
—— 学习"八大"关于政治报告的决议的笔记

中国共产党领导的中国革命,之所以取得了伟大的胜利和将取得更伟大的胜利的根本原因,就是党对中国革命各个阶段和各个时期的许多矛盾作了具体的分析,找出了主要矛盾和它的解决方法,即提出正确的革命路线和任务,并善于组织人民群众和团结一切可能团结的力量,为完成革命任务而进行斗争。

大家知道,办好事情的根本条件是具体地分析事物的矛盾和找出解决矛盾的方法。任何事物的发展过程都包含着矛盾,在这些矛盾中,必然有一种是有决定性质的主要矛盾,其他的则是处于服从地位的次要矛盾。所以,对事物发展过程的许多矛盾进行分析时,就必须找出它的主要矛盾和解决矛盾的方法,这样,一切问题就能迎刃而解。不同质的矛盾,要用不同质的方法才能解决。旧的矛盾解决了,新的矛盾就产生,事物就发生变化,这又要用新的方法来解决新的矛盾。所以,在事物的总的发展过程中,找出它的各个阶段的主要矛盾及其解决方法,是十分重要的。

(一)

人民政权成立前的中国社会是半殖民地和半封建的社会。它存在着许多矛盾,如中国人民同帝国主义、封建主义和官僚资本主义的统治的矛盾,无产阶级同民族资产阶级的、农民同民族资产阶级的矛盾等。很显然,民族资产阶级是剥削无产阶级和农民的,它同后两者在经济利益上是对立的,但是,无产阶级和农民不仅受民族资产阶级的剥削,而且受帝国主义、封建主义和官僚资本主义的更加残酷的剥削和奴役。正是由于帝国主义、封建主

---

① 本文发表于 20 世纪 50 年代。

义和官僚资本主义的统治,中国的资本主义就不能发展,社会的生产力就不能发展,中国人民的把国家建设为一个先进工业国的要求就不能实现。所以,决议正确地指出,旧中国社会中的主要矛盾,是中国人民同帝国主义、封建主义和官僚资本主义的统治的矛盾。

解决这个矛盾的方法,就是进行由无产阶级领导的资产阶级民主革命,也就是进行无产阶级领导的、人民大众的反对帝国主义、封建主义和官僚资本主义的革命,它的任务就是取消帝国主义国家在中国的特权,没收封建阶级的土地归农民所有,没收官僚资本归人民的国家所有;对于民族工商业和一般私有财产则是保护。只有推翻了束缚社会生产力发展的半殖民地半封建的政治和经济制度,建立工人阶级领导的政权,才能促进生产力的发展。

当然,这主要矛盾及其解决方法,是就整个中国革命第一阶段而言的。在革命第一阶段的各个不同时期中,它们又有不同的表现。譬如,在抗日战争时期中,中国社会的主要矛盾,是中国人民同日本帝国主义的矛盾,相对于这个矛盾而言,中国人民同封建主义、美英帝国主义和以美英帝国主义为靠山的那一部分官僚资本主义的矛盾,则成为次要的矛盾;解决这个主要矛盾的方法,是发动群众,壮大人民力量,团结一切可能团结的力量,打败日本侵略者,建设新中国。

(二)

中华人民共和国的成立,标志着中国革命第一阶段——资产阶级民主革命基本结束,中国革命第二阶段——社会主义革命开始。从中华人民共和国成立,到社会主义社会的建成,这是一个过渡时期。

由于人民政权取消了帝国主义国家在中国的特权,进行了土地改革,没收了官僚资本,即由于资产阶级民主革命的胜利,就解决了旧中国社会的主要矛盾。这些矛盾解决后,我国除了对外还有同帝国主义的矛盾以外,国内仍然存在着和产生着许多矛盾,如工人阶级同农民的、社会主义经济同个体经济的、农民同资产阶级的、个体经济同资本主义经济的、工人阶级同资产阶级的、社会主义经济同资本主义经济的矛盾,等等。很显然,前四种矛盾是处于服从地位的次要矛盾,因为第一、二种矛盾实质上就是工人阶级对于有计划地发展社会主义经济的要求,同农民个体生产者有自发的资本主义趋势的矛盾,第三、四种矛盾就是农民要走共同富裕的道路同资产阶级对他们进行剥削的矛盾;只有后两种矛盾才是主要的矛盾,这就是无产阶级对于建立没有剥削的社会主义制度以发展生产力的要求,同资产阶级进行剥削而妨碍生产力发展的矛盾。所以,决议正确地指出,资产阶级民主革命胜利后,我国国内的主要矛盾是无产阶级同资产阶级之间的矛盾。

解决这个矛盾的方法,就是进行社会主义革命,就是对农业、手工业和资本主义工商业进行社会主义改造。只有这样,才能迅速推进生产力的发展,实现国家的社会主义工业化,以及解决工人阶级同农民的、农民同资产阶级的矛盾,等等。

我国社会主义改造已经取得决定性的胜利。资本主义工商业已全面公私合营,除了要付给资本家一定的股息外,合营企业已经和国营企业一样,按照国家计划和人民需要进行生产和经营;个体生产者绝大多数已合作化,除了部分的生产资料尚未成为集体所有外,合作社已经根据国家需要和人民需要进行生产和经营。这样,社会主义社会制度已经基本上建立起来了,无产阶级同资产阶级之间的矛盾已经基本上解决了,生产力发展的障碍基本上扫除了。这就是说,资本家所有制和个体劳动者所有制的残余部分虽然还存在,资本家对工人的剥削(固定在很小的范围内)虽然还存在,但是,社会主义已经战胜了资本主义,社会生产已经肯定地向社会主义方面发展,社会主义的社会制度已经基本上建立了。

无产阶级同资产阶级之间的矛盾基本上解决后,我国国内仍然存在着和产生着许多矛盾,如社会主义所有制同资本家所有制残余部分的、社会主义所有制同个体劳动者所有制残余部分的、建立先进工业国的要求同落后农业国的现实的、对经济文化迅速发展的需要同当前经济文化不能满足需要的状况的矛盾,等等。很明显,第一种矛盾不是主要的,因为谁战胜谁的问题已经解决了,资本主义所有制剩下来的只是它的残余部分;第二种矛盾也不是主要的,因为随着生产力的发展,个体劳动者所有制的残余部分也越来越小了。只有后面的矛盾才是主要的,因为它们在当前经济生活中是最突出的,同时,其他的次要矛盾也要在这个主要矛盾的解决过程中才能解决。譬如,只有加紧发展重工业、发展生产力、提高人民的生活,才能消灭私有制的残余部分。所以,决议正确指出,在社会主义改造取得决定性胜利后，我国国内的主要矛盾，是人民对于建立先进的工业国的要求同落后的农业国的现实之间的矛盾，是人民对于经济文化迅速发展的需要同当前经济文化不能满足人们需要的状况之间的矛盾。

解决这个主要矛盾的方法，就是迅速地把落后的农业国变为先进的工业国，就是进行社会主义工业化，也就是用发展重工业来对国民经济进行技术改造、发展全部经济和文化的方法，来改变农业国的落后状态和满足人民的需要。

由于不同阶段的国内主要矛盾及其解决方法的不同，我很同意狄超白同志的把我国过渡时期分为两个阶段的基本思想①。但我主张把它分为社会主义改造和社会主义工业化两个阶段，因为这样更能确切地表明这个阶段的主要矛盾及其解决方法。当然，这两个阶段是密切相联系着的，因为它们的主要矛盾及解决矛盾的方法都是密切联系着的，正是这样，它们就构成一个过渡时期，而解决矛盾的方法就构成过渡时期的总路线。

（二）

决议还指出，在我国社会主义制度已经建立的情况下，当前我国国内主要矛盾的实质，就是先进的社会主义制度同落后的社会生产力之间的矛盾。

建立先进的工业国，这是我国人民多年的要求，但是，在帝国主义、封建主义和官僚资本主义的统治下，在资本家所有制和个体劳动者所有制的束缚下，这要求是不能实现的；只有在社会主义制度已经建立的情况下，这要求才可能实现。这是这个先进制度的优越性表现之一。可是，这个要求的实现，还受到落后的农业国的现实的限制，因为落后的农业国，不能提供很多的商品粮食和工业原料，不能使用很多的重工业产品，也不能为工业化积累很多的资金——这一切都使我国的工业化遭受到一定的困难。而落后的农业国又是落后的社会生产力表现之一。同样道理，基本上消灭了剥削和产生剥削、贫困的根源的社会主义制度，使人民迅速提高经济文化生活水平的要求有可能实现，但是，落后的技术和生产水平又使这要求不能很好地实

---

① 狄超白：《我国过渡时期社会主义经济的发展和经济规律》，《经济研究》1956 年第 4 期，第 9 页。

现。而落后的技术和生产水平又是落后的社会生产力的标志。所以,这些矛盾的实质是先进的社会主义制度同落后的社会生产力之间的矛盾。

人们问:既然我国的社会主义制度是先进的,而社会生产力却是落后的,那么,到底是生产力决定生产关系呢,还是生产关系决定生产力呢? 当然,从生产方式发展的整个过程来看,是生产力的性质及其发展决定生产关系的性质及其变化;但是,生产关系对生产力的发展也有反作用:旧的落后的生产关系束缚生产力的发展,新的先进的生产关系推动生产力的发展。当前的我国,正处于基本上消灭了旧的生产关系、建立了新的生产关系的时期,新的生产关系正在推动着生产力迅速向前发展。我国应该辩证地考察生产力和生产关系的相互关系。

译 名 表

阿·莫罗佐夫	Aleksandr Morozov
阿瑟·韩德逊	Arthur Henderson
埃蒂耶纳-加百利·摩莱里	Étienne-Gabriel Morelly
埃弗雷特·德克森	Everett Dirksen
埃米尔·王德威尔得	Emile Vandervelde
安德鲁·杰克逊	Andrew Jackson
安德鲁·梅隆	Andrew Mellon
奥古斯特·孔德	Auguste Comte
保罗·萨缪尔森	Paul Samuelson
本杰明·哈里森	Benjamin Harrison
比尔·布洛克	Bill Brock
比尔·海伍德	Bill Haywood
查尔斯·沃克	Charls Walker
查尔斯·休斯	Charles Hughes
大卫·李嘉图	David Ricardo
丹尼尔·莫伊尼汉	Daniel Moynihan
德怀特·艾森豪威尔	Dwight Eisenhower
厄尔·拉塞尔·白劳德	Earl Russell Browder
范·德万特	Van Devanter
菲利普·谢德曼	Philipp Scheidemann
富兰克林·罗斯福	Franklin Roosevelt
格罗弗·克利夫兰	Grover Cleveland
哈里·杜鲁门	Harry Truman
哈罗德·拉斯基	Harold Laski
海勒姆·约翰逊	Hiram Johnson

海约翰	John Milton Hay
赫伯特·胡佛	Herbert Hoover
赫伯特·莱曼	Herbert Lehman
赫伯特·斯宾塞	Herbert Spencer
亨利·华莱士	Henry Wallace
亨利·洛奇	Henry Lodge
亨利·乔治	Henry George
亨利·史汀生	Henry Stimson
吉米·卡特	Jimmy Carter
加布里埃尔·博诺·马布利	Gabriel Bonnot de Mably
杰拉尔德·福特	Gerald Ford
卡尔·布兰廷	Karl Branting
卡尔文·柯立芝	Calvin Coolidge
库钦斯基	Kuczynski
拉瑟福德·海斯	Rutherford Hayes
理查德·戴利	Richard Daley
理查德·尼克松	Richard Nixon
林登·约翰逊	Lyndon Johnson
鲁道夫·希法亭	Rudolf Hilferding
罗伯特·拉福莱特	Robert La Follette
罗纳德·里根	Ronald Reagan
马克·汉纳	Mark Hanna
马赛尔·桑巴	Marcel Sembat
米尔顿·弗里德曼	Milton Friedman
纳尔逊·洛克菲勒	Nelson Rockefeller
尼古拉·布哈林	Nikolai Bukharin
欧根·卡尔·杜林	Eugen Karl Dühring
欧文·罗伯茨	Owen Roberts
帕特里克·肯尼迪	Patrick Kennedy
乔治·奥尔范尼	George Olvany
乔治·汉弗莱	George Humphrey
乔治·华莱士	George Wallace

乔治·拉姆赛	George Ramsay
乔治·萨瑟兰	George Sutherland
让·博丹	Jean Bodin
让-雅克·卢梭	Jean-Jacques Rousseau
萨姆·沃德	Sam Ward
塞缪尔·雷伯恩	Samuel Rayburn
索瓦尔德·斯陶宁	Thorvald Stauning
汤姆·彭德格斯特	Thomas Pendergast
托马斯·杜威	Thomas Dewey
托马斯·杰弗逊	Thomas Jefferson
托马斯·纳斯特	Thomas Nast
托马斯·沃森	Thomas Watson Jr.
托马索·康帕内拉	Tommaso Campanella
瓦西里·威廉斯	Vasiliy Williams
威廉·布莱恩	William Bryan
威廉·福斯特	William Foster
威廉·哈里曼	William Harriman
威廉·麦金莱	William McKinley
威廉·塔夫脱	William Taft
沃伦·哈定	Warren Harding
伍德罗·威尔逊	Woodrow Wilson
西德尼·韦伯	Sidney Webb
小阿瑟·施莱辛格	Arthur Schlesinger Jr.
小奥利弗·温德尔·霍姆斯	Oliver Wendell Holmes Jr.
小托马斯·盖茨	Thomas Sovereign Gates Jr.
小西奥多·罗斯福	Theodore Roosevelt Jr.
亚伯拉罕·林肯	Abraham Lincoln
亚当·斯密	Adam Smith
伊万·米丘林	Ivan Michurin
尤金·德布斯	Eugene Debs
约翰·杜勒斯	John Dulles
约翰·怀特	John White

译 名 表

约翰·康纳利	John Connally
约翰·肯尼迪	John Kennedy
约翰·昆西·亚当斯	John Quincy Adams
约翰·林赛	John Lindsay
约翰·亚当斯	John Adams
约瑟夫·肯尼迪	Joseph Kennedy
约瑟夫·魏德迈	Joseph Weydemeyer
詹姆斯·麦迪逊	James Madison
詹姆斯·穆勒	James Mill
詹姆斯·韦弗	James Weaver